司法学研究·2018

JURIDICAL SCIENCES · 2018

崔永东◎主编

人民出版社

《司法学研究》编辑部名单

目　录

【监察与检察】

【会议综述】

【司法学理论】

分散的裁判权如何实现司法答案的确定性

周寓先*

"当有关问题的法律十分清晰时，理性的人们就不必诉诸司法程序了。"

——［德］齐佩利乌斯①

引题

本轮司法改革的一个突出特点，就是从整个方案设计开始即将"司法权是判断权和裁量权"和"司法权是中央事权"这两个理论表述确定为理论基点，并且以此为基础构建人民法院改革的逻辑结构，这是司法体制改革的两个重要理论基础。② "司法权是中央事权"，是国家从整体层面进行的定位，属于宏观话语。"司法权是判断权和裁量权"则不同，它不仅仅属于宏观话语，同时也是一个具体的微观过程。甚至可以说，只有回到司法过程的具体层面才能真正理解司法权判断和裁量的本质性质。因为判断和裁量总是

---

* 周寓先，四川省成都高新技术产业开发区人民法院审判员，一级法官。

① ［德］齐佩利乌斯：《法哲学》，金振豹译，北京大学出版社 2013 年版，第 193 页。

② 参见李少平：《人民法院深化司法体制改革的理论与实践》，《中国应用法学》2017 年第 5 期；贺小荣：《人民法院四五改革纲要的理论基点、逻辑结构和实现路径》，《人民法院报》2014 年 7 月 16 日，第 5 版。

通过个案进行，离开了诉讼场景只能空悬。然而，目前对"司法权是判断权和裁量权"的解读更多停留在宏观层面，却很少从动态的司法过程进行讨论。其实，具体司法过程层面的剖析相当重要，探究司法判断和裁量过程，追问我们需要什么样的司法答案，将直接影响我们对司法制度的理解和顶层设计。

司法的本质属性需要维护甚至创造法的确定性。也就是说，判断权、裁量权最终走向的司法答案应当实现法律的确定性。使人们清楚法律规定的含义是什么，在什么情况下司法会给予证明或负面评价。法官所作判决的影响远远超出了当事人双方，他对合法交易或法律往来具有普遍的指导意义，而且对于相似情况，法院要作出不同处理也需要证明其中的理由。① 然而，我们应当怎么走向司法答案的确定性呢？这才是问题的核心和关键。

一、实践中的为"确定"而"确定"的裁判导向思维

司法行为必须依法进行，解释判断权和裁量权的司法权的运行，一般以"法学三段论"作为基本逻辑。"要证明某一具体案件必须受到某个一般规则（法律规则）调整。三段论则能用于连结该一般规则与具体案件。法律规则表述在大前提中，同时小前提表明某具体案件受到该规则调整。结论则表明适用于大前提案件类型的谓语项，同样也适用于小前提中的案件。"② 法学三段论有其深厚的政治理论基础，孟德斯鸠认为司法判断结论是否确定与政体优劣联系，一个政体越接近共和政体，裁判的方式也就越确定，法官当以法律的文字为依据，裁判只能是法律条文的准确解释。③ 裁判过程是法律确定性的推演，判决是制定法确定性的宣布。为追求裁判的确定性，长期以来我们将判断和裁量的过程也理解为对法律确定性答案的演绎或推理。

---

① 参见［德］魏德士：《法理学》，吴越、丁晓春译，法律出版社 2005 年版，第 42 页；［美］道格拉斯·沃尔顿：《法律论证与证据》，梁庆寅、熊明辉译，中国政法大学出版社 2010 年版，第 30—34 页。

② ［荷］菲特丽丝：《法律论证原理——司法裁决之证立理论概览》，张其山等译，商务印书馆 2005 年版，第 26 页。

③ 参见［法］孟德斯鸠：《论法的精神》，张雁深译，商务印书馆 1961 年版，第 76、157 页。

（一）"以确定裁判为导向的案件质量评估"该有的反思

一段时间内，最高人民法院重视并开展了案件质量评估工作，虽然目前已经不再发布评估报告，但这段经历仍然值得我们反思。

案件质量评估工作以最终法律裁判的"确定"为基本导向。案件质量评估是利用各种统计资料，运用多指标综合评价技术建立起来的量化模型，将整个法院工作内容纳入考核范围，用以计算案件质量的综合指数。简要来说，案件质量评估是采用定量方法测量定性内容，从宏观角度对整个法院工作进行绩效考核。其通过指数的设定试图达到让案件越办越好的目的。稍微分析就能发现其指标设定以最后的裁判结果为中心，而且通过改发率、信访率、生效案件改发率等排斥结果的改变。[1] 预设最终的裁判结果是正确的，在保证裁判结果能同最终结果相一致的基础上，鼓励法官多办案、快办案。

2010年至2013年人民法院开展案件质量评估工作三年来，案件质量评估指数越来越好。那么，为什么内部感觉案件质量越来越高，而外部全国人大的评价却不升反降呢？全国人大的决议对人民法院工作的评价最为重要，但也并非全部。问题是那几年，在案件质量越来越高的同时，人民法院的司法公信力也在告急。多个中、高级人民法院的调研显示：人民法院的司法公信力并未随着案件质效的明显提升而相应提高，相反在某些重要方面还呈下降趋势，整体上司法的权威不如以前，质疑司法的声音充斥社会舆论，不信任司法的情绪在人民群众中滋生蔓延。[2]

制约法院工作效果评价，因素是多方面的，案件质量内外评价差异也许仅仅是一个原因，但是这种差异应当引起我们的重视，至少应当予以排除对于司法答案目标定位错误带来的对司法判断、裁量权的"误伤"。

---

[1] 参见郑肖肖：《案件质量评估的实证检视与功能回归——以发回重审率、改判率等指标为切入点探讨》，《法律适用》2014年第1期；熊英灼：《新时期人民法院案件质量评估制度初探——以最高院〈人民法院案件质量评估指标体系〉为评析对象》，《求索》2012年第3期；杨飞、张俊文：《案件质量评估语境下的审判管理改革——基于上诉发改率指标管理的实证分析》，《河南大学学报（社会科学版）》2012年第2期。

[2] 参见江西省高级人民法院课题组：《人民法院司法公信现状的实证研究》，《中国法学》2014年第2期；湖北省高级人民法院课题组：《法院司法公信力问题研究》，《法律适用》2014年第12期；北京市第二中级人民法院课题组：《提高司法公信力的路径和实现方式研究》，《法律适用》2014年第8期；天津市第二中级人民法院课题组：《从粗放到系统：论司法公信力评估体系的构建》，《法律适用》2013年第1期。

（二）"裁判权分散后裁判不确定性增加"可能的启示

随着司法改革的推进，"让审理者裁判"带来司法裁判权的分散，加剧了司法决策层对同案异判的担心。甚至将其视为司法改革可能带来的负效能。司法高层也早已综合配套考虑从加强法官专业会议、审委会职能、院庭长审判管理、司法解释、案例指导、审级监督来消解司法权分散的负面效应。[①]

裁判权和裁量权由法官充分行使，裁判结果的确定性在一定程度上受到损害。对于最高人民法院法官处理案件，《最高人民法院司法责任制实施意见（试行）》要求应依托信息技术对最高院已审结或正在审理的类案和关联案件进行全面检索，并制作类案与关联案件检索报告。发现冲突判决或者拟作出不一样的裁判，需要履行一定的程序。对其他各级人民法院法官处理案件，《关于完善人民法院司法责任制的若干意见》则要求，如出现"与本院或者上级法院的类案判决可能发生冲突"的情形，应当提交专业法官会议或审委会讨论。

如果裁判的本质属性应当提供更为符合法律文本要求的确定答案，同时避免裁判的冲突和不一致，那么司法责任制改革后，负面出现的同案不同判，应当对人民法院裁判工作造成根本上的负面影响。然而，事实上从司法责任制改革以后，最高人民法院的工作报告赞成率逐年提升，而且对于法院公信力危机也不再那么紧迫。

当然，法院工作的成效也并不是仅仅靠裁判工作取得的，而具有系统和全面的原因。但是法院裁判出现更多的不确定，法院工作评价却越来越趋好，至少能够表明，为"确定"而"确定"的裁判思维导向对于法院工作也许并没有想象中的那么重要。

（三）为"确定"而"确定"的裁判思维导向仍主导着我们对裁判权的认识

"司法责任制是司法改革的牛鼻子"，从对司法责任制的解构中能够发现，为"确定"而"确定"的裁判思维导向仍然主导着我们对裁判权的认

---

① 参见最高人民法院司法改革办公室主任胡仕浩在 2016 年 2 月 29 日在最高人民法院相关新闻发布会上的讲话，中国新闻网，http：//www. xinhuanet. com/politics/2016-02/29/c_128762201. htm，2018 年 8 月 10 日访问。

识。《关于完善人民法院司法责任制的若干意见》第 25 条、第 27 条规定了负有审判或者审判监督管理职责的主体出现作为或者不作为，应当承担的责任。第 28 条规定了豁免条款，规定了 8 种情形导致案件按照审判监督程序提起再审后被改判的，不作为错案进行责任追究。在司法责任中规定类似豁免条款具有传承，1998 年《人民法院审判人员违法审判责任追究办法（试行）》《人民法院审判纪律处分办法（试行）》都有类似规定。简而言之，这些文件中，司法政策将因出现新的证据而发生裁判结果改变的、因认识上的不同而发生裁判结果改变的、因法律的修订或政策调整而发生裁判结果改变的排除在责任之外。①

在司法责任制之中镶入免责条款，形式上温情脉脉，内容上却是以后续程序结果当然推定前面法官行为。免责条款潜在地已经预设案件按照审判监督程序提起再审后被改判的，是可以推定为存在错误的，除非能够证明存在免责的情形。逻辑上，既然已经规定了哪些作为和不作为应当被追究责任，那么一旦出现这些作为或不作为就应当承担责任，同时应当由追责主体承担举证责任。免责条款和这一逻辑至少是另一个层面的，出现再审改判首先推定应当追责，除非被证明存在免责情形。这是典型的"有罪推定"。有罪推定何以成为法官的特殊待遇，也许正是根深蒂固的裁判确定观念，使有罪推定在司法责任制中变得合理。似乎表明一个道理，如果法官不存在错误，法官得出的司法结论都可以也应当在后续程序中被维持。如果被改变，那么，之前法官一定需要有正当理由进行说明。

二、为"确定"而"确定"的裁判导向思维为什么充满解释力

为"确定"而"确定"的裁判导向思维，之所以能够主导我们对于裁判权的认识，很大程度上乃在于能够为裁判行为提供合理性和正当性。法官可以将自己的裁判结果统统宣布为，"这是法律的规定"，如果通过之后的程序裁判结果被推翻，后面的裁判又可宣称，"前面的裁判不符合

---

① 参见周长军：《司法责任制改革中的法官问责——兼评〈关于完善人民法院司法责任制的若干意见〉》，《法学家》2016 年第 3 期。

法律规定，法律是这样规定的。"这种逻辑也可以进一步解释，为什么有罪推定被适用在法官身上，并没有"有罪推定"那样的明显不可接受。一般人所相信的，审判不过是忠实地把法律适用于事实这样一种忽视审判自身创造法律作用的"法律适用模式"，使审判具有了安定、确实的外观，克服"不确定"被宣称为一套法律解释、发现的技术所垄断，这种一般的信任与审判的技术性相结合，使人们往往简单地放弃严格追究审判正当性的态度。①

问题在于，在实践中确实存在一些案件不能简单宣布"法律就是这样规定的"。司法裁判依其本质应适用法律规定的评价标准，但很多案件中存在法律应用所谓的不确定概念或概括条款，不确定性源于规则和事实的不稳定，需要法官为独立判断。②

（一）"不确定"案件的"确定"裁判过程

解决"不确定"案件的裁判过程是法学方法论的主要研究内容。由于"确定"案件操作起来也比较简单，"不确定"状态受到了较多关注，法学方法论基本上围绕克服不确定性展开，占据了方法论的绝大部分内容。解决"不确定"案件主要就是通过对案件的分析，作出结论，并把这一结论解释为法律的应有之义。

解决"不确定"案件，首先是对"不确定"案件根源的分析。法律文本具有的语言模糊性、证据认识的分歧都将导致案件的"不确定"。③ 无论法律文本的模糊还是事实的难以识别，最终都可以转化为程序法抑或实体法问题。法律应用中判断形成模式，绝大部分采用先等置后推论的等置模式，等置模式则主要为法律发现，推论模式主要是法律适用。法律发现是指在正式法律渊源中寻找个案的裁判规范的活动，并强调只有在正式法源中寻找不

---

① 参见［日］棚濑孝雄：《纠纷的解决与审判制度》，王亚新译，中国政法大学出版社 2004 年版，第 245—246 页。

② 参见［美］杰罗姆·弗兰克：《初审法院——美国司法中的神话与现实》，赵承寿译，中国政法大学出版社 2007 年版，第 15—16 页；［德］卡尔·拉伦茨：《法学方法论》，陈爱娥译，商务印书馆 2003 年版，第 1—2 页。

③ 详见王晨光：《法律运行中的不确定性与"错案追究制"的误区》，《法学》1997 年第 3 期；陈坤：《法律、语言与司法判决的确定性——语义学能给我们提供什么?》，《法制与社会发展》2010 年第 4 期。

到裁判规范时，法官才能到非正式法源中去发现法律。①

"不确定"案件的探讨，实质上是要完成对"确定"状态的回归。法官解释"不确定"的过程是，"法官一方面应该考量等待判断的具体案件事实，凭此以具体化及特殊化其由法律或法官法中取得之标准及评价观点；与前述做法同步，法官亦应以其认为适切的法律观点为据，以补充必要的案件事实，使之更趋精确；两者必须一直持续进行，直到不能再为正当的个案裁判寻获任何新观点为止。"②"确定"和"不确定"也实现某种互通，"理解简易案件中深藏的目的的作用有助于理解疑难案件中其更复杂、更明显的作用。"③当"不确定"状态出现时，"不确定"注定要实现对"确定"的回归。

（二）"不确定"案件裁判结果的"确定"

裁判要么遵循于确定性所包含的结论，要么通过法律解释、法律发现寻找到"不确定"案件的"确定"状态。裁判的合理性基于这样的假设，"即任何一个正确的判断都是由某个真的、可接受的一般性原则所产生的，也就是说，各个真的具体判断乃是将一般性原则应用于各种具体情境的结果。"④

"确定"状态能够为人们提供法律加规则得出结论的确实外观，建立一种一般的信任，而"不确定"依照技术性向"确定"的转化则在将技术性规范与确实性目标联合起来。对于"确定"与"不确定"范畴内的司法判断过程来说，"不确定"状态要普遍和常见得多，然而对于司法的基础意义来讲，甚至可以说，只有"确定"状态才具有意义。"确定"与"不确定"形式矛盾，实则统一，都追求法律结论的"确定"，并且把裁判的每一个过程都宣布为服务于司法答案的"确定"。

三、为"确定"而"确定"的裁判思维导向不能解释什么

"确定"概念下的裁判过程，裁判者首要思考的是本案中应当适用何

---

① 参见郑永流：《法律判断形成的模式》，《法学研究》2004 年第 1 期；陈金钊：《司法过程中的法律发现》，《中国法学》2002 年第 1 期。

② ［德］卡尔·拉伦茨：《法学方法论》，陈爱娥译，商务印书馆 2003 年版，第 22 页。

③ ［美］史蒂文·J. 伯顿：《法律和法律推理导论》，张志铭、解兴权译，中国政法大学出版社 1998 年版，第 140 页。

④ ［美］诺奇克：《合理性的本质》，葛四友、陈昉译，上海译文出版社 2012 年版，第 12 页。

种法律，一旦找到法律条文，仿佛裁判者的任务就已经完成。这种思维下，实践中裁判往往扭曲，而且造成法院公信力降低，关于这一点在前面第一部分已经涉及。确定导向思维直接影响了对裁判权的理解和具体运行。有学者通过法律数据库研读了上千份各个级别法院的判决，其基本结论是，从一个判决书应有的基本思路的角度来说，从一般的法律解释、推理过程来看，基本是不及格的。当然，这种研读也许有研究者自身的缺陷，但是一味将所有裁判行为都等同于法律规定，确实会使司法权本身走样变形。① 因为为"确定"而"确定"的裁判导向思维不能从理论上回应纠纷实质和特点。

（一）无法充分反映纠纷实质

裁判的任务在于解决纠纷，裁判指向的冲突纠纷定是有关当事人权利义务的分歧，法律纠纷的争论背后是当事人之间享有什么权利、负有何种义务的利益之争。纠纷解决方式具有多样性，当人们通过各种交流、沟通而无法对于权利、义务意见分歧达成一致性意见时，关于权利、义务的争论必须要有一个结果，否则，权利、义务处于不确定状态，当事人不得进一步安排自身活动，社会关系也会处于变动和不稳定之中。因此，存在一个供其使用的能权威性的确定当事人权利与义务的机构是重要的。

裁判解决纠纷与其他方式相比较具有鲜明个性：它并没有使各方达成一致性意见，相反正在于各方无法达成一致性意见才使司法成为个体和国家的必需。司法的结果是将当事人之间意见的分歧搁置一边，而对权利义务作出确定性判断。"搁置意见分歧的文明但独断的方法是，把问题交由充当裁判员的第三方来决定谁是对的。"②

大部分纠纷产生与社会规则不明确或者不太明确有关。"当看起来已经没有哪种选择能同时满足当事人双方的愿望时，冲突（定义为感知到的利益分歧）就会出现。冲突之所以产生，或者是因为双方的愿望都非常强烈，或者是因为缺乏整合式方案。如果双方的愿望都很坚决，都认为自己的愿望合理，冲突的规模就会变得相当大，因为双方都无法让步以

① 参见葛云松：《法学教育的理想》，《中外法学》2014年第2期。
② ［荷］弗兰斯·H.凡·爱默伦、弗兰西斯卡·斯·汉克曼斯：《论辩巧智——有理说得清的技术》，熊明辉、赵艺译，新世界出版社2006年版，第22页。

解决问题。"① 纠纷不仅仅是利益和愿望的冲突，纠纷的发生并非简单的利益分歧，也有着强烈的社会心理因素。对于权利义务诉求的形成，在主体在内心中首先要参照社会规范进行自我判断，并通过社会所塑造的"真善美"标准进行衡量，进而在主体心中形成一个权利义务抉择。对于个人利益与社会规则的自我判断一方面过滤了明显不合于社会规则的利益主张，使过于不合乎社会规则的主体利益之争减少，另一方面，这种自决性质的自我放弃，也加深了主体对于尚保留利益的肯定度和期待值，从而，既减少了诉争也增加了诉争对立的复杂性和难解性。② 认为自身的主张是具有合法性的才会坚持成讼。

在我们无法判断对立双方哪方是全对或者全错时，社会生活的开放性，本身就要求法律从不同角度为人们行为提供法律解释，这是自由的象征和活力的表现。一开始就预设确定答案的存在。既然规则和事实都如此清楚，人们怎么还会产生分歧呢？就算产生争议，双方查查规则就能解决，又如何至于纷争成诉？

（二）无法承载纠纷的积极意义

纠纷必须经过法律化处理后才能纳入诉讼的轨道，作为裁判者认识对象的事实并非原汁原味的生活事实，而是经过法规范侵染、过滤、格式化之后的具有法律意义的事实。在这一转变过程中，原汁原味的生活事实逐渐失去了其丰富多彩的品性，而被法规范雕琢得更为规范、更为抽象。

纠纷法律化的过程不应当改变纠纷承载的多样性特征。法律化的纠纷所具有的开放性是因为社会生活本身具有开放性，毋宁说乃在于只有法律问题放映出了诉争的开放性，才是成功地将当事人的生活争议转化成了诉辩法律问题。否则，必定在某个方面或程度上遗漏当事人之间的分歧。

生活事实的开放性可以表现为纠纷各方主张中承载价值的多样性。法律并不仅仅是保护利益的工具，它还表达了我们的价值观。③ 利益背后必然存

---

① ［美］普鲁特、金盛熙：《社会冲突——升级、僵局及解决（第三版）》，王凡妹译，人民邮电出版社 2013 年版，第 42 页。

② 自我审查是指人从社会自我出发，为了尽量为他人所接受和与他人一起和平相处，而对自我动机不适应社会规范的部分进行检查。参见［美］戴尔·米勒：《社会心理学的邀请》，汪丽华译，北京大学出版社 2008 年版，第 1—15 页。

③ 参见［日］小岛武司等：《司法制度的历史与未来》，汪祖兴译，法律出版社 2000 年版，第 42 页。

在价值观上的冲突与对立。在现代人类社会中，存有许多不同的、但同样有效的观点与规范体系，同时有许多方法，可以适用在各种研究课题上。① 个别的案件中，直接的冲突之上往往存在道德、安定、秩序、正义和公平的价值冲突。价值的冲突控制着实际的诉争，实际的诉争体现着价值的冲突。

"确定"的裁判过程固然可以将司法结论说明为法律在个案中的意志，以回避裁决正当性问题。然而，所带来的问题就在于通过法律的形式独断了原本开放性和多样性的生活。生活事实中所包含的开放性和多样性矛盾被诉讼正确地转化为法律问题，是诉争解决的基础，司法结论的回答应该是开放性和多样性矛盾的选择，这种选择应当回应开放性和多样性，而不当是独断论的。质言之，司法结论介入的是开放性和多样性的生活，这种介入以不破坏开放性和多样性为原则。

四、非"确定"的裁判过程实现司法答案"确定"

司法权开始于当事人之间存在争议，如果从一开始这种争议的答案就确定性地存在那里，司法介入还有什么真正必要呢？这时，只要组织强大的执法力量，让法律规定被保证落实即可。裁判在整体功能上必然最终将走向司法答案的确定。但这一结果是如何实现的，离不开具体裁判过程的分析。

（一）个案裁判过程

"确定"裁判过程下的司法结论，法官试图说出比当事人之间争议都正确的第三方意见。为司法结论设定超越当事人各自观点的正确性，这种努力显然是不明智的。第三方意见往往并不见得比当事人诉争的意见更为正确或高明。"法官的权威，不是来自任何独特的道德和技能知识，而是来自他们对自己行使权力施加了何种限制。……法官赢得尊重是因为他们与政治隔离开来，并参与到了与公众特殊形式的对话之中。法官被要求倾听那些他们所可能忽视的社会不公，为他们自己的判断承担个人责任，在公众理性所接受的基础上证明判决的正当性。这些是法官魅力的源泉。"② 个案裁判强调经

---

① 参见［德］考夫曼：《法律哲学》，刘幸义等译，法律出版社2004年版，第416页。
② ［美］欧文·费斯：《如法所能》，师帅译，中国政法大学出版社2008年版，序言第Ⅲ页。

过倾听当事人诉争之后，作出一种经过深思熟虑的值得尊重的第三方意见。

裁判者要作出值得尊重的第三方意见，必须坚持裁判者外在及内在思维的独立性。这里面包含了两层含义：个体的独立和个体思维的独立。

其一，以制度保证裁判者个体的独立。在我国司法不是裁判者的司法，而是属于法院整体的司法，这并不与司法者个人独立相违背。如果整体中的每个参与者都是一致的，那么就无需合议、审级和程序。法院整体要实现对司法权的运用，需以参与者的独立为前提。马克思曾对法官的独立性说："法官愈是真正的个别化，交流伙伴愈是具体地了解到在谈论什么，能愈多地提出交谈对象的问题差别，就能更快更方便地理解对方。"[①] 法官在法律的指引下审慎地鉴别当事人的诉辩合理性，观照当事人的利益诉求，检查利益诉求表达规则，这一过程只能是法官个人实施。目前"审理者裁判，裁判者负责"正是以此为基础。

其二，用批判性思维保证裁判者思维的独立。批判性思维致力于提供人类思维非理性倾向或有缺陷思维的证据，同时，提供与非理性倾向斗争并弥补缺陷思维的观念、手段和价值方面的建议。[②] 批判性思维最适合裁判者。裁判者面临诉、辩，一方面作为被说服者，另一方面也是一个拒绝被说服者。当他拒绝某种理由时必须要给出不被说服的理由，当事人完全陈述后，"如果听众心中还存有一些问题，是说服者无法答复的，或他们所提出的反对意见，说服者并无法反驳，那么他们就有充分的理由可以不被说服"。[③] 无论被说服支持某种主张还是拒绝认可某种请求，一定需要说出理由。而批判性思维正可以帮助裁判者去找到谬误所在并提供可以证立的司法结论。

（二）司法答案整体的确定

个体间独立的司法判断，有以下因素避免个体偏见，保证司法答案整体的确定：

---

① 转引高其才等：《人民法庭法官的司法过程与司法技术——全国 32 个先进人民法庭的实证分析》，《法制与社会发展》2007 年第 2 期。

② 参见［美］理查德·保罗、琳达·埃尔德：《批判性思维》，乔苗、徐笑春译，新星出版社 2006 年版，第 12 页。

③ ［美］莫提摩·阿德勒：《如何说清楚，听明白》，林乔滨译，南海出版公司 2003 年版，第 133 页。

第一，司法是技术性的。司法技术被认为是理性的能力与司法长期实践结合的产物，通过使用和运用而成为习惯，使人成为某些方面的专家，精通某种技艺、法律的技术甚至其他技艺更加难以为人所熟悉和掌握。① 法官个体所具有的法律技术性是避免偏见的第一道防线。

第二，司法是合议的，除在简单、争议不大案件中司法权采取简易形式，司法权均被赋予合议形式。裁判独立是对全体合议成员提出的要求，如果每个人都认真思考个案法律问题，个人的偏见会受到其他合议者的挑剔和诘难。

第三，司法是程序化的。司法的程序性毋容置疑，程序表明法官个体受到限制，这种限制最终指向法官裁判的合理性，这样个人的偏见同样要受到程序的洗礼。

当裁判者能作出一项深思熟虑并且全面回应当事人诉争的判决时，这样的判决就会具有司法的固有意义。因为这时判决无非具有两种情形：一是说出了"正确"答案。这种情形，由于裁判不是简单的断言是否合法，而是进行了充分说理，之后的裁判者都会认同、遵照。② 二是没有说出"正确答案"。这种情形，由于裁判的理由就清楚在那里，我们可以反思、讨论和争论，"潮水会时起时落，错误之砂器终将崩溃瓦解。"③

五、结语

长期以来，在我们的观念当中，司法的判断和裁量就是从法律的确定性到个案的确定性。一段时间，裁判确定性很强，司法公信力却越来越低。本轮司法改革以来，裁判权分散后，同案不同判现象抬头，法院工作却越来越受肯定。也许裁判是否确定，无关法院工作评价或公信力的大局。但是应该警醒：裁判权绝对不是把每个诉讼行为都宣称为"法律就是这样规定"。而

---

① 参见［英］黑尔：《黑尔首席大法官对霍布斯〈法律对话〉之回应》，载［英］霍布斯：《哲学家与英格兰法律家的对话》，姚中秋译，上海三联书店2006年版，第200页。
② 参见顾培东：《判例自发性运用现象的生成与效应》，《法学研究》2018年第2期。
③ ［美］本杰明·卡多佐：《司法过程的性质》，苏力译，商务印书馆1998年版，第111—112页。

应当由裁判者个体充分解释他的裁判行为。当每一个裁判者都能发出他认为最正义的声音之时，整体的正义自然到来。正义是重要的，正义能够被感知也同样重要。

面向证立获致正当性的司法裁决程序[*]

韩振文^{**}

一、司法裁决程序的替代方案

（一）替代性方案的描绘

在不确定性的迷雾状态下穿梭，如何准确描述法官裁判的实际过程或者澄清司法裁决过程的性质，一直是中外理论家及实务者探讨的重要问题。作出经验实证性的回答也许颇受重视，但却往往忽视如何规范性地检视，法院在某个现有法律体系内所应当用以裁决案件的各种可能的程序及其构成要素。瓦瑟斯特罗姆教授这本著作《法官如何裁判》[①] 正是置于法哲学领域尝试对此各种可能程序的主张分门别类，进而对它们进行批判性分析与价值性评价，以此来更好地理解、解释司法决策行为。首先瓦氏在这些类别中寻找到学者们一个常攻击的靶子，那就是理性逻辑向度的裁决程序或演绎型裁决程序。尽管批评的论据具有一定程度的说服力，如大小前提的选择导致个案裁决结论的不正义以及法官绝不能涉足造法导致的呆板僵硬性等，但这些主观上很棒的批评却缺乏一种清晰的整体说明。更致命的是，按照瓦氏的说法，这种犀利批评反而容易犯下非理性主义的谬误（Irrationalist Fallacy）。进一步讲，只是对这种"机械的""规则适用导向"（Rule-Applying）形式程序的攻击显然不够力度，关键还在于提出或描绘一些替代性方案，显现出

---

* 教育部人文社会科学研究青年基金项目：审判中心视域下的司法假定方法检验研究（批准号：16YJC820009）；中国博士后科学基金第 61 批面上资助项目（编号：2017M611967）。

** 韩振文，浙江大学光华法学院博士后科研流动站研究人员。

① ［美］理查德·瓦瑟斯特罗姆：《法官如何裁判》，孙海波译，中国法制出版社 2016 年版。原版为 Richard A. Wasserstrom，*The Judicial Decision*：*Toward a Theory of Legal Justification*，Stanford University Press，1961。

014

替代方案更合理并行得通。

瓦氏接下来就描绘了三种独特的"理想型"司法裁决程序，分别是先例型裁决程序（Procedure of Precedent）、衡平型裁决程序（Procedure of Equity）以及两阶证明程序（two-level Procedure of Justification），力求廓清它们最为重要的特性、关联差异并评价了其司法适用后果。虽然著作纵论古今经典学科理论，其论点与论据方面比较庞杂繁复，但却有着这三种独特司法裁决程序统摄着全文主线，使其形散而神不散。

在以上两阶证明程序（two-level Procedure of Justification）中，对于译者关于"Justification"翻译为"证明"，笔者持不同的意见，认为翻译为"证立"或"证成"似更妥当些。原因在于"证立"强调的是理由说明（或辩解）：在司法判断中论证不是证明决定为真实客观，而是理性证成其合理正确。作为精神科学的司法活动，不同于自然科学涉及的逻辑证明与价值无涉，它必然包含着价值评价与利益平衡或妥协，若用哲学诠释学来解读的话，司法活动是对法律文本规范意义的再创造，赋予了个案事实新的法律意涵。司法作业者的个人态度或情感表达都无法完全排除，无论是法律规范的获取还是案件事实的认定，这样追求的为证成主张或结论的正确性，即使存在虚假的表面证立，也很难像自然科学那样提出客观明确的反驳意见。其次，司法坦诚性被过分抬高也有悖于司法决策活动的常识，裁决理由的提供就需要成本投入，而作为常人的大部分司法作业者却偏爱付出更少的努力，去证立而非证明决定的合理正确。

（二）替代性方案的区分

这三种独特程序的区分标准在于"裁决规则"（Rule of Decision），它才是法官实际作出正当裁决所依赖的充足理由与理性根据，并成为有形评价每种裁决程序的分析核心。比如基于先例的司法裁决程序其裁决规则为相关的、既存有效的先例规则或先例原则，是从先例的判决理由（意见）中提炼出的；而衡平型裁决程序诉诸有良知意识的称职法官，对公平正义的理念考量而非法律规则。当然这三种独特程序的适用张力都有一个基本的假定：在现有法律体系内并无立法性的法律规则，而是能够或已经被司法机关所创制的规则，即司法性立法（Legislate Judicially）。司法性立法不同于司法性法律适用，它意味着可废止性（defeasiblity），随时可能在特定案件中作废，以塑造和重塑出新的规则，正如美国法学家富勒洞察到的普通法会自我纯化，并调整自己来适应新的需求。

司法意见中所创制的规则并非单纯复制立法者的决定，而是取决于法官明确地考虑每个案件的特殊性，对案件事实所做的特性提炼和类别归属，它们勾勒组成的融贯法律体系应当发挥着一种重要且普遍的功利性（Utilitarian）功能，即一个可欲的法律体系能够确保每一个案都被公正地裁决，并成功地为其所在社会中的成员的需求、欲望、利益以及热望得到其他一些东西提供最大限度的满足。

（三）最提倡的替代性方案

在以上三种裁决程序中瓦氏最提倡的是法律的两阶证立程序，它与道德哲学上审慎的有限功利主义者所主张的道德论证程序类似，主张遵守具有普遍性（Universality）与一般性（Generality）的法律规则，并视为构成作出特定裁决的有效理由，但尚不足构成充要理由。具体来说，第一个层次（一阶程序）为法院通过诉诸适当的具体法律规则来正当化其裁决，而第二个层次（二阶程序）是法院又诉诸功利原则或道德意识来正当化这些法律规则。很显然，两阶证立程序的独特裁决规则在于规定当且仅当某个结论是从法律规则中推导出来，该裁决才被认为是正当的。法律规则的重要特性在于文义表述重要且解释具有优先性，切断了文义解释背后的正当化依据的追问，不用考虑规则文法中隐含的正义观念，这样最常见的简单案件可落入规则清晰的中心地带，确保直接适用规则推导的可信赖。从自创生自组织的法律系统①内部结构看，导控行为的初阶规则与衍生的次阶规则组成的不同法律效力位阶，能够为第一层次的合法律性（Legalität）提供多样的裁判来源。从法律与道德实际相互关系看，概括的道德为法律行为提供广泛稳定的指导基础，在一定历史条件下道德原则也出现法律化（转译为法律代码）现象，反映出第二层次虽无合法律性的强制力量但生活化的社会力量，也能够提供正当化的依据或抽象的理由。正如当代西方重要的理论社会学家哈贝

---

① 自创生（Autopoiesis）法律系统的特征是通过其要素的操作而自我生产和限定这些要素的可操作的统一体，而也正是这种自创生的过程赋予了系统自身的统一。参见［德］尼可拉斯·卢曼：《法社会学》，宾凯、赵春燕译，世纪出版集团、上海人民出版社 2013 年版，第 424 页。

马斯所言，在复杂性整合性程度较高的现代社会里，自主的道德可以通过一个与之有内在联系的法律系统，而辐射到所有经验性行动领域，甚至包括那些以系统的方式自主化的、由媒介导控的互动领域，这些领域解除了行动者除普遍服从法律之外的一切道德期待的负担。①

这样，第一个层次能够确保法的安定性、可预测性和既定力等所珍重的独立价值，显现出法治的形式性美德，而第二个层次作为更高级的道德证立程序则价值意蕴更为深度，能够保障法的合目的性。司法作业者需要在安定性与合目的性的价值取向（value-based）之间进行优先性权衡，整合多元诉求获得一种重叠的共识或合意。特别是在适用固有的排他性（exclusionary）法律规则出现个案不公正时，第二层次的功能因涉及法律外的商谈规则而被迫逾越已有的规则，会在社会变迁境况下更加凸显出来，赋予法官用良心正义理念的衡平裁量权，以此缓和、矫正第一层次引发的僵化、严苛等弊病瑕疵。

司法决策专注于回头看而遵从先前相似性判决，无论是垂直先例（Vertical Precedent）还是水平先例（Horizontal Precedent）。遵循先例的思想和行动包含先天成分与后天习得经验的混合，但对未来指向却关注甚少。当然与保守性先例程序不同的是，两阶程序明确要求法律规则的实施要有助于产生对社会有益的后果，不仅考虑适用于当下案件的裁判结论，而且关注裁判对于未来发生的案件的总体效果。也就允许在某些条件下修正既有的或引入新的更加可欲的法律规则，从而能够成功地克服先例程序中某些较为严重的缺陷，尤其值得指出的是遭遇处在"阴影地带"的疑难案件境况。因为对于权威性（Authoritative）先例中的判决理由具有绝对拘束力（binding），它们具有独立于内容（content-independent）的权威性，法官必须加以遵守而无论它是何等的不合理或不正确。司法中的错误先例出于可接受的各种因素考量，如果一直得到坚持就有可能变成根深蒂固的"真理"。美国马克曼法官坦言："我所在的法院有时需要坚守先例，即使这些先例是错误的。例如，有些先例已经具有悠久的历史，确实存在一些真正的信赖利益，诸如，有些

---

① 参见［德］哈贝马斯：《在事实与规范之间：关于法律和民主法治国的商谈理论》，童世骏译，生活·读书·新知三联书店2011年版，第144页。

人受某个先例的鼓励，购买了预防某些灾难的保险，而另一些人则没有购买。"① 当然，毫不动摇地坚持遵守先例原则的义务不过是一种"法律神话"，至少在美国法官偏离甚至推翻先例，去追求实质正义的权利和遵循先例原则本身一样被牢固地确立于法律体系中。普通法是一个强调先例和传统，但又允许以谨慎方式进行变革的制度。② 它的力量源自法官实践智慧的灵活性与适应性，但暗含地或明确地挑战先前判决并非普遍的易事，法官要特别证立过去明显错误已超越通常可容忍的差错范围。在此也可以看出瓦氏提出的两阶程序，赋予法律规则的功能与实用主义法学或经验性法学所提议的功能之间并没有什么明显的不一致。因为无论是坚守先例，还是挑战先例，都需要综合审视法律规则发挥功能的特定情境与满足社会需求的工具定位。

二、司法裁决发现程序的证伪及其检验

（一）一幅全景司法裁决程序

总体上说，在瓦氏所描绘的全景司法裁决程序构图中，他所称颂的理性论证程序并不是附随传统，完全否定"先验废话"的三段论演绎程序，而是在此基础上加入了功能主义的后果考量，③ 实现了对涵摄演绎程序的拯救与超越；同时，将先例程序、衡平程序与两阶程序进行立体化的对比优劣，得出了两阶程序虽不完美，但却批判性吸收前两种程序的优势并克服其可能性问题，或许是眼下我们所能够找到的最佳方案与开明行为，也就是更为可欲的程序。

不难发现，瓦氏的这种论证思路与理论倾向，都与阿列克西的内外部证成、麦考密克的演绎与次阶证成似有异曲同工之妙。一阶程序、内部证成与

---

① ［美］斯蒂芬·卡拉布雷西编：《美国宪法的原旨主义：廿五年的争论》，李松锋译，当代中国出版社 2014 年版，第 202 页。

② See David Strauss, *Do We Have a Living Constitution?* Drake Law Review, Vol. 59, 2010, p. 977.

③ 关于功能主义的后果考量的相关讨论和分析亦可参见韩振文：《论结果导向的司法裁决》，《山东理工大学学报（社会科学版）》2015 年第 6 期；［美］费利克斯·S. 科恩：《先验的废话与功能的进路》，韩振文译，《东南法学》2015 年辑秋季卷。

演绎证成涉及证立的核心，即司法三段论仍是法律推理的基石，遵循规则用正式法律渊源的规范语句来包装仍是司法活动的常态，超越法律进行创造性诠释则是例外。因而必须要认真对待一阶程序，即使在某些具体场合偏离自己最偏爱的政策立场，似乎会导致"坏"的或非常糟糕的结果。如同自然科学中的必然性或循环性证明，一阶程序借助于语义规则，会在形式推论上达致逻辑上的普遍有效性。

法官是通过自己的法教义训练和职业生涯而社会化的，因此他们成为好法官的个人满足感，来自于尽量好地遵循规则解释法律，而非严重的反叛压倒法律。不论当前美国联邦最高法院法官们的行为中法律与政策考虑因素之间的实际平衡是怎样的，今天各级法院的法官作为一个群体，都可能要比过去时代中的法官更为偏向于法律，更大权重考虑法律因素。理查德·波斯纳法官就曾说过，法官享受遵循判决案件这一"游戏"中的规则，比如要遵守法律的束缚。① 但这并不意味着仅仅局限于逻辑—语义规则来考虑法律因素。而二阶程序、外部证成与次阶证成则涉及如何选择、获得证立演绎的前提，会借助于论辩传递意义上的语用规则，在实质推论上会达致正当可接受性，与前者相比这才是实质上的根本证立。后者通过英国科学哲学家图尔敏提出的论证图式也可得到较好说明，在此意义上能够产生寻求真理的论辩者基于强烈动机的合作同意。

（二）司法裁决程序的启动前提

需要特别强调的是，瓦氏事实上对司法裁决过程进行了"发现的程序"（Process of Discovery）与"证立的程序"（Process of Justification）的两分。其中发现程序与法官的个性、正义的直觉（法感）、训练有素的良心或情绪性反应等密切相关，可以看作是瓦氏所描绘的全景司法裁决程序的启动前提。瓦氏指出了发现程序中特殊的正义直觉的重要作用，在一定程度上每个特定的法官都倾向于拥有一种独特的直觉，但并不意味着应当成为案件正确选择或适用的裁决理由（标准），反之仅仅只能被看作是一种不明智的、考虑不周的、站不住脚的规范性立场，使得法官的裁判之道飘忽不定和不可预

---

① 参见［美］劳伦斯·鲍姆：《法官的裁判之道——以社会心理学视角探析》，李国庆译，北京大学出版社 2014 年版，第 12、131 页。

测。这种视角明显反映出法律现实主义者关注获取法律心理过程的倾向，运用系统的经验（外部）社会科学的理论与方法，来观察描述法律实际上如何运作，尤其是借助认知心理学的透镜工具，使得司法决策活动的研究更加精细化，真的显得"看上去很美"很有吸引力，① 绝非像通常理解的"法官早餐时吃了些什么"这幅漫画那样简单又模糊。

司法决策活动是法官按照法律要求所实施的判断行为，自然受到内在的意志与思维的支配和控制。法官面对待决案件尤其是庭前信息尚不充分阶段，在法律前见（理解的前结构）基础上都会通过直觉机制对案情加工处理，以作出最初的倾向性结论。换言之，最初的结论乃是瓦氏所言的"发现的程序"的结果，可以得到复验改进，甚至出现新的关键证据，这个预判结论可能被证明为错误而推翻。所以瓦氏认为特殊的正义直觉理论虽来自于法律教义的深层知识储备，但却未能提供一种基于理性的根据检验裁决的方式，同时也未能提供充分的法律数据来帮助法官对未来作出成功的理性推断，这加在一起构成了该理论潜在形而上价值上的一个较为严重的缺陷。这样于是他要求裁决理由要公布于众，实际上就是主张一种通往独立的检验与批评之路应当保持开放和畅通，呈现一种螺旋式上升的裁决过程。

（三）发现程序被证伪的可能性

特殊的正义直觉理论提供的非法律理由仍无法逃逸传统法律教义的术语——就像是个悬挂判决书的"钩子"——实现理性推断的正当化。对此科学假设的检验包括证实与证伪理念可以转用到司法决策中来，从发展角度看则整体表现为科学哲学家波普尔积极倡导的证伪过程。当然法学中接纳证伪模式在得到众多学者支持的同时，也遭遇了明确的批评。这主要集中在下面异议各点上：

---

① 哈贝马斯亦承认这种"看上去很美"的理论解释了法官是如何填补他们在判决中所享受的自由裁量余地；外在因素使人能够确定司法判决的历史的、心理的或社会学的预设。但也对这种法律实在论表示很担忧，因为会导致显而易见的法律怀疑论后果：一个法庭程序的结果如果可以根据法官的利益状况、社会化过程、阶级隶属关系、政治态度和人格结构来说明的话，或者通过意识形态传统、权力格局以及法律系统内外的经济因素和其他因素来说明的话，法庭判决的实践就不再是由内部因素决定的，也就是说由对程序、案例和法律根据的选择决定的。参见［德］哈贝马斯：《在事实与规范之间：关于法律和民主法治国的商谈理论》，童世骏译，生活·读书·新知三联书店 2011 年版，第 248 页。

（1）表述评价的"基础语句"有全称语句的结构；因此缺乏对波普尔证伪模式具有构成性的、在假设和证伪性语句之间普遍性程度上的差别。

（2）（实证法和）法学的规范性确定符合的不是经验假设，而是本质陈述；与经验假设不同，本质陈述不能根据个案判断而证伪。

（3）根据例外案件之评价的衡平性而纠正规范，不能理解为对规范的规范性证伪，而应作为通过另一个规范性确定对其进行补充。

（4）证伪原则，作为法官活动的原则，不能和唯一正确裁判的理念相容；而法官（不是在本体论主张，而是在康德的规整性原则之意义上）应该趋向于这种理念。[1]

以上的异议点有着深刻的洞见，但并非攻不可破。笔者认为接纳证伪模式重构法学的启发分量要优于批评性反对。原因主要在于对自然科学中的证伪模式不是简单的接纳，而是根据法学的特定问题情境进行相应转化，并且世俗的法学在经历社会科学的祛魅化及引入社科理由后，使之更能增强法学的实践性功用，恰如上文指出的入法转化后的证伪是证明错误不合理，而不是证明不真实不客观。证伪模式强有力地影响了法官的选择，特别是上诉审法院的法官对此有更大的发挥空间。

详言之，法官活动始终脱离不了两项基本任务即适用法律与认定事实：无论是法律问题的处理，侧重于对请求权规范基础作出价值判断，还是事实问题的处理，[2] 侧重于对证据材料、经验法则作出事实裁剪、心证评估，都是偏向于价值导向的，而对法律文本的规范性陈述（由评价性概念构成）作出相应地或真或假的价值评价，乃是不可回避且可行的，根本区别于自然科学的价值中立。更何况事实问题与法律问题之间的界限也是模糊的。这两项基本任务的属性决定了发现程序被证伪的可能性。正如德国法学家诺伊曼

---

[1] 参见［德］乌尔弗里德·诺伊曼：《法律论证学》，张青波译，法律出版社 2014 年版，第 48 页。

[2] 按照美国法学家肖尔的观点，事实判断属于法律体系中所有推理与论证阶段的核心部分。在科学领域，发现某事真相的方式是做实验，实证社会学家通常通过收集和分析数据来发现世界的真相，而法律确定事实的方式与其他决策者查明周遭世界的方式不同，在对抗制诉讼程序中，让双方当事人承担主要的举证责任，提出证据并经受交叉询问的审查，对立观念间的碰撞是发现事实的好方法。参见［美］弗里德里克·肖尔：《像法律人那样思考》，雷磊译，中国法制出版社 2016 年版，第 224—227 页。

教授深刻指出的，"法律的普遍性和公正原则，广泛地保障了法教义学语句之一般性；法律论证既由法源又由道德规范和原则所支撑"①。至于基于原则和政策的"唯一正确裁判理念"，也就是不存在被证伪的可能性，只是德沃金独白性刺猬式法学家的高贵梦想②或者法学研究中的一种虚饰迷思，只存在于他描绘的"超人"法官赫拉克勒斯（Hercules）按照公平要求所作出的融贯整体的裁判理论中。即使实务中出众的法官，他们与社群共同体紧密联系共存着，也不应该取向于这种理念，毕竟有着沉重肉身的他们呈现出多面性，都无法满足"超人"典范的范导性理想化要求。对于这种理念失败的原因很难作出抽象的评价，留待后文将有讨论说明。

因而，瓦式主张的通往独立的检验与批评之路在司法活动展开中非常必要，展现了普通法以资深法官为中心的调适与渐进发展过程。回到霍姆斯的真诚教导，经验优先于逻辑，法律更多关于经验（包括习惯、工具理性及内部融贯性），检验之路总归要在司法活动中铺就。当具有鲜明实践理性色彩的司法活动追求积极证实的同时，也不能放弃检验的另一面证伪的可能。瓦式对司法道路所持的开放姿态，置于当前中国的法制现代化与司法改革语境下，就要严格接受审判中心的客观审查与批判检验，才能不断深化、拓展法治中国建设。正如瓦氏所赞同弗兰克的观点：在某种意义上各种各样的裁决都开始于一个或多或少所模糊形成的试探性结论，人们通常从这样一个结论出发，然后试着去寻找能够证实这一结论的前提；如果他无法发现一个适当的能够令他自己满意的论证……除非他是一个专断者或疯子，否则都会放

---

① ［德］乌尔弗里德·诺伊曼：《法律论证学》，张青波译，法律出版社2014年版，第118页。

② 面对以碎片化、多元视角观、边缘叙事等为特征的后现代主义挑战，德沃金自信并顽强地高举着"认真对待权利"的自由主义法学大旗，通过建设性诠释获得法律整全性（Integrity）事业，始终坚持法律以独立的道德价值为基础（预设），寻求着司法中唯一正确的答案，不愧为"浪漫而崇高的梦想者"。他本人也自诩为属于刺猬式（代表价值一元论）的哲学家，以将司法实践组织为符合整体的内在要旨或价值，也就忽略了一些外在细节性事物。为此，他明确地指出法律实践必须以要旨来理解、适用、扩张、调整、修正或限缩；也就是说，必须对实践赋予意义，然后再根据这个意义，将实践重新构造出来。他也一直致力于在法律帝国中精心编织为有目的的司法实践提供连贯性与原则一致性之网，诚然这种编织"最佳正当化"（the best justification）之网的独断寻求，合乎法律"封闭完美体系"的简约理路发展逻辑，并增加了自身的稳定性与可预测性，但是在实际司法裁决中不可能存在唯一正确的答案，这仅是法律帝国中的高贵梦想。

弃这个结论并转而寻求另一个结论。无独有偶，美国法学家肖尔也肯定像弗兰克这样法律现实主义者的核心信条在于：很可能像大多数人大多数时候会做的那样，法官以一种近乎直觉（瞬间的理解）和整体的方式——某些人喜欢使用"格式塔"（Gestalt）这个迷人的词汇——来发现某个她所偏好的结论，之后也只有之后她才会寻找法律上的正当化依据去支持那个结论。①

（四）发现程序被检验的必要性

当然，这里的直觉机制并非为"无言之知"之物，法官的行为也是策略化的服务于职业目标，直觉机制有时恰恰能帮助法官作出最优裁判策略。法官裁判过程可以视为情感与理性双重加工的心理过程，其思维方式有时比专业知识更为重要。法学基本思维方式更多是一种设身处地地体验和感悟式思维方式，关注的是其心理基础而非逻辑基础，正是在这个意义上，卢梭指出法律中最重要的规则制度，并不是法典、条文等形式性的规定，而是人们心中所铭刻的法律规则。② 对此法官的直觉行为往往与最佳裁判策略相重合，通过认知心理学的双重加工系统可得到较好的阐释。认知系统一通过逻辑自动化的快速直觉发现暂时性结论，认知系统二再通过慎思慢速的理性证立检验、过滤初步的结论。思考判断起始于认知系统一，在实用主义者的分析中，认知系统一被看作是无意识的习惯。人类首先是习惯的动物，而不是理性的动物，而只有当习惯和惯例遇到问题时，知识的探索才有望出现，人类才会针对该情形而自觉地运用智力。③ 对应于自然科学范式中科学假设与科学证明的二分法，笔者试将法官活动中的认知系统一与认知系统二的思维方式简称为"司法假定"与"司法检验"。

嵌入真实世界中法官也是具有某些人性弱点的自私自控的常人，其假定思维不可避免地受到前见、法感、意识形态、动机、态度、信念、政见、情绪、权力等体制内外因素的形塑与影响，所以初步结论可能是与规则背后所实现的原则性目的相悖的荒谬结论，只有经过反思平衡与理性证立的认知过

---

① 参见［美］弗里德里克·肖尔：《像法律人那样思考》，雷磊译，中国法制出版社 2016 年版，第 190 页。

② 参见杜宴林：《司法公正与同理心正义》，《中国社会科学》2017 年第 6 期。

③ 参见［美］托马斯·格雷：《美国法的形式主义与实用主义》，［美］黄宗智、田雷选编，法律出版社 2014 年版，第 105 页。

程，才能减少或消除各种不合理因素的侵扰，以使最终结论最大限度地接近正义。法官总是对庭前假定结论过于自信，它会功能固着在法官庭审思维过程中来解决案件。整体性司法裁决与其建立在纯形式逻辑分析上，毋宁奠基于司法假定的完满性把握之上，而由受评价影响的前见作为必要条件而同化引发的假定结论，藉以潜在的直觉加工机制来先行获取，其认知功用的发挥可提升决策的品质与效率，但也会导致认知偏差且无法完全消除，为此假定结论通过庭审的程序性检验后，可较好增强裁决的可接受性与司法公信力。

在审判中心主义视域下，无论是庭前会议、调（预）审分离、陪审员参与等制度性设计，还是司法论证、裁决规范、证据开示、双重卷宗移送等具体性策略，都是对司法假定的检验和纠正，对此多元化的方法策略须认真探索。最重要的是，对这些检验方法的实际效果作出考察评估，进而防范与控制司法过程中的认知偏差，以真正实现庭审的实质化。例如我国庭前会议的审案法官在处理与审判相关的程序性争议，听取控辩双方的不同意见后，能够提前找准庭审的争点与节奏，防范和抑制司法假定可能产生的认知偏差。再如民事诉讼调解制度中的调审分离式，审前与庭审法官的身份彼此区隔、分工协作，审前法官负责主持调解，而不会参与审判程序，这样一方面防范出现强制调解现象，另一方面也防范后见偏见并阻止假定的先入为主产生负面效果。

三、司法裁决程序的两阶证立

（一）失败的"唯一正解"理念

作为有限理性人的立法者无论创制何种类型的精确法律，如制定法、判例法、习惯法等，其典型特征在于法律表达符号之语言具有模糊性歧义性，都不可能充分地将所有相关情形都考虑进来，使之包罗万象解决所有社会问题，而真实的建制化司法裁决过程也并不是机械地依法逻辑演绎运作，而是以实践理性为基础复杂的思维认知过程。它实际上至少受到包括事实、法律、制度、情境、法官的价值观、法律理念、职业目标、公众意见、政策偏好、社会期待、实用能力等因素的影响，会涉及一系列广泛目标的协调，比如不被推翻、获得公众支持等，这样采用不同的解释规则或以不同方式适用解释规则，从而得出"多解"结果而非获得"唯一正解"。从认知心理学视角观察，这种"多解"结果可以用平衡约束满足的联结主义模型来解释。因为法官作为决策者，需要平衡无数潜在不一致的解答目标，他们并不仅仅只选择一种所要实施的行动，而是根据对各种相竞争的行动和目标的整体评价，寻求一种实现相竞争的目标间最大程度融贯的行动方案。① 在"多解"结果中很难区分何为最优何为次优，即使次优答案法官也会考虑同事们及政府机构、一般公众的可能反应，尤其是合议庭法官在小团体科层制环境下作出的集体决策，对此则保持一定程度的忍耐屈从，体现出法官间内部趋于一致性联合的压力或愿望。

德沃金站在古典正统观立场，运用实质性权利"王牌"进行建构性诠释，描绘出法律发展的整体蓝图，对此要求裁判者平等关怀和尊重每个人是值得赞赏的，但他赋予理想人格的赫拉克勒斯来叙述构造的裁判理论却是孤独苛刻的，司法裁判实践中先在的唯一正确答案并不存在。实际的判决活动会给出一个胜诉与败诉的答案，但这个答案却有错误的可能性。"唯一正解"理念的失败也在于理性论证在众多案件中不会达到一个结论，② 尽管法官在个案追寻最后一个结论，以此保证依赖程序的法律确定性。例如在某些非典型案件中双方当事人都有某种理由相信自己会胜诉，甚至在出现法律漏洞时，不仅不会产生"唯一正解"，反而发生"无解"的境况，这就需要法官通盘实质性考量，进行法律续造以填补漏洞。比如类比推理在民商事案件中的广泛适用，就得到了法律共同体真切的理解与认同。法官们努力通过规则和先例的指示追寻最后结论，有时也许并非是得出某个特定结论而是任意的结论，因为法官在特定时期面临审案压力——比如年度结案率的考核——是如此之大，更加关注审判效率与花在审判上的平均时间。特别是我国基层初审法院"案多人少"的矛盾更为突出，但忙碌的法官毕竟处理案件的时间和精力有限，认知流畅度更是有限，此时简单的依据直觉法感处理掉案件成为他们主要关心的事。就法官的日常纠纷裁断而言，如果没有额外的激励

---

① 参见［美］戴维·克雷因、格里高利·米切尔编著：《司法决策的心理学》，陈林林、张晓笑译，法律出版社 2016 年版，第 42—44 页。

② 参见［德］乌尔弗里德·诺伊曼：《法律论证学》，张青波译，法律出版社 2014 年版，第 6 页。

机制，亦不必考虑其他利害关系，每一个案件的处理只是日常工作，法官们总是习惯于用最少的时间、花费最少的精力，调动内隐记忆将手中的案件予以裁判，从而更愿意追求程序正义而无额外动力去追求实体正义。当然，法官针对个案有时会给出一个正解，但这仅仅表明在特定时代境遇下是由好的理由所支持的可接受的答案。

（二）作为证立理论的司法裁决程序

若用瓦氏的两分理论来看待，证立的程序主要就是用来防范控制以上影响因素中的非理性成分。作为成熟的民主法治国家要求司法裁判必须是可证立的。根据德国法的规定，未含裁判理由的判决不仅是错误的，而且在上告审中会被撤销。如果我们把视野进一步扩大，无论是大陆法系的方法论演化史与英美法系的现实主义进路考察，还是新近我国的法教义学与社科法学争论态势，都需要我们认真对待并深化研究法律论证（证立）的方法。而瓦氏的这本法哲学著作恰恰再次向我们雄辩展示了这种方法的适用对法治实现的突出贡献：司法裁决程序唯有通过充分的证立，才能获致正当性与可接受性，而法官在社会系统结构中扮演的角色性质，也决定了其负有理性论证的义务。

司法裁决程序中的法官论证不是一种自娱自乐的活动，而是对目标受众的说服技艺之展现。好的演员通过高超演技打动观众，并渴望得到观众喜爱。穿上法袍、君临法庭，这时法官活像演员，但又不是演员。不同于演员的舞台剧本要求，法官在法庭竞技场上尽力扮演好的角色，是他们自己负有职业传统所赋予的责任。从社会心理学视角看，法官们虽然把大部分时间和精力投入到各式各样的裁判任务中，但他们也相当关心重视司法受众——当事人、法院同事、其他权力部门、政策群体、新闻媒体及一般公众——如何看待自己的决策行为，并特别留意司法受众对决策行为的预期，而这种理性论证义务的承担相当于向受众的自我展示，[①] 努力达到裁判的内部自洽性与

---

① 所有法官都进行自我展示（表演），不论是主持开庭、参加口头辩论、宣布规则还是写作意见，他们都投射出了自我的形象，这样受众在相当大程度上塑造了法官们的选择。不论注意法官的受众群是大是小，他们还仍然是受众，而法官会选择如何把自己呈现给自己所在意的受众，以图达到建立自己喜欢的自我概念的根本目标，而渴望获取欢迎和尊重对于大多数人来说都是一个核心性的动机。比如一些大法官个人，或者作为一个整体的最高法院，都会对公众的意识形态立场的变化作出反应。参见［美］劳伦斯·鲍姆：《法官的裁判之道——以社会心理学视角探析》，李国庆译，北京大学出版社2014年版，第44—45、48、80页。

外在的合理可接受性，乃至获得良好的声望名誉。比如作为展示媒介的裁判意见书要表达清楚且充分，准确认定事实并忠实有效解释法律，恰好能够满足普遍受众与特殊受众（如律师）获得理由的共同心理预期需求，进而赢得他们的尊重认可，从而自觉地支持遵守判决。同样，法官们同其他常人一样，在向受众的自我展示中也获得了某种有所建树的成就感。当然需要警惕的是，法官们若是过度刻意地迎取特定偏好的受众立场观点，也可能会异化为当前在我国被激烈批评的"民意审判"现象。按照认知心理学的说法，法官们的行动，部分意义上是为了在他们所重视的观众中塑造他们想要的自我概念和自身有利形象，这样论证义务包含着印象动机（Impression Motivation），即由当前人际关系所决定的持有和表达信念的目标，因为法官想要获得多数观众的支持、留下有利印象，这可能会强化他们想要实现好的法律或好的政策的想法。① 而按照社会心理学理论的重要洞见，论证义务是一种情境特点的说明责任，它会显著强化法官作出裁判的努力、谨慎程度，引起对案情信息、特征和证据更为仔细客观的审查。

（三）二阶证立程序的核心地位

法律王国首先仍然是一个商谈论证领域，这在法庭竞技场上体现尤为明显。从当今法律论证理论在理论法学研究脉络中占据的核心地位看，"充分的证立"这个概念已被赋予更加有意义的实质内容，对此可普遍化原则承担了重要功能。在瓦式的二阶程序即法院诉诸道德意识来正当化法律规则下，借助于可普遍化原则，能够检验法律规则能否被承认为有约束力的道德规范。而落入法律论证理论处理范围有意义的实质问题主要包括：法官可以何种理由（或不可以何种理由）支持他的裁判；是否他可以考虑除了直接关涉法律文义或立法者意志之外的其他论据；如果可以的话，是否在不同理由之间存在顺序等。② 这些实质问题不能求助于本身的认识得到解答，还是要给出充足理由以决定其保留或废止的可能性。给出理由证实并实现裁判可

---

① 参见［美］戴维·克雷因、格里高利·米切尔编著：《司法决策的心理学》，陈林林、张晓笑译，法律出版社 2016 年版，第 26—27 页。

② 参见［德］乌尔弗里德·诺伊曼：《法律论证学》，张青波译，法律出版社 2014 年版，第 4 页。

普遍化的四种基本进路包括逻辑、对话、修辞与论题①，这在美国下级法院的决策中体现得最为明显。因为影响各级法院裁判行为的决定因素有很大不同，下级通过选举产生的法官们可能更在意公众的意见、情绪，有更强的动力去维持他们的尊重，甚至有政党利益的偏袒倾向，往往需要综合运用多种进路，尽快把案件处理掉。而上级法院的法官们，特别是我国及美国最高院大法官，可能更在意客观诠释好的法律、制定好的政策，成为偶尔的立法者。

需要引起注意的是，作为逻辑思维活动的法律推理区别于法律论证。法律论证奠基于应用逻辑，但非纯逻辑规则的推导所能重构得了。依据哈贝马斯宏大的交往（言语）行为理论与阿列克西精致的普遍理性实践商谈理论，法律论证乃是通过程序正当性范式来建构性诠释的，把它看作为一项以公民间公共交往为支撑的共同事业。不可否认，当今互联网、人工智能技术的运用正引起司法权运作发生深刻变化，甚至有学者提出代码和算法决策可能会接管司法决策，但无论未来技术如何变革，纯粹逻辑无法重构的法律论证事业，始终离不开具有伦理美德的法官来运用，相反代码不是代替法律而是被法律规制驯服。虽然以上哈贝马斯、阿列克西的智识见解不在原书作者的思考范围之内，但笔者想更为谨慎地阐明，他们与原书作者就法律论证方面存在着隔空对话与理论共鸣，其中法律论证结构的核心都在于瓦式提供的选择、证立规则的二阶程序。演绎三段论的出发点及推理结论的不同则主要取决于对话、修辞与论题等进路的运用。如上文所讲，这些进路在二阶程序中展现为理由说明，以实现裁判的可普遍化，使得公民主体间的移情体验、交往共识成为可能。

---

① 在当今法治中国建设逐步迈入方法论的时代，论题方法作为一种异域的法律思维取向，其理论价值及司法应用前景，都值得进一步关注探究，以此更好地提升司法决策的理性品格及回应实践能力。法学与论题学的交错耦合关系催生出论题学法学，动态地表征为目光往返于事实与规范之间的情境问题立场，而论题学法学必然蕴含着一种技术性指向的论题方法。从可论辩性上看，论题方法是一种似真的、可废止的司法论证方法，为论证的架构提供着正当性前提。法官运用此方法负担于论证义务所发挥的功能是全方位的。论题方法的裁判思维根据特定情境的个别化需求，在法感——旧论题——修正——新论题——证立等来对旧、新论题进行螺旋式往返检验，不断检测出论题中过于盲目的非理性成分，以便事实和规范之间形成一种具体、妥当的对应关系，进而将最初的法感精确化为趋近于最客观公正的裁决结论。

四、结语

瓦瑟斯特罗姆教授在《法官如何裁判》中规范性地检视司法裁决的各种可能程序，也是对现实司法决策行为的模型整合，在一定程度上提升了司法行为分析的严谨程度。总的来看，他在批判"规则适用导向"司法裁决的形式程序后，提出并描绘了三种独特的"理想型"替代性方案，分别是先例型裁决程序、衡平型裁决程序以及两阶证立程序；这三种独特程序的区分标准在于"裁决规则"，它才是法官实际作出正当裁决所依赖的理性根据；三种替代程序中最提倡的是法律的两阶证立程序，一阶程序为法院通过诉诸适当的具体法律规则来正当化其裁决，而二阶程序是法院又诉诸功利原则或道德意识来正当化这些法律规则。在他所构筑整合的全景司法裁决程序中，有一启动的前提即发现的程序，它与法官的个性、正义的直觉（法感）、训练有素的良心或情绪性反应等密切相关。发现的程序存在被证伪的可能性，导致"唯一正解"理念的失败，因而通往司法独立的裁判之道要严格接受审判中心的客观审查。如果借用认知心理学的双重加工系统来阐释，就表现为法官慢速的理性思维，来检验快速直觉发现的假定结论过程。法官慢速的理性思维，若用瓦氏的两分理论来看待，就是用证立的程序来防范控制影响因素中的非理性成分。作为证立理论的司法裁决程序，可通过逻辑、对话、修辞与论题等四种基本进路，给出理由说明以实现裁判的可普遍化。这也恰恰凸显出瓦式提供的选择、证立规则的二阶程序所发挥的核心功用。

论预防性网络反恐刑事立法的重要性

——兼论美国"911"事件前后的网络反恐立法

陈晓梅*

在信息化高速发展的今天，互联网已经成为人们日常生活通信交往必不可少的一部分，恐怖分子利用互联网资源进行恐怖活动的情形屡见不鲜。面对信息化时代下的恐怖活动，世界各国政府采取的主要网络反恐手段是电子监控。对于恐怖活动犯罪，刑事法有必要采取提前介入的形式控制犯罪阶段，从而实现预防犯罪。当今社会以预防为导向，旨在通过技术手段对法益的安全实现超前保护。因此，各国针对恐怖活动犯罪刑事反应都将公共安全作为首要保护对象。

利用电子监控技术不仅能有效侦破网络恐怖活动，还能达到预防犯罪的效果。而在监控过程中必然会涉及公民隐私权的问题，从 20 世纪 30 年代起，美国就开始通过窃听、截听等方式实施电子监控。起初，实施电子监控的主要目的是为政府监控外国间谍组织提供法律保障。由于恐怖活动犯罪的兴起，对国家安全的严重威胁以及互联网技术的高速发展，美国联邦政府通过互联网电子监控手段调查和预防恐怖活动犯罪。有学者指出："当今仅仅依靠刑事法律手段已经无法有效遏制恐怖活动的发生，必须通过电子监控等其他行之有效的手段才能阻止这些犯罪给社会带来的灾难。"① 美国联邦政府所实施的电子监控涉及公民的隐私权，在一个宪法至上、人权至上的国家进行监控，必然会产生社会防卫与人权保障之间的矛盾。美国自 1934 年《联邦通信法案》到 2015 年《美国自由法案》前后出台的几部法案都是为

---

* 陈晓梅，山东省女子监狱教育改造科四级警长。

① Raven-Hansen, W. C. B. S. D. P. (2007), *Counterterrorism*, New York：Wolters Kluwe Law & Bussiness；Aspen Publisher, p. 84.

了平衡这二者之间的关系。"911"恐怖袭击给美国社会带来了巨大的影响，美国总统布什在此期间签署的《爱国者法案》极大扩张了政府电子监控的权力，甚至冒着违宪的风险秘密制定了恐怖分子监控计划，其目的都是为了打击和预防恐怖活动犯罪。而政府电子监控权力的膨胀以及"棱镜计划"的曝光也遭至美国民众及国会的不满，终究促成2015年《美国自由法案》的出台，再次从宪法角度限制政府权力。美国联邦政府一系列重大改革与"911"事件有着密不可分的关系。

由于网络反恐监控涉及公民隐私权，因此为了防止公权力的滥用，美国宪法第四修正案赋予本国公民非正当理由不得被搜查的权利。① 宪法修正案赋予美国公民隐私免受非法侵犯的权利，这意味着政府针对美国公民的私人谈话及电子监控必须遵守本条之规定，其核心在于保护公民在电信领域享有合理的隐私期待权。关于这一权利的保护主要具体体现在这些法律规范中：（1）最早颁布的是1978年的《外国情报监控法案》（FISA）正式颁布。该法涉及电信监控、网络监控、电子邮件拦截等多项司法调查手段，进一步扩大了司法部长的权力，不需要法院许可就可以单独通过电子监听从国外获得情报。但是如果监听的内容涉及美国人（包括美国公民和外籍居民），还需通过外国情报监控法庭（FISC）的听证才能获取监控权，这一许可与《综合犯罪控制及街区安全法》规定的相关内容不同。② 外国情报法庭是指依据《外国情报监控法案》第103节所设立的法庭，其基本职能是依法审查相关部门是否能够对其申请的对象实施物理性搜索或者电子监控，由该法庭获取可以实施监控的授权令状称之为"涉外监控令"（FISA Order）。③ 该法庭由11名联邦地区法官组成，这11名法官由

① The Fourth Amendment to the United States Constitution provides: The right of the people to be secure in their persons, houses, papers, and effects, against unreasonable searches and seizures, shall not be violated, and no Warrants shall issue, but upon probable cause, supported by Oath or affirmation, and particularly describing the place to be searched, and the persons or things to be seized.

② Norman Abrams. (2012), *Anti-Terrorism and Crminal Enforcement* (*Third Edition*), West, a Thomson business, 2012, p. 107.

③ Elizabeth B. Bazan, "The Us Foreign Intelligence Surveillance Court and the Us Foreign Intelligence Surveillance Court of Review: An Overview", DTIC Document, 2007.

联邦最高法院首席大法官从至少 7 个联邦司法巡回区选出，这些法官的任期最长不得超过 7 年。① 不难看出，在"911"恐怖袭击之前，美国政府严格限制电子监控权的目的是为了最大程度保护公民的隐私权，防止侦查机关滥用权力，使电子监控这一隐秘调查手段合法化、程序化，并符合宪法第四修正案的规定。（2）1986 年《电子通信隐私法案》中的《存储信息通讯法案》，主要为网络服务提供商（ISP）的存储数据以及网络提供商存储的用户信息（比如用户名称、IP 地址等）提供隐私保护。② 从《存储信息通讯法案》的整体信息分级保护来看，立法者针对不同类型的信息采取不同的保护。

基于"911"恐怖袭击给美国社会带来的严重影响，美国国会在不到两个月的时间内制定出台《爱国者法案》。《爱国者法案》并没有增设更多的恐怖活动犯罪的罪名。最大的意义是在刑事司法方面扩大了联邦调查机构利用法律手段调查恐怖活动犯罪的权力，并在法律程序方面进一步提高了调查恐怖活动犯罪的效率。其主要体现在以下几个方面：第一，扩大原有监听范围；第二，将电子监控对象由"外国恐怖主义"扩展至"国内恐怖主义"；第三，放宽外国情报法庭法官遴选条件，降低获得涉外监控令的标准并延长该命令的时效；第四，将第三方非政府机构协同执法机关实施电子监控的行为立法化。第 206 节"任意监听"的主体扩充：外国情报监控法庭可以授权第三方管理者（如公共承运人、房东以及其他管理人员）有协同调查机构搜集信息或安装窃听装置的权力。

"911"事件不久之后，布什总统秘密授权美国国家安全局可以越过司法审查对国内外与"基地"组织或其他恐怖组织的人进行电子监控活动。其主要职权是截取（intercept）国际电话及电子邮件信息内容，这一计划称为 TSP 计划（《恐怖分子电子监控计划》，Terrorist Surveillance Program，TSP）。③ 该计划在 2005 年 12 月首次被《纽约时报》披露，但文章并未披露该计划的

---

① 50 U. S. C § 1803（a）.

② 18 U. S. C § 2701-12.

③ Yoo, J.（2006），Terrorist Surveillance Program and the Constitution, The. *Geo. Mason L. Rev.*, 14, 565.

细节，而只披露相关主管部门承认确实存在这一计划。① 不仅如此，2006 年
5 月 11 日，《今日美国》又爆出监控内幕。文章称美国国家安全局除 TSP 计
划之外，还存在第二个电子监控计划。该计划授权美国国家安全局在没有法
院令状的情形下，可直接与一些大型电讯公司合作，为本部门提供截取电话
内容以及秘密监听的便利。② TSP 计划在美国社会受到很大的批判，他们认
为 Bush 政府对于该计划的法律解释很难令人信服。③ 美国国会研究服务部
（CRS）指出，任何与电子监控有关的调查必须符合 1968 年《综合犯罪控制
及街区安全法》第三编"窃听与电子监控"和 1978 年《外国情报监视法》
相关规定，美国总统获得外国情报监控的权力受到本法规制。④ 学者及政客
们质疑 TSP 计划的合法性，他们认为该监控计划越过外国情报法庭是涉嫌
恐怖活动实施监听的总统权力违反宪法第四修正案的一种体现，因为联邦最
高法院从未承诺放弃针对电子监控行为的司法审查及违宪审查。⑤

　　通过上文对美国网络反恐刑事对策的梳理，我们发现美国网络反恐司法
审查的演变实为政府权衡社会防卫与人权保障二者之间立法重心流变的表
征。需要说明的是，人权保障的范围仅限于国内公民，美国在对外政策方面
奉行的仍是霸权主义。在"911"事件恐怖袭击之前，美国政府通过《外国
情报监控法案》的法庭程序以及违宪审查等手段来保障公民隐私权不受侵
犯。而"911"恐怖袭击之后通过的《爱国者法案》显然将公民隐私权置于

---

① James Risen & Eric Lichtblau, Bus Lets U. S. Spy on Callers Without Courts, *N. Y. TIMES*,
　　Dec. 16, 2005.
② Leslie Cauley, NSA Has Massive Database of Americans'Phone Calls, *USA TODAY*, May 11,
　　2006, at A1.
③ Memorandum from Elizabeth B. Bazan & Jennifer K. Elsea, Legislative Attorneys, Am. Law
　　Div., Cong. Research Serv., Presidential Authority to Conduct Warrantless Electronic Surveillance
　　to Gather Foreign Intelligence Information, at 44 (Jan. 5, 2006), http://www. fas. org/
　　sgp/crs/intel/m010506. pdf [hereinafter CRS Memo].
④ Omnibus Crime Control and Safe Streets Act of 1968, Pub. L. No. 90-351, § 802, 82 Stat.
　　197, pp. 212-223 (codified as 18 U. S. C. § 2511 (3)). "The exclusivity clause makes it
　　impossible for the President to 'opt-out' of the legislative scheme by retreating to his 'inherent'
　　Executive sovereignty over foreign affairs." United States v. Andonian, 735 F. Supp. 1469,
　　1474 (C. D. Cal. 1990); see also CRS Memo, supra note 67, at 29.
⑤ Wong, K. L. (2006), The NSA Terrorist Surveillance Program, *Harvard Journal on
　　Legislation*, 43 (2), 517.

社会防卫之后，将调查及监控一切与恐怖主义有关的活动作为立法重心。"911"事件对美国社会造成恐慌是难以想象的，《爱国者法案》于2011年10月26日正式签署公布，距"911"事件仅相差45天。在短时间内对大量法条进行修改，不顾违宪的风险扩张政府职能部门的权力，显然是为了回应公众以及应付舆论的压力，并用预防和打击恐怖活动犯罪来安抚恐怖袭击给美国民众造成的伤害，因为"没有比破案更好的预防"。① 但在随后不久，美国总统违宪滥用电子监控权，加之公众舆论、电子隐私资讯中心（Electronic Privacy Information Centre，EPIC）② 等部门的谴责，由"棱镜门事件"作为导火索，迫使美国政府新颁布的《美国自由法案》不得不再次将立法重心转移到保障国内公民权利上来。

还需注意的是，电子信息技术的发展可以缓和人权保障和社会防卫之间的矛盾。2015年《美国自由法案》通过技术手段缓和了社会防卫与人权保障之间的矛盾。新修改的法案要求美国国家安全局不能再继续大量搜集美国公民电子通讯信息数据，但是如果调查机构有足够证据向涉外情报监控法庭表明行为人与恐怖活动或与外国势力有关，可以对调查之前储存在各大网络信息平台中该行为人的电子通信数据进行搜集。③ 换言之，对于大量搜集公民隐私信息权力暂由网络通信公司保管，只有在部分行为人有恐怖犯罪嫌疑时才可能受到监控，这样就大大减少了公民隐私泄露给国家安全局的可能性。这就说明，如果为了避免风险而让其他风险（譬如公民隐私权泄露）通过国家立法的形式强加于公民头上，他们可能不会接受哪怕是最小伤害的可能性。诚如张明楷教授所言："采取其他措施预防可能比单纯的法律禁止更为有效。"④ 将预监控的数据交由网络公司存储，与近年来互联网信息存

① ［日］川出敏裕、金光旭：《刑事政策》，钱叶六等译，中国政法大学出版社2016年版，第25页。
② 例如，2005年电子隐私资讯中心认为："虽然《爱国者法案》完成了至少15个重要条款的修改，但这些修改在缺少白宫、议会以及舆论探讨的前提下就进行修改必然是草率的。"Weimann, G. (2015), *Terrorism in Cyberspace: the next Generation*, New York: Columbia University Press, p. 222.
③ Cásarez, N. B. (2016), The Synergy of Privacy and Speech, *University of Pennsylvania Journal of Constitutional Law*, 18 (3), p. 826.
④ 张明楷：《"风险社会"若干理论问题反思》，《法商研究》2011年第5期。

储技术的发展有密切联系，为缓和二者之间矛盾在规范层面提供了技术基础。

不可否认，互联网时代下的恐怖活动将给国家公共安全及公民个人安全带来新的威胁，预防和惩治恐怖活动犯罪是各国政府的重要任务。但在反恐斗争中，尤其不能忽略的是公民隐私权的保障，而我国立法在此仍需进一步完善：第一，《反恐法》第43条在立法层面上确立了反恐情报信息跨部门、跨地区的情报信息机制，强调各国家机关部门相互配合，共同预防和惩治恐怖活动犯罪，但是在该法中并未对各部门相互制约作出规定。第二，《反恐法》虽然在第45条规定公安机关、国家安全机关以及军事机关等侦查部门需要经过严格的批准手续才能采取电子监控等技术侦查措施，在第94条规定了以反恐为名滥用职权的法律后果，但实质上并没有改变《刑事诉讼法》《公安机关办理刑事案件程序规定》等法律法规确立的"办案机关内部批准"的审查机制。相比较而言，采取侦查部门以外审查机制更能实现法律监督的目的。正如我国学者刘仁文教授所言："即便在反恐中对人权保障给予关注，我们也往往偏重体内监督，而不注意体外监督，一个不争的事实是，体外监督的效果要远比体内监督好。"[1] 第三，互联网时代下我国反恐刑事立法缺憾的根源是违宪审查机制的缺失。约束国家权力，保护公民权利，乃是宪法的核心问题。在互联网科技高速发达的今天，公民个人信息极易泄露，须依靠宪法对立法、司法以及行政活动进行审查，约束权力机关，进一步保障人权，如此也更符合现代法治国的基本要求。

---

[1] 刘仁文：《中国反恐刑事立法的描述与评析》，《法学家》2013年第4期。

【司法职业】

基于角色理论视角的法官助理制度研究

赖　骏　叶丽君　殷彦博[*]

法官助理（Law Clerk）是名副其实的"舶来物"，起源于 19 世纪后半期的美国，其指："给法官提供主要帮助的年轻律师。（他们）最关键的工作是帮助法院法官审阅上诉人递交的上诉状，还要撰写有关诉讼文书或法院记录的摘要。法官助理对于被选出复审的案件的某些问题也做法律研究。法官助理也常担任起草附在法院裁决后的判决意见的工作。"[①] 经历百余年发展，英国、法国、德国、日本、我国台湾等国家和地区，都建立了法官助理制度。最高人民法院曾于 1999 年颁布《人民法院五年改革纲要（1999—2003）》，首次在正式文件中提出建立法官助理制度。[②] 后经历十余年的试点，各地对法官助理制度褒贬不一，"法官助理"也一直未进入法律人的主流话语圈，试点成果少有提及。直至 2015 年，最高人民法院发布《关于全

---

[*]　赖骏，青田县人民法院法官。叶丽君，青田县人民法院法官助理。殷彦博，青田县人民法院法官助理。

①　［美］彼得·G. 伦斯特罗姆编著：《美国法律辞典》，贺卫方等译，中国政法大学出版社1998 年版，第 104—105 页。

②　《人民法院五年改革纲要（1999—2003）》第 33 条：随着审判长选任工作的开展，结合人民法院组织法的修改、高级人民法院或以对法官配备法官助理和取消助理审判员工作进行试点，摸索经验。

面深化人民法院改革的意见——人民法院第四个五年改革纲要（2014—2018）》（以下简称"四五"改革纲要），明确将法官助理、书记员、执行员等列为审判辅助人员序列。① 自此，法官助理制度改革的帷幕被徐徐拉开。大批未入额的助理审判员、审判员及书记员等转任为法官助理，曾在一些省份公务员招录时设置的"法官预备人选"岗位也相应取消，以"法官助理"岗位取而代之，对法官助理制度的研究也开始迅速兴起。②

我国的法官助理制度与国外很多国家和地区的法官助理制度存在质的区别。正如有学者指出的："我们的司法制度，其实就是深深地嵌入在复杂的政制、复杂的体系和复杂的国情当中。"若仅以国外的经验，来探讨我国法官助理制度的运行，必然有失偏颇。而目前我国关于法官助理制度的研究，多按照"制度—实践问题—制度"的路径，即指出现行制度的不足，并基于不足拟制新的制度。这种研究思路不仅缺乏足够的理论深度，也无法为潜在的问题提供解决思路，而且列举的对策也缺少体系化。本文在吸收前人经验的基础上，拟依照"制度—角色—问题—制度"的研究路径，从法官助理角色的概念、所处的组织以及制度功能等的背景性条件入手，通过解构和演绎的方式描述法官助理的理想角色模型，分析扮演过程中可能存在的困境，并为法官助理制度的完善提出建议。

一、角色理论概述

角色（Role）曾被称为"社会学中最模糊不清的概念之一"，③ 其起源自乔治·赫伯特·米德、拉尔夫·林顿等人的研究。其中，米德是角色理论

---

① 《关于全面深化人民法院改革的意见——人民法院第四个五年改革纲要（2014—2018）》第48条：推动法院人员分类管理制度改革。建立符合职业特点的法官单独职务序列。健全法官助理、书记员、执行员等审判辅助人员管理制度。科学确定法官与审判辅助人员的数量比例，建立审判辅助人员的正常增补机制，切实减轻法官事务性工作负担。拓宽审判辅助人员的来源渠道，探索以购买社会化服务的方式，优化审判辅助人员结构。探索推动司法警察管理体制改革。完善司法行政人员管理制度。
② 根据以"法官助理"为主题词的知网检索结果统计，2013年度相关论文37篇，2014年度为123篇，2015年度则达到365篇。
③ ［美］乔纳森·H. 特纳：《社会学理论的结构》，吴曲辉等译，浙江人民出版社1987年版，第428页。

最为重要的创始人，其从戏剧中借用了"角色"一词，旨在说明人们的交往中可以预见的互动行为模式以及说明个人与社会的关系。① 此后，经过数十年的发展，学界对角色的概念逐渐形成共识。一般认为，角色是指与人们的某种社会地位、身份相一致的一整套权利、义务的规范与行为模式，它是人们对具有特定身份的人的行为期望，它构成社会群体或组织的基础。②

而在角色概念之上建立的角色理论，就是研究个体在互动过程中扮演角色及其活动规律的理论。③ 其核心概念包括"角色扮演""角色期望""角色冲突""角色领悟""角色失调""角色失败""角色集"等，主要流派可以划分为角色结构理论和过程角色理论两类。④ 其中，角色结构理论家以角色在社会结构中所处的位置为出发点，研究角色的行为、社会对角色的期待、角色所面临的冲突以及角色社会的关系等内容。⑤ 而过程角色论则以社会互动作为基本出发点，围绕互动中的角色扮演展开对角色期待、角色扮演、角色冲突和角色紧张等问题的研究。⑥ 二者并非相互冲突，相反，在社会学研究中两者经常相互论证，互为补充。

无论何种制度，其功能必须通过一定角色的行为来实现，法官助理角色扮演的成功与否，就决定了法官助理制度能否良性运作。依照角色理论的视角，笔者将法官助理角色定义为：法官助理在司法审判及相关活动中所表现的一种身份，并由此而确定行为规范和行为模式的总和，是作为法官助理个体的权利、义务、责任的集合体，是社会对法官助理岗位上人员的行为期待。但是，因为社会生活的复杂性，法官助理角色实质上有着比其文义更为

---

① 参见郑航生主编：《社会学概论新修》，中国人民大学出版社 2008 年版，第 106 页。

② 参见［美］乔纳森·H. 特纳：《社会学理论的结构》，吴曲辉等译，浙江人民出版社 1987年版，第 107 页。

③ 参见奚从清：《角色论——个人与社会的互动》，浙江大学出版社 2010 年版，第 19—20页。

④ 社会学家比德尔（B. J. Biddle）在介绍角色理论的发展情况时列举了五种不同的角色理论观点，即功能角色理论、结构角色理论、组织角色理论、象征互动角色理论、认识角色理论。参见［美］比德尔：《角色理论的最近发展情况》，曾霖生译，《现代外国哲学社会科学文摘》1988 年第 11 期。国内的社会学家则一般采用本文所述的二分法。

⑤ 参见周晓虹：《现代西方社会学心理学流派》，南京大学出版社 1990 年版，第 223 页。

⑥ 参见［美］比德尔：《角色理论的最近发展情况》，曾霖生译，《现代外国哲学社会科学文摘》1988 年第 11 期。

丰富的内涵。

二、法官助理的角色解构

在社会中，角色不是孤立存在的，而是与其他角色联系在一起的，法官助理也是如此，基于其角色地位、社会关系、制度设计等要素，可以将法官助理解构为多种角色：从法官助理的应有之义分析，法官助理是法官的助手，扮演着法官助手的角色；从其所属组织分析，法官助理是单位组织（人民法院）的成员，扮演着单位组织成员的角色；而从法官助理制度设计的功能看，法官助理同时又是实质上的"候补法官"。不同角色意味着不同的期望，决定了不同的行为模式及角色特点。

（一）法官助手角色

在我们司法改革的路径中，法官助理制度是伴随着法官员额制度而产生的。其目的是为了实现"以法官为核心""法官精英化"，而专门设置的法院人事制度，旨在分担法官的工作任务，提高审判效率。可以说，"法官的助手"角色是扮演法官助理所获得的最主要的角色，其决定了法官助理的基础属性及功能。以"法官+法官助理+书记员"这种"1+1+1"模式组建的审判团队[①]为例，法官助理占据了其中之"1"，与法官及书记员共同组成一个功能型群体。理论上，这个群体应具备明确的目标以及工作计划、职责分工，并确立法官在该群体中的权威地位或者说支配地位，而法官助理与书记员作为法官的助手，协助法官处理审判事务。

法官助手角色在这个群体中呈现以下特征：

1. 从属于法官角色

最高人民法院在《人民法院法官助理管理办法》（征求意见稿）中将法官助理的职责确认如下："法官助理在法官指导下履行下列职责：（一）审查诉讼材料，提出诉讼争执要点，归纳、摘录证据；（二）庭前组织交换证据；（三）代表法官主持庭前调解，达成调解协议的，须经法官审核确认；（四）办理承担法律援助义务的律师担任辩护人或者指定法定代理人代为诉

---

① 如无特殊说明，本文所指审判团队均指"1+1+1"模式的审判团队。

讼的有关事宜；（五）接待案件当事人、代理人、辩护人的来访和查阅案卷材料；（六）依法调查、收集、核对有关证据；（七）办理委托鉴定、评估、审计等事宜；（八）协助法官采取诉讼保全措施；（九）准备与案件审理相关的参考性资料；（十）办理案件管理的有关事务；（十一）根据法官的授意草拟法律文书；（十二）完成法官交办的其他与审判业务相关的辅助性工作。"

可见，法官助理职责设置完全体现了以法官为核心的设计理念。与在审判事务中占支配地位的法官相比，法官助理和书记员一同处于从属地位。而且，法官助理的工作受法官指示，其履职行为代表和反映的是法官意志而非自己独立的意志。一旦法官角色缺位，那么法官助手角色的功能也无法体现。也正是因为这种从属性的特征，法官助理在审判过程中的行为，其责任后果亦均由法官承担。这种模式下，法官助理的个人价值无法从案件审理中得到体现，因此，扮演该角色所获得的成就感较低，从长期来看，个体价值需求无法得到充分满足。

2. 仅为审判业务的助手

法官助理职责的设置体现了以审判为核心的设计思路。而在现实生活中，法官的工作除了案件审理，还包括调研文章、材料汇报、信息宣传等。从征求意见稿中的文字表述可推断，前述工作均不应属于法官助理的职责范围。故法官助理在执行这些非审判事务时，并非基于法官助理这一从属性角色，不体现其从属性特征，其个人意志的表达并不受影响。如在撰写调研文章时，即使是应法官要求而撰写，亦应保证其享有与法官平等的署名权。

3. 具备相应的法律知识

根据《人民法院法官助理管理办法》（征求意见稿）中的规定，法官助理的工作职责相较书记员而言，更侧重审判业务而非审判事务。除了庭审和审判以外，大部分业务性工作都可由法官助理负担。因此，这就要求法官助理具备一定的法律专业知识，否则将难以满足角色扮演的需求。《关于招录人民法院法官助理、人民检察院检察官助理的意见》（组通字〔2015〕46号）、《法官助理、检察官助理和书记员职务序列改革试点方案》（组通字〔2016〕36号）等文件对法官助理的任职资格作了规定：除在艰苦边远地区市县法院工作外，新招录的法官助理都应当取得法律职业资格。

（二）单位组织（人民法院）成员角色

研究法官助理制度，必须认识到，法官助理是单位组织中的一员，扮演着"公务员"① 这一角色，也正是这一角色决定了中外法官助理制度诸多本质上的区别。

"单位"是中国社会最有特色的组织。其是一种德治性再分配体制内的制度化组织，即社会资源按品德和政治觉悟的标准进行分配。② 其制度化的基础在于：国家成为组织所需资源的唯一或主要提供者，组织领导者的晋升、收入等个人利益完全取决于等级体制中的上级的决定等。③ 而人民法院作为单位组织中的司法部门，由掌握法律专业知识的"技术官僚"进行管理。虽然"四五"改革纲要针对人民法院的设置提出一系列改革措施，但并未改变法院的"单位"组织属性。同时，因为司法部门的特殊性，其又呈现出有别于政府部门的一些特征，作为单位组织成员的法官助理也是如此。

1. 永久性就业

《公务员法》《行政机关公务员处分条例》《公务员考核规定（试行）》等虽规定了公务员开除、辞退的情形，但实际上，除了重大违法违纪情形，鲜有公务员被开除和辞退。故理论上说，若非出于本人意愿，单位组织成员可能一生都在组织内度过。

2. 行为模式受组织规章制约

组织规章是指组织内部为调节和制约其他成员在组织内的行为而制定的一系列强制性规定，④ 包括党纪、各类规章等，前述的《人民法院法官助理管理办法》（征求意见稿）、《行政机关公务员处分条例》《公务员考核规定（试行）》等均属于组织规章。而绩效考评制度也属于组织规章之一，其以绩效指标为基础而设定。绩效指标是一套用于衡量考评对象工作

---

① 根据《法官助理、检察官助理和书记员职务序列改革试点方案》规定，法官助理按照综合管理类公务员进行管理。

② 参见李路路：《论单位研究》，《社会学研究》2002 年第 5 期。

③ 参见李猛、周飞舟、李康：《单位：制度化组织的内部机制》，载中国社会科学院社会学研究所编：《中国社会学》（第二卷），上海人民出版社 2003 年版，第 144—145 页。

④ 参见［美］乔纳森·H. 特纳：《社会学理论的结构》，吴曲辉等译，浙江人民出版社 1987 年版，第 406 页。

努力程度和具体绩效水平的相对客观化的标志，而绩效考评就是定义、衡量和运用这些指标的过程。① 这是司法部门对于成员"数字化"管理的体现，旨在为组织成员提供合乎组织目标的价值观和行为模式，制约和指导成员的行为。

3. 个人对单位的依赖程度受个人技能水平及外部非公有制经济发展程度的影响

单位组织代表国家掌握了大量的资源，单位组织外的资源则由非公有制经济等占有。单位组织占有资源决定了其可以给成员一定的回报，这种回报除了经济上的回报外，还有政治地位、安全感等方面的回报。尤其是政治地位，是单位组织外无法供给的。这种利益和资源的回报决定了一种依赖性结构，即下级对上级的依赖，个人对单位的依赖。② 但是，这种依赖程度受外部非公有制经济的影响，若外部的非公有制经济可以提供足够的利益回报，足以弥补放弃扮演单位组织成员角色的损失，则个体对单位的依赖性将会显著下降。而决定其能否从外部回报得到满足，主要取决于三方面要素：一是技能水平和种类。单位组织成员很大一部分是从事行政、党政事务，其在工作中培养的技能并不符合非公有制市场的需求，这也决定了这类单位组织成员往往无法单凭技能从非公有制经济中取得可观的回报，因此他们对单位组织的依赖程度较高。反之，法官、检察官这类"技术官僚"则较低，而且技能水平与依赖程度呈负相关关系。二是除单位组织外非公有制经济发展程度的影响。欠发达地区的非公有制经济发展水平和"北上广深"等城市的发展水平有着很大程度的区别，这些地区单位外的组织并无法提供单位组织成员可观的经济回报。这也意味着单位组织成员的离职率和当地非公有制经济的发展水平呈正相关关系。三是在组织内部所处地位。在组织内地位越高，则对于离职后从外部获取收益的期望越高。如一个普通科员和一个部级干部，对于辞职后所期望的薪酬有着天壤之别，而组织内地位较高的个体放弃单位组织成员身份后更难以从外部的利益回报中得到满足。四是社会关系

---

① 参见艾佳慧：《社会变迁中的法院人事管理》，北京大学法学院博士学位论文2008年，第22—23页。

② 参见李汉林、李路路：《资源与交换——中国单位组织中的依赖性结构》，《社会学研究》1999年第4期。

网络。个人所拥有的社会关系网络质量越高，意味着其越可能从社会中获取资源，也越可能得到高额的回报。

而法官助理作为具备专业法律技能的组织成员，在不考虑社会关系、地位差异的情况下，我们可以近似地认为：法官助理对单位组织的依赖性较低，离职率高于普通单位成员，且离职率和当地非公有制经济的发展水平、个体技能水平呈正相关关系。

（三）候选法官角色

虽然根据相关法律规定，法官来源包括自法官助理中遴选及从律师、法学专家等从事法律职业的人员中选拔。[①] 但从目前情况看，从律师及学者中选拔的法官依然还是少之又少。而且比照我国台湾地区选拔制度的实施情况，在可预见的将来，该状况将难有大的转变。[②]

因此，法官助理实质上是法官人选的主要来源，从律师及学者中选任法官仅是作为补充。故我国的法官助理制度是法官养成机制之一环，法官助理即为预备役法官或候补法官。而扮演候选法官角色最重要的角色期待就是通过遴选成为法官，实现从法官助理到法官的角色的转变。因此，上述因素一方面决定了扮演法官助理角色是一个角色学习的过程，另一方面也意味着该角色应为一个阶段性的角色。

1. 角色学习的过程

理论上来说，扮演"候选法官"角色的过程是获取法官角色认同的过程，是组织为避免法官角色确认不当的审查程序，同时也是候选法官对法官角色进行学习的过程。角色学习是角色扮演的基础和前提，它包括两个方面，一是形成角色观念，包括学习法官的权利义务、行为模式、形象等；二是学习角色技能，即扮演法官角色所应具备的法律知识技能，涵盖从案件的受理、送达直至裁判文书的撰写等各方面，并通过这些司法裁判训练，赋予法官助理法官思维和视角。目前，根据公布的《法官法》草案显示，这个

[①] 目前对于执行员、书记员等能否参加遴选法律层面尚无明确的规定，《法官法》修订草案仅规定"从事法律工作满五年"，并未排除执行员参与遴选的资格。但目前各省、市一般都将执行员排除在外。如上海市在《上海法院司法改革方案》中规定：基层法院法官从法官助理中择优遴选，法官助理任职满 5 年，可按程序参加基层法院法官遴选。

[②] 参见薛永慧：《从台湾法官与司法辅助人员的关系看大陆法官员额制改革》，《台湾研究集刊》2015 年第 6 期。

角色学习的期限最短不得少于五年。

2. 阶段性角色

如前所述，候选法官角色最关键的角色期待就是通过选任考试成为法官，这也是这一角色最主要的扮演动机之一。因此，候选法官角色实质上是一个阶段性的角色，是扮演法官角色的前置阶段。而且因为法官助理的从属性特征，扮演者本身并不愿过长地停留在这个阶段。

三、法官助理角色失调之困境

角色扮演从来不是一帆风顺的，法官助理在角色扮演的过程中也是如此，有可能出现角色失调的情形。基于法官助理的角色特性，目前法官助理角色的扮演中潜在着以下几方面的困境。

（一）角色冲突

所谓角色冲突，指在社会角色的扮演中，在角色之间或角色内部发生了矛盾对立和抵触，妨碍了角色扮演的顺利进行。[①] 其又可分为角色内冲突和角色间冲突两种情形。

1. 角色内冲突：多重角色的规范冲突

正因为法官助理的扮演者实际上扮演着多重角色，而各种角色之间虽相互联系、相互依存、相互补充，但因为各角色的规范往往不尽相同，就产生了角色内的冲突。对法官助理而言，这类冲突主要包括单位组织成员与法官助手角色的冲突、法官助手与候选法官角色的冲突两类。

单位组织成员与法官助手角色的冲突主要是因法官助理实质上的双重管理而产生。一方面，作为单位组织成员，其应遵守各类规章制度，服从上级的行政命令。但另一方面，其作为法官的助手，在工作中根据法官的要求完成工作。而作为个体的法官其目标与单位组织的目标往往并不是完全一致，因此在法官助理角色的扮演过程中实际上受到双重领导。比如制度规定法官助理主要从事审判业务工作，但若法官仅安排其从事开庭记录、卷宗整理等

---

① 参见［美］乔纳森·H. 特纳：《社会学理论的结构》，吴曲辉等译，浙江人民出版社1987年版，第119页。

事务性工作，法官助理是否应遵从？

另一种常见的冲突是法官助手与候选法官角色的冲突。法官助手角色是从属性的角色，如上文所述，应按法官的要求着手工作，因为事务性工作由书记员进行分担，所以其接触的审判事务可能并不完整，如送达、庭审准备等工作，极可能在扮演法官助理角色时极少涉及。尤其是作为审判核心的庭审程序，目前对于法官助理在庭审中的定位还未明确，如何在"法官+书记员"或"合议庭+书记员"设置中插入法官助理角色，以及法官助理有无必要参与庭审，实践中尚无定论，很多法官助理甚至从未去过审判庭，仅是按法官要求或者自行观看庭审录像来撰写裁判文书。但是，若从候选法官角色的角度，处理前述事务性工作的技能都是扮演法官角色所必需的技能。仅仅从事文书撰写等幕后工作，无助于其掌握这些技能，很可能在扮演法官角色时出现角色失调的现象，致使不能适应新角色。实际上，在法官助理制度的实施之初，就有法官基于法官助手与候选法官的角色冲突提出质疑：未经历过庭审，法官助理将来如何成为法官。

2. 角色间冲突：法官与法官助理的冲突

角色间的冲突，即由不同角色承担者之间的冲突。它常常是由于角色利益上的对立、角色期望的差别以及人们没有按角色规范行事等原因引起的。在这类冲突中，个体的利益和目标被置于优先考虑的地位。

就法官助理而言，其处于"法官+法官助理+书记员"的三人群体中，是群体中不可或缺的角色，而三人群体与"法官+书记员"的两人群体模式不同，两人群体中的成员只需考虑对方的具体需要、愿望和特点，因此可以获得在其他任何社会组织形式中不可能存在的亲密感和独特性。但在三人群体中，因为要同时考虑两个人的个性特征，难以达到二人关系中可能具有的亲密性。

在三人群体中，法官与法官助理有着最频繁的互动、最为密切的关系，同时也最有可能产生冲突。在法官助理与书记员发生冲突时，法官可以扮演中间人或仲裁人的角色。但在法官与法官助理发生冲突时，因为法官的权威地位，书记员很难进行调停。

冲突的原因可能是多种多样的，一方面，因为法官助理的永久性就业，在法官助理怠于履行职责时，无论是法官还是单位组织均无法运用解雇作为管理手段来促进组织内资源的最优配置。① 而且，法官助理的利益取得或惩处并不依赖于法官，而是依赖于由行政上的精英群体组成的领导机构，法官对于法官助理的处罚、晋升、转任法官等事项并无决定权，仅有提出建议的权利。因此，法官对法官助理缺少实质意义上的规制措施，在法官助理怠于履职且双方无法达成共识的情形下，只能要求单位组织介入，调节冲突。另一方面，因为法官与法官助理实质上的不平等地位，也无法给予法官助理一定程度的回报，在法官分配过多任务交由法官助理处理时，尤其是其他法官助理并未承担相同数目的工作量时，法官助理将会产生相对剥夺感——实际上，部分法官甚至将其自身的调研任务等交由法官助理撰写——长此以往，法官与法官助理之间很可能将会产生冲突。

（二）角色转变困难

在扮演法官助理角色的过程中，对扮演者而言，最核心的目的就是角色转变，成为法官。但能否实现这个目的很大程度上取决于法官员额是否存在空缺。因目前还处在改革的过渡期，各地法院尚有少量空额，后续法官助理入额的问题并未得到广泛关注，也无充足可信的数据反映法官助理的入额情况。然而就目前的情况看，在不考虑法官助理的个体差异及法官离职的情况下，东部沿海地区不少基层法院的年轻法官助理入额可能需要十年左右的时间。这就意味着法官助理向上流动的渠道不畅。

与此相对应的是，目前中级、高级法院也存在法官名额不足的问题。这将导致在一段时间内，下级法院法官通过遴选成为上级法院法官的名额非常有限，寄希望于上级法院遴选而产生足够的空额，并不符合目前的客观实际情况。

同时，因为法官助理从属性特征，个人成就感较低，若长期未能实现预期的角色转变，除了会导致职业倦怠和角色扮演停止等情形外，最直接的影响就是扮演该角色吸引力的降低。如 2016 年黑龙江公务员考试，共有 279 个职位没有人成功报名，涉及公检法系统的约占五分之四；② 2017 年海南全

---

① 参见李猛、周飞舟、李康：《单位：制度化组织的内部机制》，载中国社会科学院社会学研究所编：《中国社会学》（第二卷），上海人民出版社 2003 年版，第 145 页。

② 参见张磊：《130 人竞争市工商联 2 个科员职位》，http://hlj.people.com.cn/n2/2016/0331/c220027-28053850.html，访问时间 2018 年 3 月 27 日。

省法院系统招录工作中，有超过 100 个法官助理职位因达不到开考比例或无人报考，取消招录计划；① 2017 年湖北公务员招考，有 296 个职位无人报考，多为 2017 年湖北公务员招考新增的法官助理、检察院助理岗位②；江苏省 2017 年公务员考试中，多数职务无人报考，多来自法官助理、检察官助理；③ 2017 年 4 月 22 日，全国 24 个省份同时举行公务员招录"省考"，但一些基层司法机关设置的法官助理、检察官助理这一类职位频现"零报考"现象。除一些基层法院如广西田林县、河北博野县法院外，甚至连珠海市中院、黑龙江省法院系统招录的职位也出现了"零报考"。④ 这些现象应当引起有关部门的高度重视。

四、角色困境的突破

如何突破法官助理所面临的角色冲突、角色转换等困境，是我们司法改革面临的一个难题。若解决不当，不仅会导致法官助理角色扮演吸引力的下降、影响审判团队的稳定、无法提高审判效率，而且从长远来看，也无助于培养高素质的法官队伍。而法官助理角色扮演的困境多是在与法官的互动及角色转变的需求中产生，故既要限制法官滥用职权，又要赋予法官规限法官助理的权限，同时还必须满足法官助理角色转变的需求，拓宽角色转变渠道。因此，笔者认为，应建立以矩阵式审判组织模式为基础的一系列配套制度。

（一）建立矩阵式审判组织模式

无论是何种角色内冲突还是角色间冲突，大部分都是在法官助理与法官

---

① 参见吴春萍：《2017 年海南省法院系统法官助理职位出现招录难现象》，http://news. hainan. net/hainan/yaowen/yaowenliebiao/2017/03/31/3372092. shtml，访问时间 2018 年 3 月 27 日。

② 参见龚齐飞：《2017 湖北公务员报名逾 6 万人　法官助理成冷门》，http://www. chinagwy. org/html/gdzk/hubei/201703/73_ 191724. html，访问时间 2018 年 3 月 27 日。

③ 参见江苏公务员考试网：《2017 年江苏公务员考试报名最后一天　关注无人报考职位》，http://www. chinagwyw. org/jiangsu/356158. html，访问时间 2018 年 3 月 27 日。

④ 参见文都教育：《24 省联考：报考人数多，职位有冷热，古诗词进考题》，http://www. chinakaoyan. com/info/article/id/167577. shtml，访问时间 2018 年 3 月 27 日。

的互动中产生的，实质上是法官与法官助理利益冲突的体现。从法官的角度而言，其固然希望法官助理承担更多的工作任务；而从法官助理的角度，其也希望避免承担过多的工作，冲突由此而产生。而固定化的审判团队，也意味着法官助理与法官的长期互动。在法官与法官助理形成良性互动的情形下，固定化的审判团队确实可以起到提高效率的作用。但是弊端也很明显，一旦群体内产生无法调和的冲突，将难以及时进行重组，直接导致处理审判事务效率低下。理论上说，这些冲突是因规范不明导致的冲突，最直观的方式是建立明确的规范。但因为法官助理承担工作的数量、比例在制度方面难以量化，而且过于细化的规则可能会导致其他问题。因此，笔者认为，应从审判团队的组件着手进行调整。可建立矩阵式审判组织模式，在分案时，法官助理随案一同随机指派，法官与法官助理因个案而产生工作联系。矩阵式组合与固定的审判团队相比，在处理审判业务的效率上可能稍显逊色，但一方面可避免法官将审判外的事务交由法官助理办理，减少冲突的产生；另一方面也可避免法官助理因个别法官持续交代工作过多而产生相对剥夺感。

（二）赋予法官考核法官助理的权利

在法官助理怠于履职的情形下，因现行法规未赋予法官规制手段，故仅凭法官自身并无法有效地改变该现状。因此，必须赋予法官考核法官助理的权利。但因法官助理的从属性特征，如果以审判绩效数据作为考核指标，因影响收案数、结案数、同期结案率等指标的决定因素仍在于法官，故此种考核实质上相当于对法官的考核，并不能有效地反映法官助理角色扮演的情况。因此，应建立基于个案审判要素的考核指数，如将庭前调解、证据交换、判决书撰写等作为测量指标，以法官助理工作情况的好坏作为测量维度，设置"优秀—良好—合格—基本合格—不合格"五个等级，由该案的承办法官根据实际情况进行记分，并按年度平均得分的高低决定法官助理的晋升和奖惩。对于平均得分在基本合格以下的，应免除其法官助理的职务。这种考核方式基于矩阵式审判组织模式，可以最大程度地消除个别法官的个人好恶的影响，较为客观地反映法官助理的实际工作情况，同时也可规限法官助理怠于履职的行为。

（三）建立法官助理与书记员轮岗制度

因目前法官助理在审判庭中仍无明确的角色定位，一些法院让其坐在书记员旁或旁听席参与庭审，这种设置不仅缺乏法律基础，而且也未能真正让助理参与到庭审的活动中。因此，与其让法官助理扮演一个旁观者的角色，不如制定轮岗制度，由法官助理定期与书记员进行轮岗，以"代书记员"的身份从事庭审记录等审判事务性的工作，以达到培育法官助理职业技能的目的，满足候补法官角色的需求。

（四）建立法官助理横向流动机制

虽然目前部分省份已建立了法官助理分级制度，但法官助理的级别晋升并无法从根本上满足候补法官的角色需求。故笔者建议在一定行政区域内建立法官助理横向流动机制，在本院无足够名额的情况下，可调派法官助理去有空额的法院工作，在该法院的工作年限届满后，通过该法院的法官遴选程序转变为法官。在纵向流动渠道不畅的情况下，横向流动机制可以在一定程度上缓解法官助理角色扮演时间过长而导致的职业倦怠及离职问题。

可以说，法官助理制度不仅意味着法院的现在，还决定着法院的明天，该制度的成败直接关系到我们司法改革的成败。法官助理作为法院中的新兴阶层，是碌碌无为还是不辱使命，现在下定论都为时过早，但只要我们在改革过程中不断地改进，做到"人尽其才，物尽其用"，法官助理肯定会成为法院中不可或缺的角色。

司改背景下偏远基层法院
年轻法官快速养成机制探讨

杨　婷*

本轮司法改革旨在实现法官队伍的专业化、职业化、精英化，于是重磅推出了法官员额制，借此让专业能力强、审判经验丰富的法官进入员额，并最终成为审判主体。然而，当各地大部分法院正在考虑以怎样的方式选拔优秀法官进入员额队伍时，一些偏远基层法院却出现了"无人可入"的现象。现代化的司法改革举措必须坚定推行，偏远基层法院的稳定发展必须依靠强大的法官队伍，人才的自由流动又是无法抵挡的客观事实，如何应对才能兼而顾之？本文从司改背景下偏远基层法院法官队伍现状出发，提出通过借鉴企业知识管理，建立年轻法官①快速培养机制，提高人才利用效率，以实现年轻法官个人发展与法院建设的双赢效应。

一、多维证成：偏远基层法院年轻法官快速养成的必要性紧迫性

法官流失，是当前一个老生常谈的问题。此种情形下，对于在经济、地理上都处于竞争弱势地位的偏远基层法院，"如何留住人才"似乎已经遇到了无法突破的瓶颈。通过建立年轻法官快速养成机制，化解法院稳定发展与干警流动之间的现实矛盾，对人才稀缺的偏远基层法院而言则显得尤为紧迫。

＊　杨婷，浙江省丽水市中级人民法院研究室副主任。
① 根据各地司改文件精神，一般将助理审判员入额条件设定为"年满28周岁"或"从事司法工作满五年且担任助理审判员满三年"等，笔者在综合考虑研究生毕业、在进法院前其他工作经验等因素，将35周岁以下作为本文年轻法官的讨论范畴。

（一）干警角度：筹谋个人职业规划的必然需求

"从事司法工作满五年且任助理审判员满两年"，是当前大部分试点法院助理审判员申请入额的基本条件。然而，在法院招考时设定的"最低五年服务期"，成为当前偏远基层法院人员保障的重要手段。也就是说，"五年"既是法院人才培养的成熟期，也是人才流失的起步期。特别是受地缘因素影响，外地籍年轻干警选择辞职或调动也集中在这关键的"五年期满"。

当然，从年轻干警个人角度看，将更多的精力用于考试调动可能会实现短期内的个人选择最优，但从其长远的职业规划来看，在基层审判实践中不但积累经验、提升能力，也为自己将来的选择积攒更多的资本。为此，笔者对近三年来 L 市法院流出的 59 人去向进行了统计，发现通过组织调动形式流出的占 95%，且笔者在座谈调研时了解到，通过该形式流出的人员中，绝大部分是在办案或调研方面表现特别突出的干警。另外，从人员流出后从事的职业分析，继续从事法律专业工作的占 68%。因此，从职业规划来看，适应和接受年轻法官快速养成机制，让自己在审判重任中脱颖而出，为今后的职业发展积攒厚重的资本，这是偏远基层法院年轻法官更为迫切的现实需求。

（二）法院角度：应对案多人少矛盾的实际需求

L 市 Y 县法院作为典型的偏远基层法院，在员额制改革推行过程中，上级法院核定入额人数为 25 人。经统计，该院目前共有审判员 22 人，最年轻的审判员仅 27 周岁，五年内即将退休的审判员 8 人，另有 5 名具有 2—3 年司法工作经历的助理审判员。五年过渡期后，即使在无任何法官调出的情况下，Y 县法院符合入额条件的法官仅有 19 人。在法官权益保障不到位、司法责任不断加重的状况下，经济落后、交通不便的现实状况进一步加剧了偏远基层法院的法官外流，正如上海二中院离职法官朱海芳所言："每个 35—45 岁的法官，而且有能力有机会的，都是一颗离职的'定时炸弹'"。据统计，L 市法院离职法官中，年龄在 35—45 周岁的占 58%，导致法院"法官断层"现象明显。

另外，立案登记制后带来了案件数量激增，如 L 市法院 2015 年 5 月—2016 年 4 月收案 2641 件，同期上升 52.4%，在司法改革大背景下，少量的员额法官将要面临更多持续增长的案件数量。在"法官断层"严重的偏远基层法院，这一审判任务更多地将压在年轻法官身上，同时法院也必须正视"五年服务期"期满后年轻干警随时调离的现实。应对的关键在于从效率上抢时间、从效率上要数量，建立系统的年轻法官快速培养机制，让确定调离的外地籍干警充分利用在岗时间发挥工作积极性，让犹豫不决的外地籍干警在富有成效的工作中找到归属感，让本地籍干警干得安心、干得有成就感，通过年轻干警快速成长化解人员不足、人员断层现象，从根本上解决审判力量不足。

（三）司改角度：避免改革带来的人才隐性流失

本轮司法改革的重要举措是通过人员分类管理实现法院工作的专业化、职业化和精英化。虽然，改革者们一直强调不能通过一刀切的方式否定年轻法官（含审判员和助理审判员）进入法官员额，各个法院在制定改革实施方案时，也明确了35周岁以下年轻法官占首批入额法官的比例（一般根据情况为10%—20%）。但是，即使在人员紧缺的偏远基层法院，仍会有部分年轻法官（特别是助理审判员）将因年龄或任职年限的要求无法入额。这部分人在从有独立审判权的法官到辅助办案的法官助理的转变过程中，可能会出现不满、懈怠等情绪，从而降低对自身专业素养的要求，由此带来的人才隐性流失对偏远基层法院来说是另一重大打击。

调查研究作为一项内嵌于审判工作中的司法能力，是法院人才培养的重要组成部分。为掌握司法改革对年轻法官调研工作开展的影响，笔者对 L 市 10 家法院 100 名年轻法官（含助理审判员）进行了问卷调查，具体情况见表 1。

表 1　对 L 市 10 家 100 名年轻法官的问卷统计表

平时是否主动撰写调研材料	主动	按时完成任务	偶尔完成	不写
	9	46	33	12
司改对调研工作开展是否有影响	影响很大	有一定影响	基本没影响	没影响
	56	32	9	3
司改后影响主动调研的因素有哪些（多选）	案件数量多，没有时间和精力开展调研	主观上认为应倾向于办案能力的提高，调研不应成为员额法官的主要工作	家庭、生活琐事等其他方面占用了调研的时间和精力	自身缺乏写作兴趣、文字功底不足等客观因素影响
	92	57	68	49

从调查问卷中看出，不管是客观上出于对处理案件数量的考虑，还是主观上基于对办案重视程度的倾斜，司法改革将对大部分年轻法官调研工作开展有所影响，特别是在过渡阶段，人员分类管理、法官业绩考评、薪酬保障等各项改革举措仍处于试用或不确定阶段，由此带来的人心不定都将影响偏远基层法院年轻法官调研能力的主动培养。调研工作开展具有一定的特殊性，其必须经过阶段性、连续性的锻炼才能真正掌握运用，某一阶段的懈怠和断层将带来不可忽视的人才隐性流失。对于人才本已稀缺的偏远基层法院，建立年轻法官快速培养机制，确保调研人才"不掉队""不断层"，是保障司改稳步推进的重要保障。

二、改革需求：偏远基层法院年轻法官应对司改的三大挑战

从上文的分析可知，对于法官流失严重的偏远基层法院，年轻法官的大力培养和利用是大势所趋，但与此同时，也必须正视年轻法官在应对司法改革新需求上，在审判能力、调研能力和协调能力上仍需作进一步提升。

（一）审判能力：从结果论到细节论的转变

独任审判制、独任法官办案责任制作为司法改革中审判独立的核心内容，是实现公正审判、专业审判的应有之义，但同时也对基层法院审判工作产生了重大影响。基层法院绝大部分案件采取独任审判模式，即使是合议庭审判，大部分也是由人民陪审员参与陪审，法官仍需对法律实体与程序的适用承担全部审查义务。改革之前，院庭长文书签发等程序对年轻法官审判工作具有一定指导作用。而改革后，年轻法官则必须独自挑起整个审判程序重任。

当前，随着法学专业教育的不断推进，年轻法官对事实审查、法律适用等实体部分给予了充分关注，但实践中因审判经验不足等原因，对程序和细节上的关注程度及处理技巧则有待完善。以下笔者以一则典型案例为例展开论述：

原告在起诉状中列明的诉讼请求为要求被告支付 20 元借款，而在庭审中原被告的举证质证及辩论均围绕 20 万元展开，法官在判决时未注意到诉状中的"20 元"，或注意到了理所当然认为是笔误，判决被告向原告支付

20 万元，后被告以判决标的与诉请标的不符提起上诉。

以上案例中因承办法官的"不细心"导致案件被发改，显而易见，被发改的原因并不是事实认定或法律实体适用错误，仅仅只是程序上的一点"粗心"导致。根据笔者统计，2015 年 L 市法院因违反程序发回重审的 8 件民事案件中，承办法官均为年轻法官，正如上述案例所体现的，发回重审的主要原因为无效送达、无委托权限参加庭审、遗漏当事人以及诉判不一致等审判程序或细节方面的内容。这也印证了年轻法官在审判经验和审判技巧上有所欠缺，而这方面司法能力的提升只能通过司法实践才能完成。特别是对于偏远基层法院，因人员流动性较大，年轻法官必须在更短的时间内适应失去原有办案模式下院、庭长的帮助而独自审理和裁判案件，① 那么通过加强对程序和细节的把握以不断提升审判能力显得尤为重要。

（二）调研能力：从被动到主动的角色定位

法院的调研工作，是在审判工作中正确适用法律，研究和解决法院工作面临的新情况、新问题，实现科学决策的基础性工作。② 特别是在司法改革全面铺开后，对于各项新的改革制度，都需要基层法官从审判实践出发，进行实证调研和总结，才能及时发现问题、解决问题。那么，哪一类人群适合担此重任呢？为此，笔者对 L 市法院 2015 年以来调研成果情况进行了统计（详见表 2），由此可知，这一重要使命的承担仍然有赖于具有一定审判经验、文字功底较为深厚的年轻法官。

表 2　2015 年来 L 市法院调研成果完成情况统计表

年度	执笔人情况	省级调研课题	市重点调研课题	案例发表及获奖	学术论文获奖	省级以上发表	总计
2015	年轻法官	12	22	16	11	47	108
	其他法官	1	2	3	1	7	14
	合计	13	24	19	12	54	122

---

① 参见吴荣鹏：《基层青年法官司法能力建设的境遇与出路》，《人民法治》2016 年第 2 期。
② 参见《最高人民法院关于加强人民法院调查研究工作的规定》。

年度	执笔人情况	省级调研课题	市重点调研课题	案例发表及获奖	学术论文获奖	省级以上发表	总计
2016	年轻法官	13	22	18	18	29	100
	其他法官	1	1	1	1	6	10
	合计	14	23	19	19	35	110
2017	年轻法官	16	23	15	35	38	127
	其他法官	0	2	1	3	1	7
	合计	16	25	16	38	39	134

从表1可以看出，在现阶段员额改革开始之初，就仅有9%的年轻法官愿意主动开展调查研究，一旦员额制开始真正实行，年轻法官在承办案件数量激增的情况下，工作重心将必然有所转移，特别是其在结婚生子后，部分精力将不得不被瓜分。但对于偏远基层法院的年轻法官来说，更需要通过调研化解司法改革背景下法院"人员危机"与人员流动矛盾，通过调研来实现自身综合素质的提升。这就要求年轻法官必须从思想上调整被动应付心态，积极主动地去发现和思考问题，从调研论证中寻找解决问题的对策。

（三）协调能力：从逃避到担当的现实需求

较长一段时间以来，在法院系统中存在一种普遍认识，即年轻法官因审判经验、社会阅历原因导致调解能力不足[1]。然而，近年来因法院系统对调撤率的关注程度较高，事实上很多年轻法官已经能够在较短的时间内掌握基本的调解技巧，特别是在承办某些邻里纠纷等民事案件时，基本上能够发挥调解的先天优势化解矛盾。因此，当前基层法院年轻法官需要重点关注和提升的应是在承办重大、疑难、复杂案件时的司法协调能力，如行政案件、破产案件。

据统计，自立案登记制实施一年来（2014年4月—2015年5月），L市共受理行政案件624件，同比增长230%。行政案件因涉及行政机关（较为强势方）的合法性、合理性审查，一般情况下被认定为难度系数较大案件。

---

[1] 参见王正辉：《浅议基层法院年轻法官司法调解能力的提升》，《法制与经济月刊》2015年第12期。

因此，在司改前，法院在人员配备、审查分案时将会有意将此类案件分给经验丰富的老法官。如在 L 市 5 个具有行政案件管辖权的法院（其中 4 个基层法院）中，35 周岁以下的行政法官仅占 29%（详见图 1）。在司法改革员额法官人数骤减、立案登记制案件数量骤增的情况下，这种传统的照顾和倾斜将会被打破，年轻法官必须快速提升在行政案件中的司法协调能力，以应对审判工作现实需求。

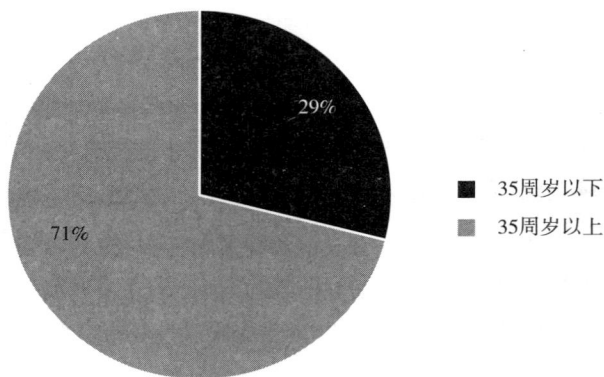

图 1　L 市法院行政庭法官分配情况图

当然，这一严峻形势不仅反映在行政案件中，在破产清算等疑难复杂案件审理时将出现同样的状况。如受经济转型升级、国内国际经济大环境的影响，L 市 2015 年 1 月至 2016 年 5 月受理破产案件 12 件，而该院在 2014 年以前均未受理过破产案件。L 市法院在法官断层严重的情况下，12 件破产案件的承办人均为 35 周岁以下的年轻法官，笔者在调研座谈中也了解到，其在与债权人、破产企业、银行及相关行政部门的沟通协调方面明显感觉较为吃力。在司法改革后，更多的疑难复杂案件将压诸在更少的年轻法官身上，简单的逃避案件类型将成为过去，只有从培训、实践中快速成长，才是当前偏远基层法院年轻法官真正的担当之道。

三、知识管理：偏远基层法院年轻法官快速养成的突破路径

"就正义的实现而言，操作法律的人的质量比其操作的法律的内容更为

重要"。① 不管是对于当事人、法院还是法官本身，人生阅历丰富、司法能力强、处事沉稳踏实的中年法官必然是操作法律的人的首选。但是，在选择空间较小的情况下，偏远基层法院只能借助于知识管理②建立年轻法官快速养成机制，确保每一位操作法律的人的质量不受年龄因素的影响，通过提高人才利用效率化解"人员危机"。

（一）立体式知识管理平台

奈斯比特在其《大趋势》中曾这样描述："我们淹没于信息海洋而面对知识饥荒。在信息社会里，不加控制和未经组织的信息将不再是资源，而是敌人。"在基层审判实践中，当年轻法官遇到各种疑难问题，希望寻找法律依据或指导案例时，一般可以从各类平台上获取大量数据，但却不能快速准确地找到真正需要且能被理解的信息，这便是信息时代下缺乏必要的知识管理而产生的信息超载与信息饥渴。因此，运用网络信息化和大数据搭建一个有效的知识管理平台，实现审判知识的生产、分享、运用和创新，避免因人员流动或断层而产生的审判知识没有分享，帮助年轻法官进行审判知识积累，同时也为偏远基层法院应对人员频繁更替提供知识储备。

对于偏远基层法院而言，建立立体式知识管理平台需完成以下几个步骤：一是组建一支知识管理团队，专职负责知识管理平台信息录入与管理。二是完善审判知识的积累，对于已有的法律法规、司法解释及上级法院的纪要、意见、答复等，可以在已整理的资源（如浙江法院系统法官整理的中国法源）中加以完善和分类，当然更为重要的是将散落在每位法官手中的具有地方性的案例、审判经验和技巧，通过搜集的方式逐渐完善和总结。三是建立知识分享平台，虽然法院会经常组织干警对新修改的法律法规等进行集中学习，但是在时间紧任务重的情况下，"现学现做"成为年轻法官审判经验积累的重要形式。因此，通过互联网载体建立专门的审判知识平台，将更便于年轻法官在遇到问题时及时查询和解决。四是在适用中不断创新和完善，虽然法律具有一定的稳定性，但在不断的更新和实践中，仍会有法律失

---

① 王利明：《司法改革研究》，法律出版社2001年版，第41页。
② 知识管理是当前企业管理的一项重要内容，指的是协助组织和个人围绕各种知识的内容，利用信息技术，实现知识的生产、分享、应用以及创新，在个人、组织、业务目标以及经济绩效等诸方面形成知识优势和产生价值的过程。

效、审判理念变更、审判技巧不适应时代需求的情形，法院应当引导全体法官在对审判知识的运用中，积极主动地更新和完善知识体系。

（二）MBA 式①培养体系设置

MBA 作为一种流传百年的商业培养模式，在司法领域亦可得到有效借鉴，即以实践培养为主，形成阶段性、有针对性的培养体系。

1. 书记员阶段训练。对于刚进入法院的年轻干警，最主要的任务是从制作笔录、法庭记录、卷宗装订、文书归档等程序中，了解法院整体工作。这一阶段的培养旨在让年轻干警认清岗位特征、完成性格塑造，并在熟悉环境及各项规章制度的前提下，逐渐形成自身职业坚守。书记员阶段的锻炼不在于独立完成多少审判任务，而是要多听、多看、多思考，充分发挥自身理论优势，结合法院实践工作，初步养成发现问题、实证调研、解决问题的司法习惯。

2. 法官助理阶段实践。司改前，年轻干警在进入法院一年后，通过上级法院统一的预备法官培训，就能获得助理审判员资格，可以独立承办案件。实际上，这种形式的法官培养在审判经验积累、审判技巧掌握等方面存在诸多不足。司改之后，经过书记员阶段训练的年轻干警将进入法官助理序列，这一阶段的工作主要是在法官指导下完成审判辅助性工作，如协助调查、调解、制作判决文书等。法官助理是进入员额法官的必经阶段，其重点培养内容应侧重于法律思维、法律方法的训练，即通过协助办理案件，学习员额法官在事实认定、司法调解、法律适用等方面的思维方式，特别是在审理新类型、重大疑难案件时，及时归纳和总结法官的处理思路和协调技巧，为以后独立审判积累丰富的司法经验。当然，在这一阶段的培养中，员额法官必须担起导师的重担，不管是专业知识传授、审判技巧讲解，还是审判理念养成、职业素养塑造，导师的言传身教至关重要。

3. 全院范围的多岗位锻炼。法院审判工作涉及立案、审判（包括刑事、民商事、行政审判）、执行以及各类综合性工作等方面，专业审判要求法官在某一领域要精益求精，但并不意味着对法院整体工作的忽视。给年轻法官

---

① 参见张伟：《"三门"法官的 MBA 模式培养——基层青年法官成才方式之探析》，《中外企业家》2013 年第 29 期。

更多的机会进行全院范围内的多岗位锻炼，能使其了解整个审判流程、掌握各类审执工作特征，在对整体工作的融会贯通中更好地实现专业审判。如上文案例中，一个在立案庭负责过立案审查的法官将更加关注原告诉请和判决结果的一致性。同理，执行岗位锻炼将使年轻法官更注重判决结果的可执行性，民庭锻炼将促使其更注重调解在纠纷解决中的作用发挥，基层法庭锻炼则能激发其利用多元纠纷解决主体化解矛盾的思维。

4. 上下级法院间的挂职锻炼。审判思维和审判技巧的培养，在一定程度上是通过法官之间的传承来完成。在两审终审制审判模式下，挂职锻炼是最大限度地实现司法裁判尺度统一的有效方式之一。让偏远基层法院年轻法官到上级法院挂职，可以帮助其从二审的角度形成完整的审判思维，更多地发现和总结一审过程中存在的问题，如在法律适用上应掌握的新规定，在程序适用上应注意的细节和瑕疵。让上级法院法官到偏远基层法院挂职，可以在工作的交流和沟通中，向年轻法官传承更新的审判理念和技巧，也能在一定程度缓解基层法院因审判力量不足产生的审判压力。

（三）层阶式培训体系设置

正规的法学专业教育基础，使年轻法官更多地掌握了可以通过文字、声音等方式记录和传播的显性知识。作为另一种源于经验，体现认识主体的技巧、信仰和价值观的隐性知识，则更难被传授和内化，但知识创造的关键在于隐性知识的流动和转化，其在司法实践中也最有价值。[①] 对于偏远基层法院的年轻法官，在更短的时间内完成基本的技术、认知、经验、信仰培训，才能使审判隐性知识与显性知识在相互融合转化中发挥最佳优势。

1. 技术因素：注重审判技巧养成。审判技巧的养成来源于司法实践，年轻法官在办案数量、审判阅历等方面存在天然的局限性，以上四阶段的培养，只是奠定基本的审判基础。为了帮助偏远基层法院年轻法官在较短期间内掌握更多的审判技巧，法院必须破格建立相关机制，为年轻法官接触更多类型的案件提供平台。如建立专业法官会议、审判委员会议旁听机

[①] 参见竹内弘高、野中郁次郎：《知识创造的螺旋——知识管理理论与案例研究》，李萌译，知识产权出版社 2006 年版。

制，让年轻干警了解资深法官对各类疑难复杂案件的审判思路和处理技巧，接触更多发改案件原因及应注意的实体、程序方面的问题，掌握更多涉诉信访案件化解的思维和角度。再如建立重要会议旁听制度，在召开涉及审判疑难问题研究、服务大局专题会议、行政诉讼联席会议等协调会中，允许优秀年轻干警旁听，让他们在观摩的过程中提升司法协调能力、挖掘调研素材。

2. 认知因素：注重地方性知识掌握。中国法律文化虽经过近现代文明的洗礼，城市化进程不断推进，与之相配套的经济、政治和法律体系也在不断完善，但在广大基层仍保留着一些经过沉淀和积累并在一定区域内被共同遵守的行为模式或规范。这些久远的地方性司法知识可能会散落在偏远地区的不同村镇，掌握着现代司法知识的年轻法官（特别是外地籍法官），可能对这些影响乡土社会的地方性知识感到陌生，隐性知识的培养包含了掌握地方性知识的能力。法律来源于生活、服务于生活，地方性知识的认知更多地应从生活中了解当地的风俗习惯、掌握当地语言并逐渐形成文化认同。事实上，当前很多基层法院已经认识到地方性知识对审判工作的影响，并采取相应措施应对不足。如 L 市 J 县法院辖区为全国唯一的畲族自治县，其与县统战局、民宗局合办了培训班，讲授畲族文化及习俗，在年轻法官中培养畲汉双语法官。

3. 经验因素：注重多元能力训练。苏力教授在他的《法治及其本土资源》一书中描述"一个民族的生活创造它的法制"，法官的经验不仅包含了专业的审判经验，更囊括了生活中积累起来的综合素养。因此，对年轻法官的培训应涉及政治、经济、心理、管理等多领域、多学科的多元能力训练。针对社会热点问题，采用"苏格拉底式"讨论教学①，让年轻法官多角度地思考案件产生的背景，深层次地提出纠纷化解之策；心理学基础知识的掌握，将更为有效地把握当事人心理状态，促进调解工作开展；管理学概念的引入和借鉴，为年轻法官建立多元纠纷解决机制化解矛盾提供思路和方法。

---

① 吴荣鹏：《重庆市巫山县法院关于青年法官司法能力的调研报告》，《人民法院报》2015 年 4 月 2 日。

4. 信仰因素：注重法律品质培养。心理学上有个著名的理论——暗示效应①，在社会各领域被广泛用于引导行为主体坚定某种行为或认知。在偏远基层法院，年轻法官具有思想开放活跃、理论基础丰富、敢闯敢干等优势，但他们的职业观、人生观和价值观尚未定型，此时通过心理暗示的方式对年轻法官法律品质、法治信仰的反复刺激，应成为隐性知识培养的一项重要内容。要利用各项激励措施，培养年轻法官的职业尊荣感、认同感，如建立员额法官从基层法官遴选机制，确保年轻法官有更大的提升空间；要通过先进法官的事迹教育，逐步坚定岗位信仰；要通过司法腐败反面案例，培养廉洁司法的道德操守；更要不断引导和坚定司改理念、方向，树立年轻法官正确的人生观、价值观。

四、结语

"在法律铸造的帝国里，法院是法律帝国的首都，而法官则是帝国的王侯"。② 风萧萧一肩雪霜，路漫漫万里征程。在这样一个波澜壮阔的改革时代里，偏远基层法院面临着前所未有的发展困境，偏远基层法院年轻法官更是站在了选择徘徊还是担当的风口浪尖。只有法院在困境中坚持人才快速培养路径——知识管理，年轻法官在迷茫中坚定职业发展方向——法律信仰，才能共同在法律帝国里完成这项充满艰辛充满成就的事业。沉舟侧畔千帆过，病树前头万木春，历史的车轮终将无法阻挡偏远基层法院向前迈进的步伐，亦挡不住年轻法官们在逆境中快速成长为手持利剑、肩担正义的审判主体。

---

① 暗示效应是指在无对抗的条件下，用含蓄、抽象诱导的间接方法对人们的心理和行为产生影响，从而诱导人们按照一定的方式去行动或接受一定的意见，使其思想、行为与暗示者期望的目标相符合。

② ［美］德沃金：《法律帝国》，李常青译，中国大百科全书出版社 1996 年版，第 361 页。

法官员额制改革后法官养成之路径探索

——以民商事审判团队内调判适度分离为切入点

赵敏丹*

引言

全国法院系统自 2016 年开始上下正在如火如荼地进行法官员额制度改革。根据最高人民法院发布的数据显示，截至 2017 年 1 月底，全国 27 个省区法院均已完成员额法官选任工作，约占全国法院总数的 86.7%。目前尚在改革中的法院也不占少数，如笔者目前所在的浙江省温岭市人民法院也在进行中。

法官员额改革是按司法规律配置审判人力资源，实现法官队伍正规化专业化职业化的重要制度，是实行法院人员分类管理的基础，也是完善司法责任制的基石。故在上下法院均在改革的当下，如何充分抓住和挖掘法官员额制改革的有利时机，进行相关的制度考虑，以期更好地进行法官养成，进一步加强法官队伍的"三化"建设，是改革时要考虑的应有之义。

一、法官员额制后案件需要合理分流

员额法官人均办案数骤增。案件骤增的因素主要包括以下几点：

（一）法院受理案件数增多

多方面的因素导致法院案件增多，一方面，是随着公民权利意识增强，以及经济形势不景气等因素造成的自然性增长；另一方面，近年立案标准放

---

* 赵敏丹，温岭市人民法院助理审判员。

宽也导致了案件数量的增多。自 2015 年 4 月 15 日最高人民法院公布的《关于人民法院推行立案登记制改革的意见》开始实行以来，明确了法院立案从审查制转变为登记制，不再对当事人的起诉进行实质审查，仅仅对案件形式进行核对，在保障当事人的诉权同时，放宽了立案的门槛，导致更多案件进入法院。

（二）法官员额制后人均办案量增大

员额制后，因法官人数大幅减少，人均办案量随之大幅增加：以浙江省宁波市鄞州法院为例，入额前的法官数为 138 位，2016 年，首批入额法官人数为 80 名，减少了 42%，但其年收案量为 38808 件，[①] 相当于入额后，每个法官每年要办案 485 件，平均每个工作日办结 2 件案件，这还不包括其中入额的院庭长等人因需处理一定量的行政事务而需扣减相应的分量，实际上，每个普通的员额法官每天办案量在 3—4 件。或许有人说，这选取的是发达地方的特例，但其实这并非个例。以笔者所在的四线小城市温岭为例，温岭法院入额前法官人数为 111 人，入额人数为 50 位，按 2016 年度办结案件 34151 件这一总量作为计算参数[②]，员额法官人均年办案量为 600 多件。

故在目前的形势下，如果不跟上员额制改革的步伐进行资源挖掘和机制创新，员额法官显然会疲于办案，难以提升素养，而法官助理等未来法官队伍的充实者，也会疲于从事事务性工作，无法提升自身素养，为未来进入员额法官队伍打好扎实的基础。

二、可考虑建立民商事案件调判分离模式

如何将当下进入法院诉讼的案件进行合理分流呢？笔者觉得可考虑对民商事案件进行调判适度分离。理由如下：

（一）从实证数据的角度分析

以全国来看，根据 2014 年全国法院的统计数据，民商事案件在总案件

---

① 详见 2017 年 3 月 5 日鄞州区人民法院院长王松来在宁波市鄞州区第十八届人民代表大会第一次会议上的所作的《宁波市鄞州区人民法院工作报告》。其中的 138 位，根据报告中的年总办结案件数和人均办结案件数计算得出。

② 参见温岭法院陈文通院长《在 2016 年度工作总结暨表彰大会上的讲话》。

数中占比相当大，如当年新收民商事案件占各类案件总数的 63.06%，占诉讼案件的 86.97%，而当年的民商事案件调撤率为 57.04%。① 换句话说，员额法官的大部分精力都放在了解决民商事纠纷上，最终半数多的民商事案件以调撤的方式结案。既然调撤案件的比例能够达到一半以上，故如果能够对民商事案件进行合理的调判分离，充分发挥调解对案件的分流作用，则能大大减轻员额法官的办案压力，有利于法官养成。

（二）从公正高效的角度分析

一方面，调判一体未必就利于案件公正，有学者就指出，法官对事实的认定，是一个心证过程。法官作为调解人，难免会感知当事人在调解中的态度和行为……在心证的形成过程中潜移默化地发挥作用。② 故调判一体最终可能因在调解接触的信息而影响了法官判决时的心理，进而影响了裁判结果。另一方面，法官员额制改革后，调判一体不利于案件的高效审理。如果单纯由员额法官办理所有诉讼案件，则容易形成法官被案件压着往前走的被动态势。这时，通过分流些适合调撤的案件，可以使法官的精力集中于需要审判的案件，提高法院办案的质量，提升司法的权威。③

（三）从国外的司法实践分析

针对案件分流，目前世界各国较普遍适用起源于美国的 ADR（Alternative Dispute Resolution），即民事诉讼制度以外的非诉讼纠纷解决程序或机制，就是司法界经常提及的替代性纠纷解决方式，包括司法 ADR、行政性 ADR 和民间性 ADR。其中司法 ADR（court-annexed ADR）作为国际上解决纠纷的后起之秀，它能够快速解决纠纷，因此而构成纷繁复杂纠纷解决机制中的一个部分，它为法院解决积案问题发挥了重要作用，在降低当事人诉讼成本、节约国家司法资源方面具有异曲同工之效。从大多数国家的实践看，司法 ADR 普遍受到当事人的欢迎。④

---

① 参见《2014 年全国法院审理民商事案件情况分析》，《人民法院报》2015 年 5 月 14 日，第 5 版。

② 参见李浩：《调解归调解，审判归审判：民事审判中的调审分离》，《中国法学》2013 年第 3 期。

③ 参见李浩：《调解归调解，审判归审判：民事审判中的调审分离》，《中国法学》2013 年第 3 期。

④ 参见魏清：《浅析司法 ADR 制度在我国构建之意义》，《法制博览》2013 年第 8 期。

三、实践中的调判分离模式及利弊分析

（一）目前法院内部调判分离模式的探索

笔者通过对各地法院目前在实践的调判分离模式进行初步梳理，发现主要有以下几种模式：

1. 上海法院在立、审两庭设调解组模式：2002 年年底开始，上海先后有八个法院进行调审分离的实践，主要有两种模式，一是在立案庭设立调解组，对争议不大的案件在立案后直接交调解组进行审前调解；二是审判庭内设置调解组，对简易案件作审前调解和庭前准备。①

2. 南京中院专设调解合议庭模式：2012 年，南京中院设立专事调解的调解合议庭，具体做法是："第一，专设调解合议庭。在立案庭领取当日所收上诉案卷，逐一登记后电脑分配给调解合议庭法官。第二，3 天甄别期。调解法官通过阅卷，辨别出哪些案件是可能调解的；甄别后，将其认为不能调解的案件流转调解合议庭其他法官再甄别。每个调解法官将其认为可调案件保留，进入案件审前调解程序。对一致认为不可调案件，即转入审判合议庭。第三，尊重当事人自愿选择。对可调案件，向当事人发放审前调解征询意见表等，双方均表示愿意审前调解的，进入正式调解阶段……"②

3. 北京、深圳、广州等地的法官助理主持调解模式：法院在调审分离改革试点中，主要由法官助理主持庭前调解，法官助理则是从新进的后备法官、在编书记员、速录员中选取，调解不成的，再由法官进行审判。

（二）对各种实践模式优缺点的思考

1. 就分设调解组或调解合议庭。笔者认为，虽然专门调解人员的设立存在优势资源充分运用的优势，法院可将调解能手设置在该岗位上，提高调解的效率，但是也存在不足，即案件频繁流转，影响裁判效果。调解不成的

---

① 参见齐奇主编：《适用民事简易程序探析：中国民事简易程序的改革与完善》，法律出版社 2004 年版，第 131 页。

② 张宽明、邹小戈：《南京中院民商事二审程序创建"调判适度分"模式》，《人民法院报》2012 年 12 月 18 日，第 1 版。

案件在调解和审判之间两次流转，不同法官对同一案情反复熟悉，浪费一线资源；不同阶段法官的调解思路、方式的迥异也让当事人手足无措，影响审判组进一步调解和判决的效果。① 另外，对简易案件挑选调解的模式，存在主观性，难免存在挑易推难，很大程度上不能完全发挥调解对案件分流的重要作用，也难以发挥提升调解人员法律素养的效果。

2. 法官助理的调解模式。由员额法官的助理承担调解任务，存在天然的优势。一方面，充分发挥了员额法官的审判功能。调解人员具有可替代性，而审判人员具有不可替代性，故利用法官助理调解案件，能保障员额法官充分发挥裁判功能。另一方面，提升了案件流转的效率。因为法官助理和法官可以及时沟通，减少了案件在不同庭室或组别之间的流转，提高了流转效率，同时在调解不成时，法官助理及时将焦点初步归纳给法官，有助于提高庭审效率。但其也存在不足之处，即法官助理是从新进的后备法官、在编书记员、速录员中选取，门槛较低，存在能力相对较弱、司法经验不足等劣势，导致案件调解成功率相对较低，且可能因为调解方法不当导致双方矛盾激化，不利于化解纠纷。

四、法官员额制改革后调判适度分离模式的探索

司法改革的当下合理取舍不同的调判分离模式，显然要立足于改革后形成的审判团队管理模式这一相关司法国情。在这一特定的背景下，相较而言法官助理主持调解模式更为契合，如能设置相关配套的机制设置，则应当能发挥其良好的案件分流作用。

（一）宜建立民商事审判团队内部调判分离模式

目前，随着法官员额制改革，全国法院大多在实行一个法官配一个法官助理和一个书记员的审判团队管理模式，如浙江省员额制改革后的人员配备预计是建立如下两种审判团队管理模式：其中主要的模式是一个法官配一个法官助理和一个书记员，该模式适用于案多人少、办案压力大的法院；其他

---

① 参见胡道才：《调审适度分离："调解归调解，审判归审判"的另一路径——以南京两级法院改革试点工作为研究对象》，《当代法学》2014年第2期。

则是一个法官配一个法官助理或一个书记员的模式。① 可见，随着员额制改革的进一步深化和完成，1个法官+1个法官助理+1个书记员的审判团队管理模式将会成为全国法院系统主要的审判团队模式。笔者认为，改革后的审判团队设置适合法官助理主司调解、员额法官主司判决的调判分离模式，理由如下：

1. 法官助理有能力调解案件。这得从法官助理的来源讲起。法官员额改革时，审判员以及助理审判员根据自愿的原则进行报名，其中部分经考试考核筛选进入员额队伍，其余的审判员和助理审判员除去转任司法行政岗位的，将成为法官助理。可见，法官助理包含了一定数量的本享有审判资格，只是因为主观上不愿意入额，或是客观上因为资历、能力等方面原因暂时未能进入员额队伍，但事实上具有一定审判经验的人员。另外，还包含了一部分没有实际办案经验，但也是经筛选出来的相对优秀的人才，如浙江省就规定，法官助理一般应具备法律职业资格②。可见，法官助理一般都具有法律职业资格，甚至部分本就有审判经验，整体素质较高，应当能够胜任案件调解工作。

2. 法官助理有资质调解案件。有观点认为，根据民诉法的规定，人民法院进行调解，可以由审判员一人主持，也可以由合议庭主持，可见，调解应当由具有审判权的人担任，法官助理没有审判权，自然不能主持调解。对此，笔者认为，同样根据民诉法的规定，人民法院进行调解，可以邀请有关单位和个人协助，可见即使是社会人士都可协助调解，作为法院内部相对精挑细选的法官助理，当然可以参与调解，且在调解作用中发挥主要作用。实际上，笔者认为，调解不同于审判，并非一定要员额法官担当调解的整个过程，正如学者周翠提出的：鉴于调解仅以"实现持续法和平"和"快速彻底解决潜在所有纠纷"为目的，因此其并不属于以"实现实体正义"为目标的审判活动，其也绝非审判的替代方式，充其量仅为审判提供补充而已。换言之，如果我国法院未来设立调解法官专司调解，这也仅意味着法院在履

---

① 参见浙高法发〔2016〕4号文件，《浙江省委组织部等五部门关于全省法院司法雇员队伍建设的意见》。
② 参见浙高法办〔2015〕52号文件，《浙江省高级人民法院办公室印发司法体制改革试点工作相关配套制度的通知》。

行照管当事人的义务，而非履行审判职能。① 当然，为了保证最后的调解质量，明确调解协议中当事人的权利义务，以及便于审执兼顾等因素考虑，最终确保司法调解的公信力，员额法官应当对于最后的调解协议进行适当把关。

3. 该模式有利于提升法官整体素养。根据文初的统计数据，基本上半数多的民商事案件能够调撤。即使考虑到法官助理的调解水平逊色于员额法官等因素，能够分流的案件也应当有一半左右。如此分流之后，一方面，员额法官审理案件的数量可以大幅度地得到分流；另一方面，法官助理不再单纯地为员额法官处理事务性工作，或仅辅助调解简单的案件，在独自主持调解案件的过程中，特别是相对复杂的案件，能使其积累丰富的调解经验，对于调解不下的案件，应当归纳案件争议焦点等交由员额法官，此举既能提升法官助理把握案件法律关系、争议焦点等法律素养，同时，妥当的争议焦点归纳也对员额法官庭审程序的缩减大有裨益。由此可见，该模式既能提升法官助理的法律素养，也能减轻员额法官的办案压力，给员额法官办理精品案件和提升自我法律修养节省了宝贵的时间资源，长远上自然也能提升员额法官队伍的整体素养。

4. 审判团队模式适宜调判分工。实践当中，单设调解庭或是调解组，因不同庭室及组别之间有不同的分工，因法院内部均有量化的考核指标，不同庭室之间为了考核数据难免有相互推诿、沟通不畅等的情形出现，退一万步来说，调判人员分属不同的庭室和组别，在空间时间上，就有沟通的距离。而员额法官与其法官助理，同属一个审判团队，双方之间的沟通交流频率显然多于他人，另外，两者的工作主要均为分配至员额法官名下的案件，故其工作的对象具有高度一致性，目的在于办结办好这些案件，故指标考核上具有相对统一的追求，两者之间自然便于也易于沟通交流，节省了分庭调解模式在不同法官之间二次熟悉所花费的时间成本和沟通成本。

（二）民商事调判分离模式发挥作用的机制保障

1. 建立鼓励民商案件调解的机制

就此，笔者认为可考虑吸收部分国外司法 ADR 的强制调解理念：首先，

---

① 参见周翠：《调解与审判的关系：反思与重述》，《比较法研究》2014 年第 1 期。

民商事倡导当事人之间遵从自治、道德、诚信原则以及尊重传统社会习惯等价值规范，纠纷之所以产生是因为当事人一方或是双方行为的背离，故民商事审判应当尽量引导当事人回到民商事交往的正常轨道上来，而这就需要调解在其中发挥重要机制。其次，综观国外 ADR 机制之所以受欢迎，是因为他们很高的案件分流率，而高案件分流率，得益于调解的强制化倾向。虽然司法 ADR 是后起之秀，但伴随着发展，ADR 的适用已经明显呈现出强制化的趋势，无论在英美法系还是在大陆法系国家，甚至是在最擅长"为权利而奋斗"的德国，ADR 都出现强制化的倾向，表现在启动的强制化、参与的强制化、保全的强制化及结果的强制化等方面。①

目前，我国调解制度是要求当事人自愿，但是笔者认为，自愿并不意味着司法资源就应当为当事人不合理的任性要求而买单，也并不意味着无需调解程序就直接进入审理程序。当然，当事人对于不满意的调解方案亦有拒绝的权利。故对于民商事案件，除了确认身份等特殊性案件，或是被告未到庭等确实不适宜调解的案件，都应当先行调解。为保障当事人合理衡量调解方案，审慎要求判决结案，对于拒绝调解，且判决后不能得到更好结果的案件，可考虑借鉴美国做法，判决其承担诉讼所需要的全部费用。②

2. 建立调审案件不同的对待机制

就此，笔者认为，根据调审案件不同的解决纠纷方式的特征，调审案件在程序上应当予以区别对待：判决，是法官根据双方证据交换，法庭争锋相对的辩论后，查明案件的法律事实，再根据法律规则，在三段论的演绎之后，最后得出一个裁判结果，其过程充满对抗性；而调解不完全是甚至不一定是基于法律的纠纷解决，调解人可以灵活运用道德、习惯、风俗、人情、关系等法律以外的因素做当事人的工作。③ 并不需要像在判决中那样详细地解释法律规则，用法律规则促成调解。可见，调判案件具有天然的不同属性，审判难以避免对质争辩，矛盾加深，调解案件当事人考虑追求和平。

就具体的操作流程方面，笔者认为，调解案件程序应当尽量缩略。具体

---

① 参见肖建国、黄忠顺：《诉前强制调解论纲》，《法学论坛》2010 年 11 月第 6 期。

② 参见杨严炎：《美国的司法 ADR》，《政治与法律》2002 年第 8 期。

③ 参见李浩：《调解归调解，审判归审判：民事审判中的调审分离》，《中国法学》2013 年第 3 期。

可表现在立案后一般不需要先进行证据交换即可直接进入调解程序。对于可能调解的案件，在立案庭向审判团队移送之后，先由书记员筛选案件（可视审判团队具体情况由法官助理处理），在甄别后对有联系方式且可以调解的，告知被告诉讼事宜后排期，并将案件移送给法官助理进入调解程序，而不需要先行进行证据交换，或是等至开庭时再调解。如调解不下或是无联系方式，则交送达人员送达。送达若取得联系方式，再视能否调解进行案件流转。法官助理主持调解案件的，如调解成功，草拟调解协议交员额法官最后审核把关，不然，则根据被告是否已送达决定是进入送达程序还是审理程序，如果有继续调解可能的，由员额法官继续调解。当然，法官助理调解也要根据案件确定适当的期限，一般宜以半个月为限，矛盾纠纷较为复杂案件可延迟至一个月。调判案件分流程序设想如图1：

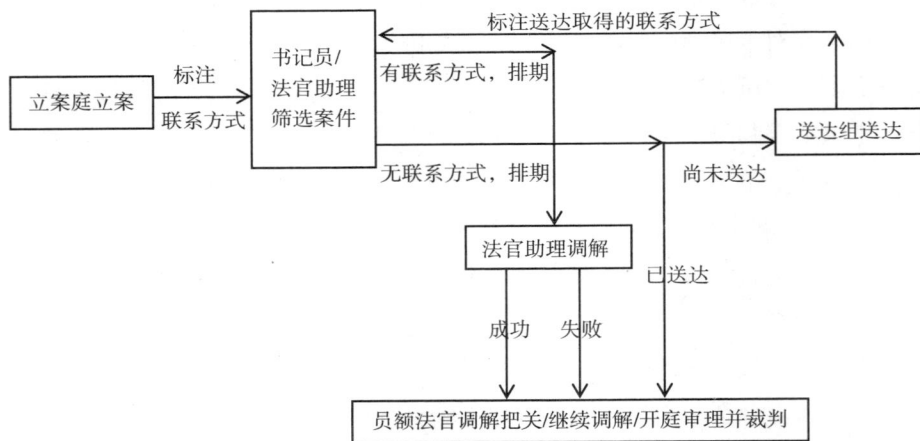

图1 调判案件分流程序设想图

3. 建立内部案件流转记录的机制

笔者认为，为快速分流调判案件，确保案件调判分离发挥案件分流所带来的提升员额法官和法官助理整体素养的作用，需要建立内部案件流转记录机制。各道程序的经手者将有关便于调解、裁判的信息以案件备忘录的形式予以记录，如此案件流转如高速运作的流水线，能减少无谓的时间浪费。具体来讲，在立案阶段，立案人员标明原告的调解意愿及意向；送达阶段，送达人员应标明送达方式，是否被告本人签收，如被告本人签收，应标明被告联系方式，方便审判团队联系调解；调解阶段，对于在审理之前调解不成功的案件，法官助理记录案件简要的调解笔录，对原、被告双方的调解方案予以记载，并将原、被告主要的争议焦点进行归纳。相关的备注情况如表 1 所示（图中打√表示需要填写的内容）：

表1　备注情况标示表

备忘内容 庭室	原告 联系方式	被告 联系方式	原告 调解方案	被告 调解方案	案件 争议焦点
立案庭	√	√	√		
送达组		√		√	
法官助理			√	√	√

五、结语

2009 年，在最高法院召开的"全国法院调解工作经验交流会"上，建议以调审分离的模式对法院调解制度进行改革成为了一个重要的交流观点。① 自此，以调判分离为模式的案件分流方式在部分法院拉开了改革的序幕，然终究是星星之火。本文所作的设想也很浅显，谨希望在法官员额制改革的当下，能为案件分流的探讨抛砖引玉，在众人的智慧中，使调判分流模式能发挥案件分流的重要作用，成为提升法官素养促进法官"三化"的燎原之火。

---

① 参见胡道才：《调审适度分离："调解归调解，审判归审判"的另一路径——以南京两级法院改革试点工作为研究对象》，《当代法学》2014 年第 2 期。

员额制检察官监督制约研究

邓发强　吴　波*

2018 年是检察改革试点进一步扩大和深化的一年，各地试点单位按照最高检的部署相继制定检察官权力清单，细化检察官办案权力，赋予员额制检察官独立办案及相关事项的决定权，但如何加强对员额制检察官的监督制约成为研究的新课题。

一、加强员额检察官监督制约的重要意义

（一）检察官员额制是检察官独立办案的重要支撑

通过推行检察官员额制，将检察官的编制数量严格控制在 39% 左右，不仅体现了检察官职业化、精英化的发展道路，而且更加突出检察官的办案主体地位。通过依法合理的放权，使一线办案的检察官成为有职有权、相对独立而且承担责任的办案主体。孟德斯鸠在《论法的精神》所指出的："一切有权力的人都容易滥用权力……有权力的人行使权力一直通到有界限的地方才休止"。权力的滥用或是怠于行使都将严重腐蚀检察官独立办案责任制。如何保证在赋予检察官较多职权的同时，其能依法公正办案将成为司法改革面临的难题之一。从司法实践看，大部分原业务部门的中层管理骨干选任成为员额内检察官，原先的"管理者"变成现今的"被管理者"，在一定程度上造成了监督制约的真空。因此加强监督制约机制成为支撑员额检察官独立办案的重要力量。

---

*　邓发强，重庆市人民检察院第二分院副检察长。吴波，重庆市人民检察院第二分院助理检察员。

（二）检察官员额制是检察权合理配置的重要内容

科学合理配置检察权不仅要考虑不同地区之间的差异，而且要考虑检察机关内部不同业务类别的性质和特点，做到因地制宜、因事制宜、符合实际、科学有效。但犹如硬币的正反两面，权力对权力的制约、权利对权力的监督同样是检察权配置的重要方面。各地试点检察院针对本地实际，制定了检察官、检察官助理、业务部门负责人、检察长、检委会等权力清单，但仅是对检察权进行归属分配，并不能有效防止权力的滥用和不作为。只有在明确不同责任主体的职权范围后，同时设置权力与权力制约、权利与权力监督相关机制才能达到不同责任主体之间相互监督制约的平衡，实现检察权的科学合理优化配置。

（三）检察官员额制是司法责任追究的重要保障

员额检察官的司法责任制体现了检察官独立主体地位、清晰明确的权力清单和完善的司法责任追究的"人、权、责"三位一体。在一定程度上，对检察官的司法责任追究体现了最为严苛的监督制约，是检察官不能触碰的红线。但司法实践中，大量存在"责任分散、主体不明、责任难追"和"逐级审批层层把关、集体负责而无人负责"的状况，典型如最近的"呼格吉勒图案"的追责通报，除一名人员因涉嫌职务犯罪另案处理外，其他26人均或党内严重警告、行政记大过等处分，由此引发问责过轻的社会质疑。究其原因，一方面可能是检察系统的内部包庇、纵容、从轻处罚；但更为重要的是，对检察官的监督制约制度不完善，现有制度不能有效落实导致的。因此，正本清源，只有加强和完善对员额制检察官的监督制约制度，才能保证司法责任的有效落实，才能避免"有责不追""追责过轻"等司法不公问题的出现。

（四）检察官员额制是推进检察改革的现实需要

2018年检察院的司法责任改革将进一步扩大和深化，其所面临的突出问题从最初的制度设计延伸为与检察实践的兼容。改革实践中，不仅要面临"双轨制"的运行，而且大量新的问题亟待解决。其中成为改革"瓶颈"的突出问题就是对员额检察官监督制约机制的建立和完善上，如果不能对新建立起的员额检察官进行有效的监督制约，不仅顶层设计的检察权无法有效运行，而且会严重阻碍检察司法责任改革的进程，甚至重蹈"主诉检察官"

改革失败的覆辙。① 因此，要进一步深入推进检察改革，就应当通过监督制约机制，督促员额检察官按照改革方案正确履职，既不滥用权力又不怠于行使权力。

二、对员额检察官监督制约存在的问题

检察机关司法责任制改革"建章立制"的阶段基本完成，下个阶段的核心问题将是如何保证选任的员额检察官能有效落实各项措施，因此加强员额检察官的监督制约尤为重要。分析目前各试点检察院的改革实践，其主要存在以下三个方面。

（一）对检察官监督制约的片面认识

制度改革的成败取决于思想理念的正确与否。从目前的检察改革实践看，可能存在对检察官监督制约的认识不够，甚至带有片面、错误的观点，笔者将其概括为三种认识：

1. 对监督制约的认识缺乏

我国长期以来形成的"集权"思想制约了监督理念的发展，以至于司法实践中没有建立起真正产生实效的监督制约制度。即使到了现代，我国司法制度仍然受到传统思想的影响，对监督制约的理念的重视不够，如《刑事诉讼法》第七条强调人民法院、人民检察院和公安机关进行刑事诉讼应当分工负责，互相配合，互相制约。条文虽然没有明确规定孰先孰后，但在司法实践操作中，往往"互相配合"优先于"互相制约"。结合此次司法责任制改革，各地对检察官的权力规定得非常详尽，但对检察官监督制约的制度设计却陈乏可见，以致改革实践中无法达到督促、鞭策检察官有效履职的目的。

2. 自我监督的认识效果不均

与我国长期以来对监督制约不重视相对应，现行的司法权力分配和制度设计背后反映的是"自我监督"理念的根深蒂固。检察官的"自我监督"是指通过个人自觉地调整自己的动机和行为，使之符合检察官的道德规范和

---

① 参见高怀：《主诉检察官办案责任制研究》，西南政法大学硕士学位论文 2011 年。

职业准则。① 此次司法改革对员额制检察官的建立正是寄希望于选任出的检察官能自觉遵守、独立履职、自担责任，充分实现"自我监督"。但现实问题是，由于检察官的社会自觉性、文化水平、社会地位、权力大小不同，其"自我监督"效果也有强弱之分，因此片面夸大检察官"自我监督"能力，将检察权力下放后不管不问，不作额外的监督制约设计，不仅难以督促检察官加强自我修养，而且不利于司法改革的推进。

3. 对内部监督的认识片面

与"自我监督"相伴相生的另一片面认识就是"内部监督"意识。检察机关作为法律监督机关，一直面临着"谁来监督监督者"的"魔比斯环"困境。在外部监督弱化的情况下，检察机关往往倾向于将监督制约放在"内部"，通过部门内部、部门之间、上下级之间的制约来达到监督的效果，这也就是传统"承办人承办—部门负责人审核—检察长（检委会）审批"的"三级审批模式"的由来。但正如与"自我监督"的片面性类似，过分夸大内部监督的效果，往往会造成"地方保护""部门保护""处罚过轻""监督乏力"等问题。因此对员额制检察官片面强调"自我监督"或是"内部监督"都不符合司法改革的目的。

（二）对检察官监督制约制度的不完善

虽然在司法实践中，存在对监督制约认识不够、片面强调"自我监督""内部监督"等问题，但并非没有建立监督制约的相关制度，只是与日益增长的司法需求和人民群众对司法的期待还存在一定差距。② 结合检察工作实际，对检察官监督制约制度不完善主要表现在三个方面。

1. 部门内部监督制约机制不完善

改革前，检察办案依照"承办人承办—部门负责人审核—检察长（检委会）审批"的"三级审批模式"，部门负责人、（分管）检察长对部门内部成员进行行政化管理，起到一定的监督制约作用。改革后，部门负责人不再承担案件的审批职责，员额检察官成为独立办案主体，之间权力范围相

---

① 参见万尊和、方克：《检察机关实现自我监督的途径》，《检察日报》2013 年 5 月 12 日，第 3 版。

② 参见吴细辉：《现行检察权的监督制约机制研究》，《法制与经济》2011 年 11 月。

当，地位相互平等，不存在监督制约关系，加之（分管）检察长不能亲力亲为所有案件。由此可能造成对检察官监督制约的"真空地带"，由于外部监督制约尚未完善，完全寄希望于检察官个人"自我监督"难以有效推进检察权的运行，不能防止检察权的滥用或是不作为。

2. 部门之间监督制约机制不完善

伴随员额检察官的改革，不少传统的业务部门进行"大部制"的职能整合，成立了新的部、局，由此带来的是办案效率的提高和"去行政化""扁平化"的管理模式。但也相应地打破了《刑事诉讼法》和《人民检察院刑事诉讼规则》所制定的部门间的监督制约关系，将本来就弱化的"内部监督"成为摆设。如将侦查监督部门与公诉部门合并成立刑事检察局，就弱化了批捕权力与公诉权力的监督制约；又如将控告申诉部门与民行检察部门合并成立诉讼监督局后，民事行政申诉案件的受理审查分离制度设计将无法实现；等等。

3. 检察单位的监督制约不完善

检察单位的监督制约主要体现在两个方面，一是检察院与检察官之间的监督制约关系。改革后，检察院"扁平化"的管理突出检察官的独立性、主体性，相应带来的就是检察官缺乏外部的监督制约。加之（分管）检察长、检察委员会的时间、精力有限无法面面俱到进行监督，由此产生的"二元悖论"就不可避免。二是上下级检察院之间，在案件办理的权限和责任承担上仍然存在理不清的关系，上级检察院如何在不干预下级院独立办案的同时加强指导和监督成为难题，同时上级检察院如何能摆脱"内部保护主义"的限制而充分发挥纠正、监督实效有待完善。

（三）对检察官监督制约的落实不到位

对检察官监督制约虽然有不完善甚至缺陷，但最大的问题在于对赋予员额检察官较大检察权力的同时，现行的监督制约制度无法有效落实，极大影响了人民群众对检察权威的信服。其中突出反映在：一是监督制约力度不大。被社会媒体报道的"呼格吉勒图案"就因对原承办人追责过轻饱受质疑。监督力度不大究其原因，一方面可能是"检察内部保护主义"作祟，另一方面是责任分散，落实不到位。二是监督不及时。在媒体曾盘点的10起备受关注的冤案中，其中只有赵作海案存在明确的追责，其他案件大多是高调成立调查组之后便无下文或是干脆以"不便透露"敷衍塞责。法谚"迟来的正义非正义",不及时发挥监督制约效力往往会造成超过案件本身的负面后果。三是监督迫于社会舆论压力。对大多数的冤假错案的纠正都源于网络社会媒体的披露报道,而对错案责任的追究也源于社会舆论的压力,一旦案件淡出人们视线,又会重复"好了伤疤忘了疼",甚至接受处罚的官员、承办人又能复职。如此对检察官的监督制约制度怎能产生实效?同时,对检察官监督制约的放纵又会进一步腐蚀现行的监督制度,由此不断恶性循环。

三、对员额检察官监督制约机制的完善

(一) 加强监督制约理念的检察文化理论建设

检察文化是指检察机关及其检察人员在履行法律监督职能和管理活动过程中逐渐形成的价值观念、思维模式、行为准则、制度规范以及相关的物质表现的总和。[①] 除了传统的公平、正义、廉洁、奉公等内容外,监督也是其重要的检察文化之一。检察文化的形成不仅有来自内部长年累月的文化积淀和民族精髓,如公平、正义等,而且也可以通过外部宣传、培养形成特定的文化,如忠于党、忠于人民等。结合此次司法改革,其目的就是破除以往不符合司法规律、不能满足司法需求的旧思想、旧传统、旧制度,特别是与以往检察办案"不适应"的新制度、新举措、新理念都必须依靠有目的、有规划的检察文化建设来加以培养和形成。

正如前文所述,传统以来我国的检察文化缺乏对监督制约理念的重视,过分强调配合协作,往往使得设计好的监督制约制度形同虚设。因此要想完善对检察官的监督制约机制就必须首先加强监督制约的检察文化建设。其意义表现在:一是通过监督制约的检察文化建设有利于宣传司法改革中的监督制约制度,使检察官能够了解其制度设计的重要意义,督促检察官在实践操作中严格遵守,并消除与以往办案的"不适应感"。二是通过监督制约的检察文化建设,由外而内地形成监督制约意识,良性循环地实现监督制约机制

[①] 参见陈茜倩:《我国检察文化现状及完善建议》,广西师范大学硕士学位论文 2012 年。

的有效落实。三是通过长期的监督制约检察文化建设，有利于减少司法改革的阻力，保障改革取得长效。

在检察文化建设的形式上，可以充分借鉴各地试点检察院的相关经验。如上海市检察系统通过理论课题研究的方式，将司法体制改革探索实践上升为理论，并以著书立作的形式总结经验教训。① 又如重庆市检察院通过发放问卷调查的方式，将改革关心的热点话题特别是实践中可能存在的问题进行汇总分析。再如广东深圳市检察院通过社会媒体及网络宣传的方式扩大检察官改革的影响，并借"成果展""文化长廊""读书角"等形式向检察干警宣传改革政策，提高检察官监督制约意识，自觉履行监督制约的相关机制。

（二）建立检察官的外部监督制约机制

1. 深化检务公开建设平台

阳光是最好的防腐剂。通过加大司法公开的力度，将检察官的权力置于阳光下，不仅可以保证当事人及社会舆论的知情权、监督权，而且也是加强对员额制检察官执法办案有效监督的重要途径。一是加强检察官执法办案的公开。将检察官执法办案的重要环节进行公开审查、公开听证、公开宣布，确保利害双方的共同参与，充分发表意见，接受各方监督。二是加强执法办案信息公开。严格按照《人民检察院案件信息公开工作规定》的要求，将案件程序性信息、重要案件信息和生效法律文书及时公开，通过信息公开查询监督检察官执法办案。三是加强法律文书的释法说理。检察官对外的重要窗口即是生效的法律文书，通过对外公布的法律文书和文书的释法说理，能够使得检察官接受当事人及社会媒体的监督。

2. 拓展人民监督的范围

除了传统的检察机关人民监督员制度外，需要进一步拓展人大代表、政协委员、专家学者、单位代表、社区居民、乡镇干部等第三方参与检察机关重大疑难复杂的案件办理和评议。如侦查监督部门在逮捕必要性的审查过程中，承办人通过邀请双方当事人、人民监督员等共同参与评析，为最终作出是否逮捕的决定提供参考。又如控告申诉部门在办理刑事申诉案件过程中，通过邀请人大代表、政协委员参与公开审查、公开听证，接受双方当事人的

---

① 参见《上海司法体制改革研究》，法律出版社 2015 年版。

监督，保证了复查决定的公信力，也促使矛盾的有效化解。

3. 完善律师监督的机制

律师作为中立第三方，在参与检察官执法办案的监督过程中具有不可比拟的优势。[①] 一方面是律师具有专业的法律知识，精通各环节的诉讼程序，能够对检察官进行有效的外部监督，提出批评的建议意见。另一方面是律师与检察官办案有着天然的职业联系，其有监督的动力和积极性。司法实践中大量的冤假错案和执法瑕疵都是代理律师发现指出的。各试点检察院在加强律师监督方面有不少的探索，从实践看，律师参加检察官监督还需要从律师权益保障、监督制度设计、人身安全保障、物质服务保障等方面加以完善。

（三）加强检察官的内部监督制约机制

1. 建立办案组织内部监督制约机制

改革后，实行的是检察委员会、检察长（副检察长）、检察官、检察辅助人员模式的办案模式。改革制度设计中，虽然通过权力清单的形式划分了各主体之间的权力范围，但并没有建立不同主体之间的监督制约机制。如检察委员会、检察长（副检察长）如何在不干涉检察官独立办案的同时实现监督？又如检察官之间、检察官与检察辅助人员之间如何进行监督？

笔者认为，应当在改革后的办案组织构架下设计对检察官权力的监督制约机制。首先是检察委员会、检察长（副检察长）的监督。虽然检察委员会、检察长（副检察长）不可能每个案件都亲力亲为，但对明显存在滥用职权或不作为的检察官应当有区别传统"行政命令"，因此在可以设置"罢免""暂停检察职务"或"中止案件办理"等相关程序。其次是检察官之间的监督。检察官之间的监督制约不能停留在"相互拆台"或是"冷眼旁观"，而应当有相互监督制约的设计，如办案组中其他检察官对主任检察官的"弹劾"制度，或是提交检察长（检委会）的动议制度等。最后是检察辅助人员的监督。虽然检察辅助人员在办案上附属于检察官，但对明显存在错误的事项或是权力的滥用懈怠等，也应当有检察辅助人员相应的监督程序，如辅助人员对检察官的不同意见可以采取"附意"制，即案卷附页个人意见；或"申诉"制，即向主管部门申诉汇报。

---

① 参见刘太宗：《刑事涉检信访工作探讨》，《中国刑事法杂志》2012 年第 12 期。

2. 完善办案组织之间的监督制约机制

"大部制"职能整合后，原办案组织在试点时期仍然"双轨"运行，其办案职权也将长久存在，因此完善办案组织之间的监督是对检察官监督制约的有效途径。（1）加强案管部门对案件流程的监控和案件质量评查。通过流程监控和质量评查，可以有效监督制约检察官的执法办案，并为检察官的错误、瑕疵提出监督改正意见。（2）加强控申检察部门的反向审视功能。通过办理涉检信访案件和刑事申诉、国家赔偿等案件，控申检察部门可以反向审查原办案环节存在的问题，对检察官起到一定的监督制约效力。（3）加强纪检监察的执法办案。打破"内部保护"主义的思想，通过纪检监察部门的"专项检查""个案督查""定期通报""廉政档案"等建设对检察官执法办案是否公正廉洁进行全程监督，杜绝检察官"关系案""人情案""金钱案"的发生。

3. 落实办案环节的监督制约机制

我国《刑事诉讼法》和《人民检察院刑事诉讼规则》对检察案件办理的各个环节都有相互的监督制约设计，如审查逮捕环节，逮捕权对职务犯罪侦查权和公诉权的监督制约；刑事申诉环节，申诉复查权对不起诉案件的监督；立案环节，侦查监督部门的不立案监督权以及民事行政监督案件中受理与审查的分离制约制度等。① 但司法实践中，如何打破"部门利益"和"内部保护"主义成为落实监督制约制度的关键。笔者认为，除了传统加强检察官"自我监督""内部监督"意识外，通过合理有效的惩戒或激励措施能够有效落实监督制度。如对检察机关、检察官的考核考评中，增加案件反向审视的部分，对办理的监督案件进行加分、对办理的有重大影响的监督案件进行通报表彰，对虽然办理错案但能够及时监督纠正的不扣分少扣分，等等，都能够起到落实办案环节对检察官有效监督的效果。

四、完善对员额检察官的司法责任追究机制

司法责任追究是对员额检察官最严厉的监督制约，是最后一道监督屏

---

① 参见张贺：《检察权内部监督制约机制探讨》，《重庆三峡学院学报》2012年第1期。

障。2015 年 9 月 28 日，最高人民检察院出台《关于完善人民检察院司法责任制的若干意见》（以下简称《意见》），在健全司法办案组织及运行机制、界定检察人员职责权限的基础上，明确了检察官司法责任的范围、类型、认定和追究程序等主要问题。

（一）对"重大过失"的严格把握

《意见》第 32 条规定检察人员的司法责任包括故意违反法律法规责任、重大过失责任和监督管理责任。其中对"重大过失"的理解学界一直存在较大争论，而司法实践中也有以"重大过失"放纵对检察官责任追究的情形。一般而言，重大过失是与一般过失相对应，"其主要有两个特点：一是行为人严重违反了注意义务，而不是一般地违反注意义务；二是行为人对义务只要给予一般或一般以下的注意，其错案的结果就能避免，但行为人连这点注意义务也没有尽到"。[①] 但笔者认为，检察官作为专业的法律人，其注意义务本来就应当高于普通人，检察官的"过失"是否重大，其注意义务应当以普通检察官为参考标准而不是以不具有专业法律知识的普通人为标准。

（二）司法责任追究的内容

司法实践中，对检察官的责任追究要防止简单套用行政追责的方法，也要防止"从轻处理"的倾向。其责任追究的内容从轻至重包括道德责任、纪律责任和法律责任。[②] 一是道德责任的追究。检察官职业道德的要求是忠诚、公正、清廉、文明。对无法达到检察官道德要求，既不能忠于法律，立检为公、执法为民，也不能恪守公平正义的底线，因此从检察官职业的角度给予责任人道德谴责，以期在人生事业的记录里留下污点，接受社会及内心的拷问。二是纪律责任的追究。按照最高检修改后的《检察人员纪律处分条例》第七条规定，检察纪律处分分为：警告、记过、记大过、降级、撤职、开除。同时按照《中国共产党纪律处分条例》第八条规定对党员的纪律处分种类包括警告、严重警告、撤销党内职务、留党察看、开除党籍。对

---

① 参见朱孝清：《试论错案责任》，载《人民检察院司法责任制学习资料》，中国检察出版社 2015 年版，第 155 页。

② 参见朱孝清：《错案责任追究的是致错的故意或重大过失行为》，载《人民检察院司法责任制学习资料》，中国检察出版社 2015 年版，第 167 页。

具有双重身份的检察人员，在纪律处分上可以分别适用，如此可以避免检察机关人员因调离、退休后无法纪律追责的问题。三是法律责任的追究。包括刑事法律责任、民事法律责任和行政法律责任。对司法责任人的道德、纪律、法律责任的追究并行不悖，特殊情况下存在适用冲突时，按照法律优于法规，特殊优于一般的原则具体运用。

（三）司法责任的申诉控告

司法责任的申诉控告是对责任追究的救济程序设计。其目的在于更好地查明事实真相、明确责任，保障被追究责任人的合法控告申诉权。《检察人员纪律处分条例》和《中国共产党纪律处分条例》并没有规定责任人的申诉控告程序，但是在《检察官法》和《公务员法》中设有"申诉控告"专章。不论是《检察官法》的"复议"制度，还是《公务员法》的"复核"制度，其实质都是"一次审查制"，而且是向作出处罚的机关申请，如对复议、复核不服可以向上级机关不断反复申诉。从司法实践看，这种程序设计不仅不利于保障"责任人"的合法权益，而且容易造成重复申诉、胡乱控告等信访问题。对此笔者建议实行复议加复核的"二元审查机制"。责任检察官首先可以向作出处罚的检察院提出复议申请，其后对复议决定不服或是原处罚单位逾期未作决定的可以向上一级检察院申请复核，对经过复议、复核后的申诉，检察机关原则上不再受理审查。"二元审查机制"不仅能充分保障申诉检察官的合法权利，督促处理机关及时有效作出答复，而且将责任追究纳入法制轨道，避免无休止的上访申诉。

【司法管理】

论加强和改善审判监督管理

龙宗智　孙海龙[*]

　　司法责任制的基本逻辑是"审理者裁判，裁判者负责"，然而，在中国特定的社会背景与制度约束之下，此一逻辑贯彻于司法活动是有条件的。从技术层面讲，对审判权独立运行最重要的限制，是法院的审判监督和管理。一般认为，正是这种监督管理，才能有效组织大体量且日趋复杂和多样化的案件审判，同时在主观与客观条件尚嫌不足的情况下，通过制度修补以实现司法公正。然而，审判权符合规律的独立运行，与法院对审判活动所实施的监督管理之间，不可避免地出现内在矛盾，甚至显现某种紧张关系。而正确认识与适当处理这些矛盾，化解二者间的紧张关系，对于落实司法责任制，同时最大限度地保障司法的公正和效率，具有极为重要的作用。

一、审判监督管理的含义与制度发展

（一）"审判监督管理"概念的来源与含义

　　法院审判业务，历来有审判管理和审判监督两个概念和相关制度。前者是指法院对审判活动的安排、组织与评价，后者则属法律程序概念，即对生

　龙宗智，四川大学教授。孙海龙，重庆第四中级人民法院法官。

效裁判的审查和提起再审。同时，审判监督概念，也被用于泛指法院内部对审判活动及审判结果的监督行为，包括案件程序和流程监控、案件质量评查与司法绩效评估，乃至个案监督等，在这个意义上，审判监督与审判管理并无实质区别。2013 年之前，法院对目前审判监督管理的工作内容，基本使用"审判管理"这一概念，涵盖案件流程管理、案件质量评查、司法绩效评估，以及"审判层级管理"等，其中包含"院庭长监督指导办案制度"。①

2013 年后，随着司法改革的推进、政法管理指导思想的调整以及最高法院主政者的更替，法院开始反思前些年推行的审判管理制度。② 因"管理"带有行政属性，为弱化行政色彩，"审判监督"概念更多地被使用，有时已替代"审判管理"一词。2015 年 2 月最高人民法院发布的《人民法院第四个五年改革纲要》，将审判监督与审判管理并列，而且在要求"健全院、庭长审判管理机制"的同时，要求"健全院、庭长审判监督机制"，提出"规范院、庭长对重大、疑难、复杂案件的监督机制"等。虽然近年来业界也试图区分审判管理与审判监督概念及相关制度，③ 但在工作实践中，两个概念及相关的制度范畴并无明确区分，而且普遍认为，通常情况下对二者并无明确界分的必要。2017 年 5 月，最高人民法院发布《关于落实司法责任制完善审判监督管理机制的意见（试行）》（法发〔2017〕11 号文），则不再区别审判管理与监督，而以"审判监督管理"这一概念统称法院对审判活动的监督管理行为。

根据最高人民法院《完善人民法院司法责任制的若干意见》（法发〔2015〕13 号文），以及《关于落实司法责任制完善审判监督管理机制的意见（试行）》等文件，"审判监督管理"，是指人民法院为完成审判任务，

---

① 王胜俊：《创新和加强审判管理　确保司法公正高效》，《人民法院报》2010 年 8 月 24 日，第 1 版。
② 参见人民法院报编辑部：《把公正司法的壮丽和声奏得更响》，《人民法院报》2013 年 4 月 17 日，第 1 版。该文提出遵循司法规律，确保司法公正等问题，对"司法主观主义"等偏向作了反思。
③ 如有的认为，审判管理侧重于管理制度，主要包括流程管理、质量评查与绩效评估，与法院审判管理办公室的职责相对应。而审判监督，则侧重于法律制度，包括审判监督程序、院庭长通过审判委员会对个案审判的监督，上级法院的审级监督等。

保障司法公正和效率，对审判活动实施指导监督和事务管理的活动。① 其中，审判指导监督主要包括院长、庭长作为审判机关和内设机构负责人对案件实体裁决的指导监督、统一法律适用以及依法决定程序问题等活动；审判事务管理则包括审判流程管理、案件质量评查、审判质效考评，以及审判运行态势分析等内容。

（二）审判监督管理制度与实践的发展状况

我国法院的审判管理，是改革开放后提出，并在 20 世纪 90 年代引起关注，制度逐步建立和发展。到 2015 年全面推行司法责任制之前，其发展过程可以大致划分为三个阶段：

1. 审判监督管理制度的初步建立和发展。此一阶段可大致界定于 20 世纪 90 年代初，到 2009 年"三五"改革纲要发布之前。1991 年，时任最高人民法院院长任建新在全国高级人民法院院长会议上提出："如果我们还不认真研究和推行科学管理，那么，落后的管理和审判工作发展的矛盾就会更加突出，就会成为我们法院工作前进的一个滞后因素。"② 此后，陆续出台的人民法院改革文件，将适应形势发展和审判工作需要，加强和改善法院管理问题作为法院改革和制度建设的重要课题。1999 年发布的"人民法院第一个五年改革纲要"提出："以强化合议庭和法官职责为重点，建立符合审判工作特点和规律的审判管理机制"；2005 年发布的"人民法院第二个五年改革纲要"：要求"进一步强化院长、副院长、庭长、副庭长的审判职责，明确其审判管理职责和政务管理职责"。通过这一阶段的制度建设和工作实践，审判管理的三大要素，即流程管理、质量评查和绩效考核已基本形成。院庭长对个案的监督指导，虽未形成正式制度，但仍在实践中普遍施行。

2. 审判监督管理的强化和高速发展。2009 年以后，与政法思想强调集中领导与服务大局，以及司法体制改革主张"以加强权力监督制约为重点"相适应，审判管理被强调到前所未有的程度。当年发布的《人民法院第三

---

① 参见重庆市高级人民法院课题组：《审判管理制度转型研究》，《中国法学》2014 年第 4 期。

② 引自人民法院年鉴编辑部：《人民法院年鉴（1991）》，人民法院出版社 1994 年版，第 52 页。

个五年改革纲要》提出"健全权责明确、相互配合、高效运转的审判管理工作机制"。2010年年初，最高人民法院即提出要求："面对繁重的审判任务，要更加注重加强审判管理，向管理要质量、要效率、要形象"。① 同年8月，全国大法官研讨班以审判管理为专题，大法官人人谈管理，个个论加强。时任最高人民法院院长王胜俊作专题讲话，提出了全面加强审判管理的工作任务和制度建设要求。2011年，最高人民法院出台《关于加强人民法院审判管理工作的若干意见》，提出建立法院审判管理与人事管理、政务管理的大管理格局，提出"全员管理""全程管理""全面管理"等管理理念，并进一步确认和强化了现行的审判管理制度。从2010年至2012年，全国法院审判管理工作快速发展，从上到下建立和强化审判管理职能部门，② 各地各级法院纷纷召开专题会议研究部署审判管理，开展"审判管理年""案件质量年"等主题活动，在加强审判管理上形成了你追我赶、各显其能的竞争局面。

此一阶段的突出特征，是全面强化审判管理对审判活动的保障和制约，同时强调院庭长对审判业务应加强指导监督，以保障案件质量。因此，院庭长们普遍感到"有事做了"。另外，是强化司法绩效考核，通过指标考核实施数目字上的审判管理，对法院和法官审判业务也产生了重要影响。

3. 审判监督管理的调整和转型。审判管理的扩张，尤其是院庭长审判管理权的强化，使法院的司法行政化加剧，引起理论界质疑。法院系统也有所反思。2013年10月，最高人民法院发布《关于切实践行司法为民大力加强公正司法不断提高司法公信力的若干意见》，明确提出："建立院长、庭长行使审判管理权全程留痕的制度，加强对院长、庭长行使审判管理权的约束和监督，防止审判管理权的滥用"。2014年6月，最高人民法院下发《关于新时期进一步加强人民法院审判管理工作的若干意见》，该《意见》重申

---

① 引自王胜俊《在最高人民法院2010年第1次党组会议上的讲话》，《人民法院报》2010年1月7日，第1版。

② 审判管理专门机构得到发展。至2012年9月，全国三级地方法院审判管理机构达到2632个（含独立编制1174个和非独立编制1458个），其中高级法院31个、中级法院366个、基层法院2235个。

审判管理作为法院三大管理的核心地位，以及"规范、保障、促进、服务"八字功能定位，要求坚定不移地全面推进审判管理工作科学发展，准确有效地发挥审判管理工作的综合效能，积极有序地构建新时期人民法院审判管理工作格局。该文件虽要求继续加强审判管理，但其内容以保障审判权为前提，实已呈现转型趋向。2015 年 2 月，最高人民法院发布《人民法院第四个五年改革纲要》，改革意见围绕人民法院行使的司法权性质和价值展开，在此基础上，对审判管理权和审判监督权的规范行使及改革发展，也提出了指导意见。

随着新一轮司法体制改革的酝酿和展开而出台的上述法院改革文件，强调司法权作为判断权和裁决权的性质，强调法院建设与改革应遵循司法规律，同时强调行政权力介入司法应受约束与限制，实际上形成法院的审判权与审判监督管理权相互关系的转变，审判监督管理权过度干预审判权行使，甚至有时凌驾于审判权之上的情况，已发生重要改变。

二、推进司法责任制对审判监督管理的挑战

2013 年 11 月，十八届三中全会《中共中央关于全面深化改革若干重大问题的决定》提出"推进法治中国建设"，对深化司法体制改革作了全面部署，要求建立司法责任制，实现"审理者裁判，裁判者负责"。次年，以司法责任制为核心的司法改革，随之展开。2015 年 9 月，在总结试点经验的基础上，中央全面深化改革领导小组审议通过《最高人民法院关于完善司法责任制改革的若干意见》，该文件强调："完善人民法院的司法责任制，必须以严格的审判责任制为核心，以科学的审判权力运行机制为前提，以明晰的审判组织权限和审判人员职责为基础，以有效的审判管理和审判监督制度为保障，让审理者裁判、由裁判者负责，确保人民法院依法独立公正行使审判权力。"自此，人民法院的司法责任制及与之配套的法院员额制改革全面推开，法院审判权运行机制发生重要转变：一是审判资源配置优化。通过员额制改革，法官、审判辅助人员、司法行政人员各归其位、各尽其责，司法资源尤其是司法人力资源集中配置于办案一线，人均办案数量和结案率有较大幅度提升。二是新型办案机制基本形成。"审理者裁判，裁判者负责"

的改革要求已初步落实。提交审判委员会讨论的案件数量大幅下降，由独任法官、合议庭直接签发裁判文书的案件已占案件总数 98％以上。① 三是审判责任初步落实。由于审判权行使的主体较为明确，线条比较清晰，创造了权责统一的条件，审判责任制度与司法保障制度同步发展完善，对于保障审判公正、促进法官队伍建设发挥了积极作用。

然而，随着司法责任制的普遍实施以及审判权运行机制的改变，法院的审判监督管理面临新的挑战，出现了新的问题。

贯彻司法责任制所引起的挑战，集中于对院庭长的审判监督管理权力及其行使方式的挑战。因为司法责任制的基本逻辑，就是"审理者裁判，裁判者负责"。此种司法责任机制，是以确认司法权是判断权和裁决权为前提，同时确认作为判断权行使条件的司法亲历性，确认审理与裁决的统一性、权力行使与责任承担的统一性。这种司法逻辑，与办事和决定相分离以及与上命下从的行政逻辑有根本区别。因此，贯彻司法责任制，必然要求"去行政化"。然而，院庭长基于审判机关及内设机构负责人的身份，所行使的审判监督管理权，其本质正是对审判活动的行政控制。可见，"去行政化"的改革与保持对审判的行政控制的要求，容易发生冲突，审判权的独立运行与审判监督管理之间的合理界限难以把握。

面对上述挑战，自司法责任制全面推开以来，最高人民法院在改革文件和日常工作指导中，对加强和改善法院审判监督管理提出一系列指导意见，强调审判监督管理对司法责任制实施的保障作用，各地各级法院在这方面也作出了较大的努力，在探索适应司法责任制改革的审判监督管理取得了一定成效和经验。但由于历史与现实的各种缘由，也出现了一些较为普遍的问题，主要表现在以下几个方面：

（一）法院院庭长不敢管、不愿管的情况具有一定的普遍性

不能否认，在法院推行司法责任制改革后，在部分法院仍然存在改革不到位，对法官与合议庭放权不足，新的审判权运行机制未能有效建立的问题，但因司法责任制改革一系列具体措施的实施，如领导干部干预司法活动

---

① 参见周强：《最高人民法院关于人民法院全面深化司法责任制改革的报告》，《人民法院报》2017 年 11 月 2 日，第 2 版。

和司法机关内部人员过问案件责任追究①、改变裁判文书签发机制等，从全国各地、各级法院的普遍情况看，存在的主要的问题已不是放权不够，而是控权不足，即法院的审判监督管理不到位。出现这种情况的一个重要原因，是法院院庭长不敢管、不愿管。

审判权是判断权，合理有效的司法判断需要判断者亲身经历程序，直接审查证据事实，即坚持司法亲历性原则，因此让裁判权回归审理者，实现"让审理者裁判"，体现司法规律，也是贯彻司法责任制的基本要求。然而，院庭长并非审判法官，也非审判组织成员，仍然要实施案件质量监督管理，包括对某些个案进行监督指导，院庭长不免担心被认为是干涉法官依法独立审判，违背司法责任制关于"审理者裁判"的要求，因此出现畏首畏尾，不敢进行审判监督管理的情况。最高人民法院《关于完善人民法院司法责任制的若干意见》虽对院庭长监督的内容作出了规定，但原则性规定如何在具体情形中适用，仍然有一定困难，也会使部分院庭长担心把握不住界限而放弃监督。

另一种顾虑，是担心实施个案监督，影响独任法官与合议庭的裁决后，按照"裁判者负责"的原则，承担相应审判责任。反之，如果不以监督管理手段干预审判，在合议庭与独任法官负责制之下，即使裁判错误，通常不致追究院庭长司法责任，充其量只是检查一下"领导责任"。因此，"趋利避害"，部分院庭长选择了对合议庭与独任法官审理的案件尽量少管乃至不管的态度。这种不敢管、不愿管的情况，比较前些年审判监督管理过于强势，甚至将监督管理权置于审判权之上，乃至越俎代庖的情况，形成较大反差。

（二）实行司法责任制与员额制后院庭长不善于监督管理的问题也比较突出

贯彻司法责任制，改变了审判权运行机制，法官与合议庭的裁判权得到

---

① 为落实中办、国办《领导干部干预司法活动、插手具体案件处理的记录、通报和责任追究规定》和中央政法委《司法机关内部人员过问案件的记录和责任追究规定》，最高人民法院于2015年8月发布《人民法院落实〈领导干部干预司法活动、插手具体案件处理的记录、通报和责任追究规定〉的实施办法》和《人民法院落实〈司法机关内部人员过问案件的记录和责任追究规定〉的实施办法》，对人民法院切实贯彻执行"两个规定"提出明确要求，强调记录、留痕、追责。《人民法院报》2015年8月20日，第3版。

基本的保障，审判监督管理权强势介入审判活动、影响审判结果的监督管理方式必须改变。但是，如何适应新的审判权运行机制，立足于目前法院审判的实际条件和状况，实施合理有效的审判监督，则是一个新的课题。对此，不少的院庭长还存在不同程度上的"不知所措"。例如，长期以来，裁判文书的审查和签发，使院庭长实施常规性的审判管理和监督，保障案件质量尤其是实体裁决公正性的基本手段，但适应司法责任制的文书签发制度改革，具有"釜底抽薪"的效用，使院庭长丧失了实施审判监督管理的一项重要"抓手"。在推行此项改革后，如何保障裁判文书质量及案件实体处理的公正性，使院庭长们感到为难，同时又缺乏"新招"应对的问题。再如，对案件审理的事中监督，前些年的司法实践，院庭长的监督行为具有一定的主动性。如当时审判管理工作业绩较为突出的成都市中级法院，曾总结了在"点、线、面"的审判管理格局中，在"点"上要管住"重点案件""重点人员"的经验。① 即对重大、疑难、敏感案件院庭长要切实把关；对业绩考核靠后、业务能力较弱的承办人，则"重点监管，加强指导"，以防范审判失误和其他问题。② 但在司法责任制改革后，即使对重点案件，也须注意监督管理权边界，注意监督管理方法的谦抑性；而实行员额制后，是否还需要关注某些员额法官，以及如何进行关注，都是不太明确，也需要在实践中摸索的问题。

（三）对"放权"后出现的漏洞与偏差缺乏相应的应对机制

一是实行轮流随机分案后人案匹配的矛盾仍需解决。所谓"人案匹配"，就是以将案件分配给适合的法官，以保证办案质量，同时实现审判效率。这种匹配，涉及法院的分案制度。由院庭长指定人员办案，其积极意义在于可根据案件的性质与难易程度等因素，匹配适当的审判人员，但弊端是违背"法定法官"的分案原则，院庭长通过人为操作而可能实际上影响审案。因此，轮流随机分案，符合司法规律，符合司法责任制逻辑。

---

① 蒋安杰：《"两权"改革：中国审判运行机制的微观样本》，《法制日报》2010年12月1日，第9版。
② 参见最高人民法院、四川省高级人民法院、成都市中级人民法院于2010年9月召开的"审判管理理论与实务"网上直播报道，中国法院网，http://www.chinacourt.org/chat/detail/2010/09/id/32692.shtml，2018年3月6日访问。

司法责任制改革后，法院实行"轮流随机分案为主，指定分案为辅"的分案制度。这样做是符合目前我国法院实际情况的。然而，在操作实践中，由于指定分案容易产生院庭长人为影响办案之嫌，因此，除非是极少数为领导机关、社会公众广泛关注的大要案件，法院普遍实行轮流随机分案。但是，在员额法官的实际素质和办案能力参差不齐的现实中，这种轮流随机分案忽略了案件的性质、特点尤其是难易程度与法官能力的匹配。这就形成实际操作中的分案方式单一化。有的入额法官因缺乏经验及足够的办案、协调能力，对某些复杂、疑难案件的办理，不能实现良好的法律效果与社会效果，有时还造成效率低下。这种情况的出现，与司法责任制及员额制改革对员额法官的期望过高，趋于理想化有关。因为目前进入员额的法官，并非全能的审判专家，有的长于某一类案件，有的较年轻的法官还欠缺审判经验，而有的法官，尤其是中西部地区部分法院的法官，审判能力、业务素质尚不理想，因此，轮流随机分案的制度还缺乏充分的贯彻条件。而在同时，"轮流随机分案为主，指定分案为辅"的分案原则在实施中，未能充分区别各法院不同情况，设置与之相适应的执行制度。从而形成"人案匹配"中的部分错位，有些疑难、复杂、新型案件因审判人员能力不强，办案效果不佳。

二是院庭长监督管理的识别机制与启动机制需要完善。在目前的改革框架内，院庭长对审判个案的监督，是一种选择性的，经个案识别而启动的特殊机制。为了明确选择根据，最高人民法院《关于完善人民法院司法责任制的若干意见》以及《落实司法责任制完善审判监督管理机制的意见（试行）》规定，"涉及群体性纠纷，可能影响社会稳定的"等四类案件，院庭长有权要求独任法官或者合议庭报告案件进展和评议结果；独任法官或者合议庭也应当主动按程序向院庭长报告。然而，操作关键在于如何识别这四类情形从而启动监督。目前的识别机制不完善，实践中很难事前判断。除部分有明显标志的案件，其他类型案件，或者其识别判定缺乏明确的标准，如案件疑难、复杂性的判断；或者因条件所限，难以进行有效的比对，如可能发生裁判冲突的案件。这就导致相当一部分应当被监督的个案难以进入监督程序。

另一方面，由于取消裁判文书审批，院庭长尤其是案件数量较大法院的院庭长,对正审理案件的情况大都不甚了解,因此难以启动监督程序。因此,通常情况下,是靠合议庭与独任法官主动报告,而专业法官会议、审判委员会的研究,也主要由合议庭或独任法官启动。如果合议庭与独任法官不报告、不提交,案件就不能进入监督程序,也使原设计的个案监督制度落空。

三是改革条件下审判质效管理的方法需改善。对审判质效的管控,除事中的个案监督外,事后的质量评估评查应当发挥重要功能。然而,在推进司法责任制后,案件质量评估对提升审判质效的作用并不显著。一方面,质量评估长期存在的一些问题在相当一部分法院没有很好解决。另一方面,对个案审判的行政性干预降低后,缺乏新的、有效的质量管理方法。具体问题表现如:其一,案件质量评估功能定位有偏差。根据《最高人民法院关于开展案件质量评估工作的指导意见》,案件质量评估的目的是"客观、公正评价人民法院审判工作,加强人民法院审判管理,强化监督,提高审判质量"。但在实践中,多数法院更加看重案件质量评估横向比较中的数据排名,过分重视指标数据,难免违背司法规律,偏离案件质量要求。其二,简单套用最高法院评估的指标体系,对地区差异、层级差异考虑不够。其三,过度依赖定量方法,重视评估数据,却忽略定性方法的优势,妨碍了质效评估的质量。其四,对民众在司法中的获得感重视不够,评估中少有当事人视角,且对当事人权益保障问题未充分重视。[①] 司法用户及社会公众的满意度未能成为审判质量评估的重点内容,而且"公众满意度"的调查往往走过场。其五,审判质效分析不深入,妨碍质效管理能力提升。提取审判质效数据,是为了实现信息对称,让院庭长及其他法官能够通过案件数据的分析,发现问题、解决问题。而目前法院的审判数据多以"列表式"处理,重视数据统计,但对获得的数据所做深度分析不足,数据潜力未获充分利用。如常常缺乏对特定类型案件及审判情况的具体分析,而对法律适用的要点、司法政策应用等也分析不足,对审判经验总结不够。

(四)某些审判监督管理制度未能发挥预期功效

专业法官会议制度运行成效不明显。弱化行政干预,同时发挥专业法官

[①] 在审判管理改革实践中忽略了尊重当事人诉权这一基础性内容,相关论述可参见杨凯:《审判管理理论体系的法理构架与体制机制创新》,《中国法学》2014年第3期。

会议的咨议功能，是改革的预期，但实际效果不太乐观。首先，该制度不适于证据事实判断，其应用范围有局限性。其次，有的院庭长存在"多一事不如少一事"的惰性，以及"不监督不过问没有责任、监督不好就有责任"的顾虑，不愿主动实施监督，将案件提交专业法官会议讨论。而且从会议研讨情况看，由于案件并非其他法官承办的案件，在参加讨论的员额法官本身就有很大办案压力的情况下，这些法官甚至包括院庭长，既难充分斟酌案件情节乃至细节，思考其中的疑难问题，又因不负司法责任而在发表意见时可能比较随意，常常难以超出合议庭法官经反复思考已认识到的问题范围，讨论情况往往是"众说纷纭"，最后仍然只能由承办人及审判长去自行判断。这就导致部分专业法官会议讨论案件质量不高，对法官的帮助有限，甚至有的法院专业法官会议形同虚设。

案例指导功能不足。推进司法责任制改革后，个案裁判的独立性增强，导致法律适用统一性问题凸显，而且上级法院对下级法院的审判监督也需要完善机制。近年来最高人民法院大力发展案例指导制度，但由于我国并未确立案例拘束力制度，案例指导在实践中是法律效果较弱的一种软性制度。虽然各级法院都试图加强案例指导工作，但除最高人民法院的"指导性案例"外，省以下法院编撰的案例缺乏实际约束力。而且，由于案例发现、研究、生成、应用的机制不健全，案例库尚不充实，案例对裁判统一性的指导作用十分有限，裁判个案的法律适用不统一问题未能获得有效解决。

审级制度部分失灵。贯彻司法责任制所要求的审判在法院内部的相对独立，也包括上下级法院之间的审级独立。上级法院对下级法院的个案监督，应通过法律程序上审级监督实施。其宏观的对下的监督管理，则主要通过下发司法政策性文件、会议指导、案例指导等方式进行。早在 2012 年，最高人民法院就下发《关于规范上下级人民法院审判业务关系的若干意见》，要求严格执行审级制度，废除内部请示报告制度，对于重大、疑难、复杂以及具有典型意义案件，可移送上级法院审理或由上级法院提审。① 然而，这个文件长期未能有效执行。这在过去司法行政化的情境中，尚可理解，但司法

---

① 参见龙宗智：《贯彻落实文件 规范上下关系》，《人民法院报》2011 年 2 月 18 日，第 2 版。

责任制改革后，审级独立的问题仍未解决，下级法院直接的、变相的内部请示报告大体上依然如故。上级法院法官常通过听一听汇报（有时也翻一翻案卷），但并未亲身经历全面审查事实程序，就发表指导意见，这些意见往往被下级法院奉为"尚方宝剑"。既违背司法规律，破坏两审终审制，损害当事人权利，又导致司法责任不明和责任不落实，损害了司法责任制。

院庭长审判监督管理所存在的上述问题，对审判质效产生了一定影响。司法责任制改革后，部分法院审判质效数据出现了较大波动。突出表现于案件的改判和发回重审数据，即"改发率"的变化。有学者调查了司法责任制改革后的审判质效，发现案件发改率上升具有一定的普遍性。① 以重庆四中法院为例，2013 年案件改发率为 7.27%，2014 年猛增到 15.59%，2015年继续上升到 18.52%。② 办案的质量和效率是检验改革成败的直接标准，而发改率又是衡量审判质量和效率的重要指标。受各种因素影响，发改率有小幅波动是正常的。但如上升幅度较大，又有一定的普遍性，就需要关注和应对。我们分析认为，这种现象与司法责任制改革后案件质量保障措施不足，包括院庭长监督管理的缺位有关。司法责任制改革后，一方面，一审法官自行裁判，法律适用的统一性较之过去有所下降；另一方面，二审法官自主意识及司法责任意识增强，对法律的理解与适用较之以前可能更为保守。同时，二审法官基于对办案时间精力和审判责任承担的考虑，容易趋向于将可能有问题的案件发回重审。由此导致改发率升高。在这个过程中，由于取消裁判文书审批，限制院庭长案件审核权，院庭长对案件裁判了解程度有限，监督难以实施，而且质效管理的其他措施效用不足，也是部分案件存在审判质量瑕疵，导致发改率上升的重要原因。

三、正确认识和处理改革推进中司法逻辑与行政逻辑的矛盾

在实施司法责任制后，部分法院的审判监督管理方法不足、力度不够，审判质效受到一定程度的影响，这种状况应当引起我们的关注。而值得注意

---

① 参见周维远：《审判权与审判管理权、审判监督权良性互动关系的重塑——以审判权运行机制改革为背景》，《盛京法律评论》2016 年第 2 期。
② 数据来源于重庆市第四中级人民法院审管办。

的深层次问题，是上述现象背后的法院审判活动的司法逻辑与行政逻辑的矛盾。

司法逻辑，即由"审理者裁判，裁判者负责"这一原则所体现的判断性、亲历性、独立性、审裁统一性及其责任机制；而行政逻辑，即对审判活动的行政控制。最为直接的是院庭长利用行政管理权所实施的个案事中监督，而案件质量评查、审判绩效考核的事后评价监督与管理，其实施方式和效能也体现行政管控要素。

司法责任制改革，必然意味着对审判行政管控的弱化，即司法行政化因素的减弱。这势必使法院原有的一些实施质量管控的行政化措施失效，加之贯彻责任制的影响，审判质效数据出现某种程度的波动应属较为正常的现象。即使出现这些情况，我们也应当看到，过去那种司法行政化的运行机制，一线不行就加强二线的业务逻辑，院庭长发号施令甚至越俎代庖的管理方式，不符合司法规律，不利于司法公正和法院建设，虽然有时也有一时管理功效，但总体效能看无异于"饮鸩止渴"。而推行司法责任制的改革，使审判活动体现司法逻辑、符合司法规律，有利于案件总体质效的提高，也使"法院像法院，法官像法官"，有利于法院的长远建设及法官队伍建设。而从实际效果看，也正是如此。改革以来的案件质量与法院建设在整体上受到社会与业界的确认，司法责任制改革受到法院内外的肯定。因此，我们不能因为改革中出现的某些问题而动摇，不能回到过去那种"收收、放放"的恶性循环，而应当毫不动摇地继续推动改革，落实司法责任制。

在我国整体管理体制的行政化而且权力高度集中的态势下，坚持司法的职业化和审判权行使的专业性，落实司法责任制而且持之以恒，实际上是有相当难度的。司法逻辑与行政逻辑的矛盾，正是法院工作中的基本矛盾，也是落实司法责任制所遇到的主要矛盾。按照中央要求和改革部署，落实司法责任制，就必须抑制司法行政化倾向，坚持审判权的主导性，保障审判权核心价值和基本范围不受损害。审判监督管理权，是衍生、从属于审判权的辅助性权能，不能因为强调监督管理而妨碍审判权的正当行使，更不能超越审判权或取代审判权。因此要求审判监督管理权的运行，应坚持以审判权为中心，努力遵循审判活动规律，实现审判监督管理的科学化和正当性。

从上述问题分析中我们也应看到，司法责任制改革不能孤立推进，而应当注意与之相适应的"综合配套改革"。如分类管理及司法员额制的适当推进、法官履职保障机制的强化、法院审判监督管理方式方法的改革，以及法院信息化及大数据建设水平的提升等。这些综合配套改革措施，正是司法责任制贯彻的基础和条件，也是司法责任制取得良好效果的必要保障。尤其是保障法官素质和能力的制度措施。法官素质不高，即使已进入员额，但责任所托非人，难以对案件作合理判断与正确裁决，责任制无法有效推行并取得成效。

在认识到司法责任制制度价值的同时，也应注意，目前实施的司法责任制，仍然受中国司法的现实条件所制约，因此仍然需要对审判活动实施一定程度、特定方式的行政控制，以贯彻国家政策，保障案件质量。

制约司法责任制实施的主要因素，可概括为三个方面。一是"主体制约"。即审判主体——法官状况的制约。对此，应注意分类管理与员额制改革成效的有限性。因为分类管理与员额制，仍然是在现有审判人员中进行遴选。而且，整体性法官保障制度的不足，也难以养成合格法官队伍。而这些年来，包括实施责任制、员额制改革以来，骨干法官流失问题十分严重，法官整体素质并未获得改善，甚至出现局部下滑。在这种情况下，不能不以某种行政控制，来管控某些审判行为并保障案件基本质量。二是"客体制约"。是指少量案件具有特殊性，如复杂、疑难且有较大社会影响；某些案件，如高级干部的腐败案件，有较强的政治性并与干部管理体制紧密联系；某些案件，其司法活动需充分实现当时之国家政策要求。如2018年年初开展的"扫黑除恶"专项行动中的案例等。对这些较为特殊的案件，按照现在的司法体制与司法政策的要求，需要某种具有特殊性的办案管控措施。三是司法责任机制制约。严格地讲，司法责任制主要是法院内部个案办理的责任承担机制，属于微观责任机制。而在国家管理层面的宏观机制中，法院是以其整体并以院长为代表向国家及执政党负责。由此而在某种程度上，实际形成所谓"权力在法官，责任在法院，压力在院长"的责任机制错位现象。就外部性而论，责任在法院而非法官个人。即由法律机制看，宪法、法律是以法院为权力主体，确认"人民法院独立行使审判权"的原则；而政治责任机制，也是以法院及其负责人为责任主体。因此，审判责任即保障审判质效的压力必然加之于院长及其行政下属。院庭长对审判质量的行政控制，由此形成必要，而且获得某种正当性。不过，这种行政控制仍然需要采取适当方式，不得逾越审判权保障底线。即以行政权为基础的审判监督管理，与体现司法权特征的审判活动，彼此之间需设立相对合理的界限并实现良性互动。①

四、加强和改善审判监督管理的原则和要求

"去行政化不是去管理监督，但强化监督管理，并不是要再绕回案件请示审批的老路子上去，而是要以变应变、以新应新，适应新型审判权力运行机制要求，创新监督管理机制。"②

（一）构建服务保障型监督管理

推行司法责任制之前的审判监督管理，因整体上强调院庭长的审判管理权，重视"层级管理"，而具有较为明显的科层制特征。实行司法责任制，必然要求审判监督管理方法的改变模式的转型。这种转型，可以概括为构建"服务保障型"审判监督管理。即审判监督管理应服务审判活动，保障审判权行使，保障审判质量和效率。由这一性质和宗旨，设定监督管理的方式与方法。

这种转型的具体要求，一是努力发挥服务于审判的作用。"审判管理是审判活动中产生并服务于审判活动的管理行为，审判管理权应当服从并服务于审判权。"③ 推行司法责任制后，审判监督管理更应强调其服务审判的功能。无论是审判管理部门，还是其他具有监督管理功能的机构，均应坚持"以审判为中心"，服务于审判工作。即使是在行政上具有纵向关系的院庭长，审判监督管理也应当强调其服务作用。这种服务主要表现在两个方面，首先是审判信息服务。包括类案信息（判例、学说等）推送；提示案件背景信息，帮助合议庭及独任法官全面了解案件情况；提供信息，协助对某些

---

① 参见龙宗智：《审判管理：功效、局限及界限把握》，《法学研究》2011年第4期。
② 李少平：《正确处理放权与监督　坚定不移全面落实司法责任制》，《人民法院报》2018年3月28日，第5版。该文认为审判管理监督只能加强，不能削弱，但应当转型，一是从微观管理向宏观管理转变；二是从结果干预向程序约束转变。
③ 孙海龙：《深化审判管理》，人民法院出版社2013年版，"序言"第2页。

敏感和受社会关注案件进行效果预判等。为审判法官提供全面、有效的案件相关信息，为法官正确判断和处理案件提供必要资讯条件，是审判服务最重要的内容。其次是审判事务服务。审判管理应当通过对审判事务分担、调整，协助审判法官正当、高效地进行审判活动。如将司法鉴定、公告、法律文书送达等法院对外的审判事务性工作，集中由专门的审判管理部门完成，以减轻法官工作负担，同时增强工作专业化程度。

二是注意发挥对审判权行使及审判质量和效率的保障功能。在行政逻辑十分强势的现行体制中，依循司法责任制，有效保障审判权行使，始终是审判监督管理需要重视的问题。为此，要求审判监督管理权的行使要严格控制在《最高人民法院关于完善人民法院司法责任制的若干意见》确定的范围内；要求院庭长对没有参加审理的案件，除参加专业法官会议、审判委员会外，院庭长不得发表倾向性意见，不得直接否定或改变合议庭意见。同时要求院庭长全部管理和监督活动要记录在办公平台上，实行全程留痕。另外，为保障审判质量和效率，院庭长对应监督管理事项也应当切实负责，要克服目前一些院庭长不愿管、不敢管的问题，对需监督的案件进行有效监督，而不能放任不管。

（二）发展精准化监督管理

通过监督管理保障审判质量效率，在监督管理方式转型的同时，要注重于提高监督管理水平，实现精准化的监督管理。精准化的具体要求主要包括：其一，监督管理案件范围以及监督内容的准确界定。由此防止扩大行政干预范围，损害司法责任制，同时在严格界定范围的基础上，就应监督的案件和案内事项保持监督力度，实现监督效益。其二，主要的审判监督管理制度趋于细致精密。如对院庭长个案监督、流程管理、质量评查、绩效评估等主要的审判监督管理措施，应根据改革的要求与法院的实际，在总结过去的实施经验和教训的基础上，在制度设计上更为合理、细致，以利于操作。其三，实际操作中对不同价值及相关约束条件的适当权衡并把握好界限。司法责任制与审判监督管理并行，实践中司法逻辑与行政逻辑的矛盾将不可避免，保障审判权行使与保障审判质量效率有时也会产生冲突。审判监督管理的精准化，要求作出适当的利益权衡与矛盾协调，同时能够根据实际情况适时调整监督管理措施，以最大限度地实现审判的公正和效率。其四，通过精准化的监督管理，促进审判资源的动态优化配置，推动质效指标的改善。法院的审判监督管理须及时回应审判需求。尤其在审判案件体量大的情况下，更注意根据案件数量变化和审判质效变化情况适时调整审判资源配置。例如，对收结案情况的条线分析，及时调整审判力量，包括业务部门的审判业务调整，以及院内审判人员调整，避免忙闲不均，促进人案匹配。同时，审判监督管理根据质效指标数据变化及时调整关注重心，发挥指导功能，对优化审判质效能够发挥重要作用。

（三）区别普通案件与特殊案件，防止以"权变"害"常经"

对不同类型案件采取不同的司法方式和策略，这是司法的基本原理。而在我国目前的体制与社会条件下，贯彻司法责任制，同时实行对特殊个案的审判监督管理，一定要注意一个问题，既不能否定对特殊案件的特殊应对需要，又不能因此而冲击司法责任制。这实际上是一个司法的"常经"与"权变"的关系。为此，需要在承认司法意识、司法管道、司法方法、司法责任有区别的基础上，建立不同的司法应对系统，保障此类案件特殊的司法需要，同时维系普通案件的审理秩序和责任机制。因此，对重大复杂疑难敏感等符合个案监督标准的特殊个案，需建立专门的管理平台，明确此类案件的发现、监督启动与审判监督管理的特别程序。否则，混淆两类案件，责任意识就会模糊，司法责任制改革就可能前功尽弃。

（四）实现审判信息对称

在社会政治、经济、司法等活动中，一些成员拥有其他成员无法拥有的信息，由此造成信息不对称，并影响决策的合理性与有效性。审判监督管理中的信息不对称，主要是指审判监督管理主体与审判主体享有不同的信息量，前一主体对一线审判情况未充分了解，同时，后一主体对个案的部分信息、类案信息，以及审判的整体状况等又未充分掌握。而审判管理的基本功能，就是要实现审判信息对称，使相关信息在法院审判主体和审判监督管理主体之间交流融通，以充分利用审判资源，提高审判质效。其功能之一方面，是使审判监督管理者掌握足够的审判一线信息，为精准化的监督管理提供条件；另一方面，是为审判者提供支持审判所需案件信息，如案件背景信息、类案裁判、法规法理等。工作内容和步骤如下：

第一步是构建审判信息平台，提供相关信息的收集、创造、交换、使用和反馈的基础和框架。亦即建设所有个案审判信息实时生成的网上办案系统及数据中心（含"大数据"）。在此平台上，嵌入审判监督管理功能模块，并设置监督管理平台，使之能够整合审判信息，实现审判资源及资讯的合理配置与分布，实现程序管理和个案监督功能并全程留痕。建设平台，发挥信息系统功效。第二步是收集整理信息。包括实时收集信息并进行综合分析，加强数据中心建设，集中那些分散存在的审判信息，包括本院的案件信息（小数据），以及各级法院有关典型案例和类型化案件法律适用等信息（大数据）。数据中心应加强对纷繁复杂的审判信息包括审判资源配置信息进行梳理和分析，并形成逻辑清晰、便于使用的信息管理模式。第三步是利用并进一步生成信息。院庭长、审判法官等审判活动主体，根据个案办理及监督需要在审判信息平台获取相关信息，使用时又将审判活动及审判监督管理活动信息及时反馈到数据中心。第四步是通过信息融通进一步实现信息对称。在审判信息生成、集聚、创造、使用的动态过程中，审判主体与审判管理主体之间交互作用和互动，并通过专门的审判管理工作，形成审判运行态势分析、审判质效指标统计评估、案件质量评查通报、类案审判指导意见、典型个案分析与推荐等信息成果，为院庭长在审判资源配置上的决策，审判流程管理和质量控制提供条件，为法官的个案及类案审判提供参考，充分实现审判信息对称。"智慧法院"的建设，大数据的建设和运用，人工智能包括类案智能推送等辅助手段的进入，为加强信息化建设，实现审判信息对称提供了必要条件。

（五）形成差别化监督管理

审判监督管理的原则、范围、基本方式和要求，已由最高人民法院关于指导司法责任制改革及规范审判监督管理的文件予以明确，但具体的操作模式和方法，应当根据各个法院的实际情况确定。因为法院层级不同，其审判及审判指导功能有区别；不同地区的法院，案件类型与体量、审判主体条件、客观条件与环境等影响审判监督管理的因素有区别。此外，即使是同一行政区划、同一法院层级的不同法院，也存在一定的区别，如有的法院已基本实行扁平化管理，有的法院内部结构仍实行传统建制，其审判运行机制有一定区别。因此，需要在遵循司法责任制改革的基本原则和制度要求的前提下，设置与推行有差别的审判监督管理。例如，前述司法逻辑与行政逻辑的运行关系，在办理一审案件的基层法院，应当更加强调遵循司法责任制的内在逻辑。而在集中办理大要案件、疑难和新类型案件的中级法院，则可能适当加强个案审判监督。但同时也应注意，中级法院的审判人员的整体素质优于基层法院，审判监督管理的方式方法，则可能需要有别于基层法院。如更多采用提示、引导等更为软性的方法。又如，总体而论，发达地区法院审判条件包括主体条件及审判的软硬件条件较好，同时案件体量大、类型复杂，而欠发达地区审判条件通常相对较弱，案件类型也相对简单，司法传统中的行政元素较重，因此不同地区法院，可根据不同主客观因素调整监督管理方法，以符合本院实际，保障审判质效。尤其值得注意的是，法院的内部结构不同，监督管理方式不同。例如，为推进司法责任制，有的法院实行大部制，已经实际撤裁行政庭，监督管理当然应随之采取"扁平化"方式。

五、加强和改善审判监督管理的主要举措

（一）加强和改善院庭长的审判监督管理

法院的审判监督管理，包括审判管理部门等监督管理部门以专管职能为基础的横向监督管理，与院庭长以行政管理权为基础的纵向监督管理两种类型。鉴于司法责任制改革后出现的监督不力及审判质效波动，加强和改善院庭长审判监督管理，是当前加强和改善院庭长审判监督管理工作的重心。为此需要注意以下几点：

1. 细化院庭长监督管理的范围与职责

在最高人民法院关于司法责任制和审判监督管理文件的框架基础上，细分院庭长的监督范围，细化监督职责与方法。以保障监督合理有据，同时实现不同主体监督内容的衔接。形成适合本院情况的院庭长监督管理模式。就职责细分，基于不同的职权和责任以及法院制度安排，应当明确正副职区别及院、庭区别。法院院长，承担监督管理的主要责任，因此，应负责法院层面的重要的监督管理行为，主要包括，其一，依法启动审判委员会程序并主持讨论；其二，依法对审判人员回避、罚款、拘留等重要程序事项和强制措施作出审核决定；其三，监督发现法官的违法审判行为或者相关线索，启动专项评查；其四，决定组成合议庭包括审判委员会委员合议庭，审理特别重

大、疑难、复杂案件等。

副院长协助院长实施审判监督管理，经院长授权，可行使院长的监督管理职权。在日常监督管理工作中，其职责主要包括：其一，依法对审判过程中的保全、扣除审限法定事由等一般程序事项作出审核决定；其二，担任审判长审理重大、疑难、复杂案件；其三，组织开展庭审评查和裁判文书评查；其四，对合议庭提出的疑难复杂问题提出参考意见和建议；其五，决定和安排专业法官会议讨论案件；其六，召集跨业务庭审判长联席会议研究类型案件裁判尺度；其七，对审判委员会讨论决定案件的裁判文书制作进行指导；其八，发现法官在办理案件中存在违法审判行为或者相关线索，及时报告院长。

庭长的主要监督职责包括：其一，监督审判流程节点的案件办理情况；其二，召集业务庭内审判长联席会议及专业法官会议研究类案裁判尺度及个案法律适用问题；其三，协助分管院领导开展庭审评查和裁判文书评查；其四，发现法官在办理案件中存在违法审判行为或者相关线索，及时报告院长。

2. 建立重大疑难复杂敏感案件的台账制度

建立台账，是对需实施个案监督的特殊案件的一种可选监督管理方式。其意义在于建立一个专门的管理平台，通过常规性、规范化、痕迹清晰的信息系统，保障对这些案件监督管理的正当性与有效性。同时，亦可实现前述特殊案件应对机制与普通案件程序适当分离，以防止"权变"冲击"常经"，损害司法责任制。

建立重大疑难复杂敏感案件的台账，就是通过特定的识别机制，使此类案件进入专门案件管理平台，并实行专门的监督管理程序。台账制度，要求院庭长对特殊个案的监督管理，需依托台账进行，未进入台账的案件不得纳入个案监督。建立台账制度，首先应完善案件识别机制。为此，需要明确识别的管道、责任及方法。发现特殊案件的管道与责任，大致可以确定为法官办案中发现、相关职能部门在接处信访、上级交督办、舆情处理中发现，以及院庭长通过各种渠道发现，为此需确定这三类主体的发现与处理责任。为有效识别此类案件，各法院可根据本院审级及审判监督管理制度明确识别标准。如案件的重大性，可主要以案件性质、金额、刑期等为判断标志；复杂疑难性，除考虑案件事实与法律关系多重性外，可主要以意见分歧性（包括内部分歧与外部意见冲突等）为标志；社会影响及敏感性，可主要以党委政府的关注、网络与一般社会舆情的反应、案件利益所影响的社会面、案件的特殊性质等为标志。通过总结操作经验，使此类标准细化且便于判断，从而使符合标准的案件能够顺利进入台账，及时纳入监督管理视域。

拟纳入特殊案件监督的案件，应形成报告，层报分管院领导，再经法官会议事前审查确认或事后监督追认。确认后，处理程序可如下安排：一是建立相应个案台账。由审判管理办公室建立相应台账，并书面通知案件承办法官。承办法官在审判管理系统中应录入"疑难案件"等标识信息。二是对合议庭报告等程序提出特殊要求。如在立案前、开庭审理前，庭审结束后、合议庭评议后等程序节点，形成向院里的专门报告。对案件提交专业法官会议讨论，并视情提请审判委员会讨论决定提出具体要求。要求对裁判文书签署及印发前提请分管院领导过目，对裁判文书上网提出具体要求。对案件执行程序中的报告问题作出要求。三是明确此类案件的保障程序。如审判管理办公室应加强流程管理、监督，保证院长、分管院领导交办事项的落实；建立此类案件的信息专报制度；对社会关注的敏感案件，明确舆情应对方式方法；对案件监督管理活动的运行，应明确信息流转及文档保存方式，实现全程留痕；对发现、处置过程失职的，应当规定相应责任。

但在制度安排与操作中，亦需注意贯彻司法责任制的基本要求，防止对审判实体问题作行政指令，而应采用制度允许的行政意见、法官会议、审判委员会机制等实施监督。

（二）改善审判质量监督管理

审判质量监督管理，主要是指以案件质量评查和绩效考评的方式促进审判质量的改善。评查、考评制度的建立，"对保证案件的质量与数量的统一，是有必要的，但必须科学合理，以免发生副作用，有碍司法公正。"[1]为加强和改善审判质量监督管理，应注意以下几个问题。

1. 适当加强评价主体的功能，避免"唯数据论"

审判质量监管，需要重视与质效有关的各种客观数据。但也要认识到数

---

① 陈光中、龙宗智：《关于深化司法改革若干问题的思考》，《中国法学》2013 年第 4 期。

据的局限："审判活动是一种高度智能化且包含广泛政策与价值目标实现的活动，很难完全用数据进行准确测量与评价，即使能够客观测量的部分，往往也只能显示职能是否被充分执行，而无法表明执行的真正价值。"[1] 因此，在操作中应当注意两点：一是重视客观数据定量评价的同时，也应重视相关评价主体所作的定性评价，克服实践中一定程度的"唯数据论"，即质效观察的简单化倾向。尤其是涉及个案质量与法官能力考评问题，综合各方意见的定性评价十分重要，它能较为准确地说明审判数据所不能说明的问题。二是重视数字本身话语作用的同时，亦应实现与数据的对话，即对数据进行深入的分析，在此过程中，也为数据附加相当的关联信息（如分析数据形成的原因，须进一步调查研究并获得说明原因的信息），从而使数据更有意义，更能发挥促进审判质效管理的功能。

2. 引入外部评价，重视民众的"获得感"

目前法院的评查与考评工作，主要有两种模式。一是内部评价模式；二是内评为主，适当引入外部评价模式。但从总的情况看，重视和利用外部评价严重不足。其原因在于外部评价能力有限及不便操作。[2] 然而，评价主体多元和适度社会化是案件质效评估去行政化的重要举措，也是体现司法评价规律的国际通行做法。如果外部评价缺位，难以避免质效评价成为法院的"自说自话"，难以克服长期以来法院自我评价与社会公众评价之间存在的较大反差。[3] 而更为重要的是，难以体现司法的人民性，即"以人民为中心"，注重民众对司法公正与效率的"获得感"的司法。可见，注重外部评价，以民众的感受和评价为司法评价的重要指标，是体现我国司法性质与宗旨的基本要求。因此，司法评价模式，应当实行社会公众评价与法院内部评

---

[1] ［美］安东尼唐斯：《官僚制内幕》，郭小聪等译，中国政法大学出版社 2005 年版，第 86 页。转引自郭松：《审判管理进一步改革的制度资源与制度推进——基于既往实践与运行场域的分析》，《法制与社会发展》2016 年第 6 期。

[2] 具体理由一是一般公众对审判专业工作质量的判断力有限。二是民众所体验的情况、获知的信息有限，使得评价基础片面。三是打输官司的人基本不会满意法官的判决，形成评价立场对立。四是外部评价的主观性强，导致比较价值不足。参见洪磊等：《法官绩效考核指标体系面临的三重矛盾关系及其破解》，成都市中级人民法院编：《当代法官》2017 年第 5 期。

[3] 参见张军主编：《人民法院案件质量评估体系理解与适用》，人民法院出版社 2011 年版，第 23 页。

价相结合。

为此，需要克服操作上的困难，有效地、较为全面地获取民众包括案件当事人对司法的评价和意见。具体而言，一是要求评估主体多元、信息来源较为广泛。各院可根据自身情况，尽量将普通群众、当事人、律师、政府工作人员、法学教授、上级法院等作为评价主体，采取适当措施保障有效获得评价信息。二是注意有效获取当事人评价意见。当事人直接接触司法，感受最深。虽有上诉、申诉等程序管道表达其意愿，但法律程序功能有限，需要设置更为全面、有效的方法，较为准确地获取已经经历了本院诉讼程序的各方当事人的感受和意见，作为司法评价的常规性的重要信息来源。为此，可以考虑建立全覆盖的"当事人诉后评价制度"。三是高度重视律师在诉讼中的评价、监督作用。诉讼律师因其专业性及深入参与诉讼程序，最了解法院工作状况也能够较为专业地作出评价。因此，应将律师作为重要的评价主体，搭建意见征询平台，探索建立专门的法官行为投诉制度；搭建学术互动平台，不定期召开法官、律师共同参与的司法实务研讨会。同时还可吸纳律师参与纠纷调解等活动，进一步发挥律师对法院工作的辅助、评价和监督作用。[1] 四是可视情吸纳独立的第三方参与，以专业化评价方式，保证评价的中立性和信息的客观性。五是注意评估方法多样化。注意使用社会调查、民意测验等多种评价、评估方式，定期、不定期了解社会大众对法院审判的评价和满意度。

3. 弱化指标考核，加强审判态势分析

正确运用审判质效的评估结果，是加强和改善监督管理的一个重要问题。从目前情况和发展趋向看，需要注意"一抑""一扬"。所谓"一抑"，是指进一步抑制直接或变相地将评价结果作为单位考核"排名"的依据。否则，难以避免"唯数据论"的简单化评价倾向，难以避免为争"排名"而扭曲司法举措和诉讼行为，妨碍司法公正。而且势必加剧审级关系行政化进而强化法院内部层级管理行政化。[2] 同时也应禁止将案件质效评估等同于

---

[1] 参见王倩：《重庆四中院：全方位构建法官与律师新型关系》，《人民法院报》2016年8月28日，第8版。

[2] 参见重庆市高级人民法院课题组：《审判管理制度转型研究》，《中国法学》2014年第4期。

司法业绩评价及法官绩效考核。注意发挥案件质效评估的评价功能，弱化其"比""考"作用。

所谓"一扬"，是指加强审判运行态势分析。"审判运行态势是审判管理工作开展的基础和保证。准确把握审判工作整体态势，是各级人民法院审判委员会和院领导研判审判工作形势、作出科学决策的前提。"① 案件质效评估工作，应加强审判态势分析，以供法院领导和其他审判主体掌握审判情况与发展态势，从而适当确定应对策略，合理调配审判资源。审判运行态势主要包括两个方面，一是案件发生、发展态势，这是审判态势分析的基础；二是审判活动态势，包括反映一定时期审判活动的全部数据和分析资料。在确保指标数据的客观、全面的基础上，要加强数据分析，从而发现案件发生、发展及审判工作趋势，预判可能发生的问题，全面、动态、实时掌控审判工作总体状况，及时为法院宏观决策及微观指导提供依据。在此过程中，要充分运用智慧法院建设成果，提升审判态势分析能力。目前审判监督管理的科技化，主要体现于实时公开审判流程信息、便捷查阅电子卷宗等信息技术手段，今后的发展，应重点加强对数据的深度分析运用。

（三）改善上级法院对下级法院的监督管理

实践中，上级法院对下级法院的监督除了在诉讼法上的审级监督外，还实施"案例指导"、统一法律适用标准等监督管理方式。此外，仍然采取具有行政特征的"案件内部请示""发改案件沟通协调"方式。为改善上级法院对下级法院的监督管理，目前需着重解决以下问题。

1. 改进内部请示报告制度

此项制度，即所谓"内审制度"，曾备受诟病，法院也力图克服弊端，甚至曾拟以审理制度全面替代"内审制度"，已如前述。但实践证明"内审"尚无法替代，此项"潜规则"在法院仍有生命力——即使在已经实施司法责任制改革的情况下。因为特殊案件特殊管理的制度未予根本改变，法院上下级之间行政化关系仍未完全消除，法院整体对外、上下联动、协同加强的要求仍为法院维系其权威与公信力的现实需求，在这种情况下，"内审制度"亦不可能绝迹。然而，无论是就程序公正，还是实体公正论，此项

① 董开军：《加强审判管理 提升案件质效》，《法律适用》2011年第12期。

制度因为违背审判规律，破坏审级制度，而存在重大弊端。虽不能即时废除，但仍须严格限制"内审"范围，同时改进"内审"程序。除最高法院已经提出的要求外，为保障其公正性，建议加强"内审"参与制度与内审人员回避制度。

第一，内审参与制度。从"内审"实践看，审查结果与上级审法院对案件信息的充分掌握的程度关系较大，而"内审"举措就案件实体处理的主要弊端是"信息不对称"。下级法院通常对上报请示的案件带有一定倾向性，上级法院参加内审人员可能受其影响，而且复杂案件即使阅卷，因受案卷材料限制，也有一定局限性。尤其是刑事案件，案卷已经被控诉方"做好"。因此，有时"内审"不仅不能发挥审判公正的有效把关作用，反而可能被下级法院审判人员"当枪使"。为了解决"信息不对称"问题，建议实行一项制度：一旦案件"内审"，即应告知当事人律师。一是说明诉讼时间可能因此延长；[1] 二是允许律师向上级法院提出自己的诉讼意见。甚至允许可能承受不利裁判的一方向上级法院内审人员直接说明情况，包括参加上级法院情况汇报。由此避免上级法院"偏听偏信"。

第二，内审人员回避制度。目前司法实践中，上级法院内审人员常常即为二审承办人员。这一做法加剧二审虚化，铸就"两审变一审"，剥夺当事人上诉权。因此，应当实行内审人员及内审合议庭在二审时回避制度。尤其要求内审审查法官不能充当二审承办人或审判长，否则二审基本丧失意义。如果违反这一规定，应允许当事人适用相关法律规范，请求相关审判人员回避。通过此项回避制度，维系内审案件程序公正的底线，同时改善对此类案件审判质量的监督管理。

2. 改善案件发改沟通协调机制

上级法院对拟发回重审和改判的案件，与下级法院沟通协调，是目前在制度上被认可的一种司法运行机制。其意义在于了解相关信息，探讨案件处理的适当方式，同时也尽可能地减少不必要的发回重审和改判。现行案件发改沟通协调机制总体上是有效的。但也存在某种程度的定位偏差与制度缺

---

[1] 内部请示报告时间不算审限，虽无法律依据，但系各级法院仿效最高法院所形成的实际做法。

陷。所谓定位偏差，主要指现行沟通协调机制限于个案的处理，而未注意解决发回重审和改判案件中存在的普遍性问题，因此应建立发回重审和改判案件实践问题的发现、分析、成果应用机制，以便预防并适当应对同类问题，从而进一步发挥案件发改沟通协调机制的作用。为此，一是主要依据客观数据，建立案件质量定期通报制度。二是要设置总结提炼问题机制，加强工作指导。上级法院应定期对发回重审和改判案件进行分类和总结，提炼出其中的问题并形成分析报告。在此基础上，可定期举行二审发回重审、改判案件质量研讨会，实施审判工作指导。三是加强调研力度，形成研究成果并普遍指导实践。将发回重审和改判案件所呈现的类型化法律问题，例如类案处置要求、事实认定特点和方法、法律适用与司法政策把握等具有理论价值和实践意义的问题，通过调研形成应用法学研究成果，普遍指导司法实践。

发改机制的完善，主要指建立、完善二审发回重审和改判的申辩机制。为保证对一审案件质量的公正评价，有效防止二审法院发改权滥用，可将少量具有一定特殊性的案件，采取特殊程序，再设置一道关口。主要是将应归入而未归入司法统计发回重审改判原因"其他"项的案件纳入申辩范围。因为此类案件的改发原因可能并非作为一般案件改发原因的"事实不清""证据不足"或"法律适用不当""程序违法"等，而是有某些特别理由。该类案件的一审法院享有特别申辩权利。即可通过提交申辩理由和证据等，向上级法院负责案件质量评估的专门机构提出申辩。上级法院专门机构应针对申辩理由进行审核，形成书面的支持或不予支持的意见，转送二审合议庭审查，或报经院长提交审判委员会决定，从而形成对二审发回重审和改判的一种监督制约。

3. 完善案例指导制度

发挥既决案件裁判的指导和约束作用，是维系裁判稳定性和司法统一性的基本要求，也是在司法责任制改革后保障审判质量的重要举措。中国特色案例指导制度的预期功能包括法律规范功能、社会管理功能及沟通交流功能，① 其重要性不言而喻。但就当前情况看，我国案例指导制度的建设与应

---

① 参见四川省高级人民法院、四川大学联合课题组：《中国特色案例指导制度的发展与完善》，《中国法学》2013 年第 3 期。

用还不能适用审判实践需要，存在较多问题。如在案例形成机制上，案例的选取与撰写，无论是方法还是规则都不完善，指导性案例的形成仍具有一定程度的随意性。而在案例应用机制建设上，案例运用程序、案例运用激励机制、讲评机制、沟通协调机制，均有待完善和加强，案例建库问题仍有大量工作可做。

但从总体情况而言，目前完善案例指导制度，亟待解决三个问题。其一，增强案例效力。案例缺乏效力，就很难被应用，判例指导制度也难以发挥其功效。我国实行成文法制度，未如英美法系国家，确认"判例拘束力"。但这并不意味着判例全无约束效力。除了司法制度中已经明确的对同一法律事实裁判的约束力外，还可以实行一种相对软性的裁判约束力制度。即要求下级法院不得背离最高人民法院指导性案例；如果背离，则应提交"背离判例报告"，阐述其理由，并提交司法审查。对高级法院发布的参考性判例，亦可实行"背离判例报告制度"。此举不仅是为了维护指导案例权威，也是为了统一法律适用，还能在一定程度上督促审判法官主动获取案例信息并注重案例应用。其二，案例识别机制的完善。案例指导作用，主要是同类案例裁判理由对后续裁判的指导作用。但典型案例裁判理由即法律观点的适用，有一定的前提条件，即必须识别案件事实要素及法律性质的实质同一，因此前判法律观点可被适用。然而，司法实践中不同案件的整体事实要素及法律性质不可能完全同一，因此，"实质同一"的识别与判定，是案例指导作用发挥最重要的环节。但从目前情况看，案例可适用性的识别，还处于一种个别化阶段，即由审判法官个人判断，缺乏一种有效的识别辅助和救济机制。为此，可以考虑加强信息化的案例指导平台建设、发挥法官助理的辅助作用、加强案件质量评查中的案例适用评查等措施，完善案例识别机制。其三，加强判例库建设。典型案例达到必要规模并形成体系，才能适应审判实践要求，保障法官有例可循，保证案例指导模式的运行空间。从案例规模发展来看，仅依靠最高人民法院指导性案例显然不够，建议明确各个层级，不同主体发布的不同形式的案例的作用效力，确认高级人民法院参考性案例一定程度的适用效力。同时，缩短案例发布周期，增加发布数量，尽早形成种类完备的案例规模。同时加强智慧法院建设，形成方便检索和应用的案例库。

（四）完善专业法官会议制度

专业法官会议制度，作为行政化质量管控的替代机制之一，具有审判意见集思广益、法律适用统一尺度，以及过滤审判委员会案件等功能，其制度价值应当肯定，但其实施效果尚待提升。为进一步发挥制度功效，可在两个方面予以改进。其一，是规范其运作。专业法官会议作为审判咨议机制，没有决策功能，也非必经程序，因此实施中有一定灵活性。但灵活性过大，规范性不足，会妨碍制度作用。因此，各地法院已经形成一些具有适用价值的实施细则，对适用条件与时机、组织方式与主持者、会议准备工作、会议讨论与发言要求、会议记录和档案管理、会议成果应用等作出规范，发挥了良好的作用。各地法院可以根据自身情况，借鉴其他法院的经验，完善专业法官会议制度。操作规范，尤有三点值得注意：一是问题筛选和会议启动。为保障会议效能，不能有提议即启动，使合议庭过于依赖法官会议，而应有一个审核机制，确认问题的疑难、复杂和新型，以及适合法官会议讨论。这个审核，程序和内容可以简化，可由院庭长负责，也可以由几名资深法官负责。二是院庭长不越位、不缺位。不越位，即防止院庭长发言即"一锤定音"，形成变相的行政化；不缺位，是注意院庭长发表意见的专业性和可适用性，同时，作为主持会议的院庭长，要善于总结归纳，避免众说纷纭，莫衷一是。三是注意专业法官会议的宏观指导功能。会议不仅讨论个案，也要注意总结个案适用法律的普遍要求，同时发现审判工作中的倾向性问题并进行专业指导。

其二，是强化其效能。为强化专业法官效能，可以采取几项措施。一是加强会前准备，要求参会法官事前对问题实质、相关资讯心中有数。甚至可以根据情况，让某些专业能力强的法官重点知悉和思考。二是加强与案例指导制度的结合。要求提交问题讨论的法官应重点准备相关案例，还可根据本院情况，由可使用的信息化系统，以及审判管理部门予以资讯支持。三是与案件质量监督管理制度相结合。对专业法官会议制度的实施情况应当纳入案件质量评查范围。对专业法官会议中，非合议庭法官发表了有创见、可适用的意见，促使案件办理取得良好法律效果与社会效果的，在质量评查中应予肯定，在绩效考核中也应作出确认。从而建立激励机制，保障专业法官会议效能。

（五）优化审判资源配置实现人案匹配

为解决分案机制与法院和法官状况不够协调的问题，优化审判资源配置，可实施以下两点制度调整。

1. 建立科学的分案制度

法院的分案制度，应根据诉讼的一般规律和各法院的实际情况设置。为提高专业化审判能力，实现法官与案件的适当匹配，可设置以专业化为主、均衡化为辅的分案方式。所谓专业化分案为主，是指案件首先按照各审判庭的职能，或者各审判团队的专业化性质进行分案，既能保障审判的专业性，又有利于上下级法院案件归口基本统一，沟通管道顺畅，裁判尺度统一，进而促进案件质量提升。均衡化为辅，即根据各审判业务庭或审判团队结案情况和法官分布，将部分案件在相关办案团队之间进行分案调整，以保证法官收案数量基本平衡。

2. 探索建立初任法官制度

由于司法传统、治理结构与诉讼构造不同，加之司法理念与法官地位有别，法官养成和遴选制度可以划分为英美法系的经验模式和大陆法系的考训模式。① 但二者相同之处是法官的高素质要求以及遴选的严格性。我国当前的法官员额制既非典型的经验模式，也非典型的考训模式。但因司法制度传承借鉴关系，更接近大陆法系模式。然而，大陆法系法官生成制度中的"任前司法研修""实习与初任法官制度"等法官养成制度我们并未实行，因此形成员额法官生成机制过于简略，部分员额法官不成熟的问题。同时也造成一定程度的人案不匹配——能力不逮的法官与资深法官同样分案，有时不能保障审判质量。因此，可以探索建立初任法官制度。对初入额缺乏审判经验的法官，在一定期限内限制办理难度较大的案件。如初任法官可先安排到速裁庭，办理简易、速裁案件，一段时间后，再组合到合议庭，办理普通程序案件，但限制其作为承办人办案，或者限制其承办疑难复杂案件。再积累一段时间的审判经验后，再确认其完全的审判能力和资格。

---

① 参见姚莉：《比较与启示：中国法官遴选制度的改革与优化》，《现代法学》2015 年第 4 期。

责任落实与文化认同：
配套推进审判人员签名章制度

陆文辉[*]

司法行为规范化建设是法院的一项基础性工作，它贯穿办案全过程，也贯穿司法改革的始终。以规范司法行为和构建司法的责任文化为出发点，现行签名管理制度进入本文研究视野。自网上办案和电子签名系统实施以来，对待公文书和卷宗材料，我国法院系统推行网络化审批、加盖法院院章或签名，忽略了对审判人员"签章"的适用。因此，结合现行签名管理制度和深化司法体制综合配套改革的时代背景，探讨审判人员签名章的合理运用，具有重要现实意义。本文"审判人员"的范围应作广义解释，其包括员额法官、法官助理、人民陪审员和书记员，不包括执行人员[①]。

一、问题检视——现行签名管理制度容易产生司法失范问题

信息化建设浪潮之下，法院实施了网上办案、网上审批和网上监督，强调办案全程留痕以及保持纸质卷宗和电子卷宗的一致性。以网上办案和卷宗为中心，针对审判人员的签名管理制度逐步确立起来。审判人员签名管理制度是指为了执行国家的法律法规和审判流程管理规定，规范审判人员的签名（署名）、签章和电子签名行为，所建立和实施的签名管理程序或制度的总称。由于全国法院系统目前尚无统一的签名（签章）制度和网上办案操作

---

* 陆文辉，四川省华蓥市人民法院高兴法庭副庭长、一级法官。

① 依据《民事诉讼法》第二百零八条第三款对审判人员违法审判检察监督的制度规定，本文关于"审判人员"的范围作扩大解释，参见周清华：《正确理解修改后民诉法第二百零八条第三款》，《人民检察》2013 年第 8 期。

112

标准，相关程序或制度散见于诉讼程序法或审判流程管理规程之中①。制度的缺失，加之司法的责任文化认同偏差，导致在现行审判人员签名管理制度之下，审判权运行过程中容易产生一系列司法失范行为。学界对此不可不察。

（一）司法失范之一：审判人员网上办案签名使用乱象

自推行案件信息管理系统后，审判人员网上办案和电子签名衍生了一些签名使用乱象，具体表现为：（1）证据收据、一次性告知书、送达回证、笔录等应当署名的不签名或用打印体替代；（2）一个办案团队或业务庭内工作人员相互知道彼此办案密码，代签笔录、裁判文书现象比较普遍；（3）"坐而不审、合而不议"的合议庭虚置化问题仍然突出，无"议"式的评议现象频现——即合议庭全体成员不聚在一起评议，仅由承办法官与合议庭其他成员个别沟通，最后由书记员后补评议笔录，合议庭成员补签名；②（4）合议庭评议笔录、裁判文书签发笺等存在冒用陪审员签名现象。这些签名使用乱象导致实施者与署名者并非同一人，有"被署名"或"被签名"之虞。

近期，最高人民法院相继出台《关于人民法院通过互联网公开审判流程信息的规定》（法释〔2018〕7号）、《关于进一步加快推进电子卷宗同步生成和深度应用工作的通知》（法〔2018〕21号），分别规定诉讼活动相关笔录（含庭审、质证、询问、宣判等笔录）、庭审录音录像、电子卷宗通过互联网向当事人、代理人等公开以及推动实施在线合议。这两项举措有倒逼签名乱象整改的效应，使基层法院面临深化司法公开和压实合议庭履职的挑战。

（二）司法失范之二：审判人员利用签名管理漏洞实施渎职犯罪

审判人员渎职类犯罪是最严重的司法失范。从我国《刑法》相关罪名来看，以民事枉法裁判罪和执行判决、裁定滥用职权罪最为常见。为探究渎职犯罪与签名管理制度方面的联系，笔者通过中国裁判文书网查询到2013

---

① 虽然法院系统在网上办案中普遍采用电子签名系统，但最高院暂未出台相应的规范性文件。

② 参见徐振华、王星光：《合议庭不当评议的责任追究》，《人民司法》2015年第23期。

年至 2017 年之间北京、湖北、湖南、河南、山西等地中基层法院关于民事枉法裁判罪生效判决书 14 篇，并以此作为样本展开分析（见表 1）。

表 1　民事枉法裁判罪及执行判决、裁定滥用职权罪的判例情况

案　　号	主体职务	犯罪主要经过	量　刑
（2013）碰刑初字第34号	助理审判员	健康权纠纷案件：在合议庭成员未达成一致意见的情况下，让书记员制作了达成一致意见的合议庭笔录	免予刑事处罚
（2014）公刑初字第759号	助理审判员	交通事故纠纷案件：在庭审笔录及送达回证上伪造当事人签名	免予刑事处罚
（2014）迎刑初字第881号	法庭副庭长	医疗损害赔偿纠纷案件：为了结案，伪造原告撤诉申请书并制作民事裁定书，伪造受送达人签名的送达回证	免予刑事处罚
（2014）平刑初字第109号	法庭庭长	民间借贷纠纷案件：明知属假借贷仍伪造庭审笔录、虚拟执行和解协议，以达到房屋过户目的	免予刑事处罚
（2015）澧刑初字第10号	法庭庭长	民间借贷纠纷案件：明知属虚假借贷仍制造假案、虚假调解；伪造院长签字冻结扣划款款；安排书记员将协助执行通知书不入卷	处有期徒刑一年六个月
（2015）西刑初字第208号	法庭庭长	分家析产案件：伪造调解笔录，出具与事实不符的民事调解书，使国家利益遭受重大损失	处有期徒刑一年六个月
（2015）唐刑初字第53号	审判员	财产保全案件：未经合议擅自作出财产解封裁定；挂名书记员	免予刑事处罚
（2016）晋0781刑初118号	民庭副庭长	民间借贷纠纷案件：隐瞒重要事实并不记录在证据交换笔录，致使不受法律保护的赌债予以保护	免予刑事处罚
（2015）宛龙刑初字第644号	法庭副庭长	交通事故纠纷案件：故意违背事实判决；合议庭笔录由书记员按照承办人的意见拟好，再让其他人签字	免予刑事处罚
（2016）晋04刑终321号	助理审判员	交通事故纠纷案件：故意采信伪造的证据；合议庭未评议，借书记员名义拟合议庭笔录交由合议庭成员签字	免予刑事处罚
（2016）黑8103刑初205号	审判员	侵权纠纷案件：为了结案，伪造原告撤诉申请书并制作民事裁定书，伪造受送达人签名的送达回证	免予刑事处罚
（2016）鄂9004刑初267号	审判员	交通事故纠纷案件：直接采信了庭后调查核实的证据，未重新开庭质证，亦没有组织合议庭集体讨论	免予刑事处罚
（2016）湘11刑终16号	民庭副庭长	民间借贷纠纷案件：指使书记员伪造庭审笔录、调解笔录并签名；未经合议庭评议情况下伪造合议庭笔录，违背事实裁判	处有期徒刑三年
（2017）内0424刑初9号	法庭庭长	宣告失踪特别程序案件：案件办理不经过法院办案系统，未按照法定程序公告	免予刑事处罚

表 1 所涉审判人员大多存在收受贿赂情节，对犯罪经过进行梳理后，发现存在以下几类具体失范行为：（1）伪造签名类。为达到一定目的，自己伪造或指使书记员伪造当事人、受送达人、法院院庭长、其他合议庭法官或书记员签名。（2）伪造篡改笔录类。故意违法办案，自己伪造篡改或指使书记员伪造篡改庭审笔录、合议庭笔录、调解笔录、和解笔录。（3）参与虚假诉讼类。明知属于虚假诉讼的不予抵制，反而利用职权，通过制造假案件、假调解、假和解等方式参与其中。（4）消极违反程序办案类。

表现为重要事实不记录、重要材料不入卷、不经过网上办案系统办案、不经合议作出裁判。

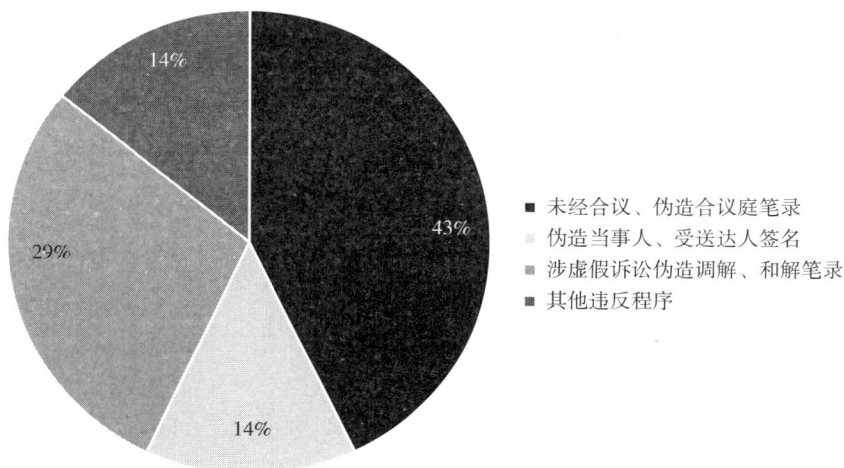

图1　判例样本中各具体失范行为占比情况

上述四类具体失范行为有诸如手段（签名）、载体（笔录或卷宗）、目的（虚假诉讼或非法目的）、过程（违反程序）之类的关系，在实践中呈现以下特征：其一，在手段方面，都利用了现行签名管理制度的漏洞，使"被署名"或"被签名"的对象蔓延至法院外的当事人或受送达人；其二，在载体方面，因形式上符合档案管理规范，对应的司法失范行为具有一定的隐蔽性。伪造签名及笔录类案件有 12 件，比重高达 85.72%；犯罪主体职务为庭长、副庭长有 8 件，占 85.14%；仅有 3 件判处有期徒刑以上刑罚，免予刑事处罚的比率高达 78.57%。

（三）司法失范之三：校核制度失灵衍生裁判文书低级错误

司法失范还体现在裁判文书方面。近年来，因上网裁判文书瑕疵和低级错误频发引发的负面舆情呈上升趋势。为此，最高人民法院于 2018 年 4 月 28 日下发《关于全面提升裁判文书质量切实防止低级错误反复发生的紧急通知》（法办〔2018〕78 号），通报了河南、河北、陕西、四川、湖北等地的负面舆情，并提出了严格落实司法责任制，加强源头治理，推广裁判文书智能纠错软件的应用、建立完善裁判文书质量管控长效机制等要求。裁判文书之所以出现诸多低级错误①，既有作风涣散和责任意识不强等人为原因，也与改革后裁判文书校准复核制度失灵（简称"校核制度"）有直接关系。

1. 校核人签名履责虚化使校核制度运行失灵。最高院《关于完善人民法院司法责任制的若干意见》（法发〔2015〕13号）规定裁判文书由法官助理草拟，文书校核由书记员负责。由于法官助理和书记员队伍素质良莠不齐，实践中草拟或制作裁判文书的可能是法官助理，也有可能是法官，而文书校核则三者都有可能参与。在裁判文书借鉴或套用现成 Word 模板的现实下，校核职责交叉替代，缺乏共同的勘误纠错目标，使"匆匆签发，草草上网"成为常态——校核人往往尚未逐字逐句阅读完文档中的文字便草草结束了流程，文书签发笺"校核人"签名栏往往无人签名或象征性地签名。这无疑增加了文书错漏风险。

2. 网上校核和电子签名加剧了制度失灵。在智慧法院建设中，网上校核与电子签名使文书校核更趋于无纸化。而智慧法院是典型的工具理性的代表，其对司法的最大威胁在于，可能"消解司法的神圣性与权威性，物化法官职业，剥夺法官的内心自由，摧毁法官的主体地位，使法官的精神家园变得荒芜"。② 在此维度下，线上校核与线下校核、无纸化校核与纸质化校核并未共同推进，在纸质卷副卷中以未加盖"本件与原本核对无异"印章的裁判文书正本代替原本的现象较为普遍。纸质原本内不保留修改痕迹，法官、书记员署名也是印刷体，而非签名，再加之裁判文书上网前缺少再次校核，使校核机制的失灵进一步加剧。

综上所述，无论是从矫正签名使用乱象出发，还是从预防审判人员渎职类犯罪及裁判文书低级错误出发，法院系统都亟待完善签名管理制度。在笔者看来，完善签名管理制度具有两层核心要义：其一，预防或矫正司法失范，落实司法责任制；其二，构建司法的责任文化，使其成为一种文化认同③。

---

① 从最高院法办〔2018〕78号文件通报来看，部分法院出现"早产""鸳鸯"裁判文书，有的法院裁判文书甚至有高达68处错误。

② 徐俊：《智慧法院的法理审思》，《法学》2017年第3期。

③ 参见吕芳：《司法责任制何以成为本轮司法改革的核心——基于司法的责任文化视角》，《人民司法》2017年第34期。

二、实践思路——签名章在公文书和卷宗材料中的合理运用

"失范"是一个社会学术语，与"规范"相对应。将美国社会学家默顿的失范理论引入司法，我国学者张倩认为，"司法失范是指司法过程中存在的因文化目标与制度化手段的不平衡而导致的司法行为与司法规则的离散状态"。① 联系上文的论述，完善签名管理制度必须强化规范指引和文化引领。笔者认为，推进审判人员签名章制度，使其在公文书和卷宗材料中得到合理运用，可视为一剂"良方"。目前，审判人员签名章已在个别法院得到推行，其使用范围还需要拓展，价值也有待于进一步挖掘。

厦门市法院系统在裁判文书落款署名中使用签名章。从 2002 年 11 月 28 日起，厦门市法院率先推出裁判文书改革，实行裁判文书正本落款签章制度，即在每份裁判文书正本落款加盖合议庭组成人员及书记员的签名章，法官的签名章由法官自己保管，亲自加盖。厦门中院院长称，这一做法在全国法院尚属首创，旨在强化法官的责任感和凸显法官的个性魅力。②

（一）审判人员签名章应定性为公务履责的专用印章

公安部《印章治安管理办法（草案）》将受规制的印章分为公章和具有法律效力的个人名章两类。依据公、私印章的分类，包含签名章、人名章在内的个人名章均属私人印章。签名章又称手签章，指的是以他人手写签名为式样，通过各种方法制作而成的个人名章③。公安部的规定并未否定自然人使用个人名章的法律效力，现实生活中它们依然大量使用于民间借贷、担保、金融、个人履职等领域。对于审判人员签名章，笔者认为，应定性为法官、法官助理、书记员和人民陪审员公务履职的专用印章。具体理由如下：

1. 在管理上，审判人员签名章参照公章进行备案管理。我国印章学有将古代衙署和官员的印章统称为官印的传统。审判人员签名章为规范司法

---

① 张倩：《中国司法失范形态及其矫正》，《哈尔滨工业大学学报》2016 年第 1 期。
② 参见郑金雄、陈强：《厦门中院：判决书加盖法官签名章》，《中国青年报》2002 年 12 月 9 日。
③ 参见林红、徐建详：《签名印章的鉴别》，《中国刑警学院学报》2010 年第 2 期。

行为而推动实施，不宜简单归入私人印章，应视为公务履职的专用印章。它所载内容虽是个人名字，但代表一种公务行为，其刻章费用由办公经费支出，管理按公章管理。当前，法院系统的审判人员签名章乃至电子签名主要是由各个法院自行备案，这与公证员签名章、司法鉴定人签名章的备案管理差异较大。此外，我国刑法对此类印章的保护也与其他国家或地区尚存差距。如在日本，公务员印章以公章论，伪造公章罪包括伪造公务机关的印章和伪造公务员的印章；我国台湾地区"刑法"中伪造盗用印章、印文或署押罪也将私人印章、签名、捺指印与公印置于同等保护地位。

2. 在功能定位上，审判人员签名章兼具彰信标识管理的法律功能。自古以来，"印章是我国表征权力和责任的信用符号"[1]，它最主要的法律功能便是"取信于人"。签名章的启用，在法院内外势必会产生一定的影响。其一，法官郑重加盖签名章，彰显印章载体所蕴含信息的确信度或确信力；其二，法官助理、书记员加盖签名章，既直观地标识自己的工作量及工作强度，也便利了当事人对经办人的识别；其三，签章即责任，签名章传递了司法责任，对工作签名章进行管理便是对审判人员进行管理。

3. 在使用范围上，审判人员签名章专用于法院公文书及卷宗材料，不做私人用途。学理上，通常以文书制作是否依职权制作为标准，将其分为公文书和私文书。[2] 包括传票、裁判文书等在内的国家法律效力实现的文书都属于公文书。实践中，为达到非法目的，不乏伪造法院传票、判决书的刑事判例，往往以伪造国家机关公文罪论处。由于法院对公文书及案件材料采取立卷归档制，纸质档案卷宗不应只有寥寥几张笔录有审判人员签名，卷宗中还应普及签名章的使用。

（二）审判人员签名章在公文书中的合理运用

在法院公文书（法律文书）上使用签名章，侧重于文书对外的公示公信力，它与文书的署名形式有关。法院的法律文书内容复杂、文种繁多，除裁判文书类以外，还有决定命令类、笔录类、报告批复类、证票类、书函类、通知类、公告类等。哪些必须加盖签名章，哪些不加盖签名章，哪

---

[1] 冯锁柱：《"印文服务"理念重塑印章生命》，《北京警察学院学报》2015年第6期。
[2] 参见毕玉谦、郑旭、刘善春：《中国证据法草案建议稿及论证》，法律出版社2003年版，第267页。

些只加盖法院印章以及在何处加盖，都应当有合理的安排。以下笔者着重从裁判文书方面进行考察。

1. 签名章运用于裁判文书改革

由于判决书浓缩了诉讼程序制度、司法制度，以及构成司法制度运作环境的各种经济、政治、文化因素①，世界各国的署名形式不尽相同。主要有以下四种：其一，以法国、比利时、荷兰等欧洲大陆国家为代表的不署名形式，即是整个法庭不具名的一致判决；其二，以美国、英国为代表的制作人署名形式，由撰写判决书的个人署名，文责自负（无须加盖公章，法官签名后便成为正式文书，审判主体置于判决书首部）；其三，以德国、俄罗斯、日本、韩国和我国台湾地区为代表的审判主体签署形式，由参加判决的全体法官包括保留特殊意见的法官署名，陪审员、书记员不署名；其四，以我国为代表的审判人员、书记员印刷体署名形式②。

法官员额制改革后，我国独特的署名形式呈现一些弊端：（1）集体署名虽然强调了亲历性，但忽略了说理主体地位和署名的精神激励，法官在细致地表达观点方面动力不足；（2）印刷体署名无法真实体现案件合议状况，无助于解决"合而不议"、无"议"式的评议问题；（3）未考虑法官助理署名及《人民陪审员法》施行后七人合议庭署名问题。为应对上述弊端，笔者认为，可借鉴制作人署名形式、审判主体签署形式中有关"文责自负"的理念，将审判人员签名章运用于裁判文书改革之中。即裁判文书首部表明审判者的人数和身份，尾部由承办法官用签名章署名"法官：XXX"，其他审判人员不署名。

2. 签名章运用于裁判文书校核常态化建设

裁判文书智能纠错和类案推送系统上线后，落实文书校核责任显得尤为重要。为此，笔者主张借鉴我国台湾地区诉讼法"法官须在传票、判决书原本内签名"的规定，将签名章运用于裁判文书校核常态化建设之中（如图2所示）。

强调签名章在裁判文书校核中的运用，并非每一次校核或每一个步骤

---

① 参见［美］哈里·爱德华兹：《爱德华兹集》，傅郁林等译，法律出版社2003年版，译序。

② 参见苏力：《判决书的背后》，《法学研究》2001年第3期。

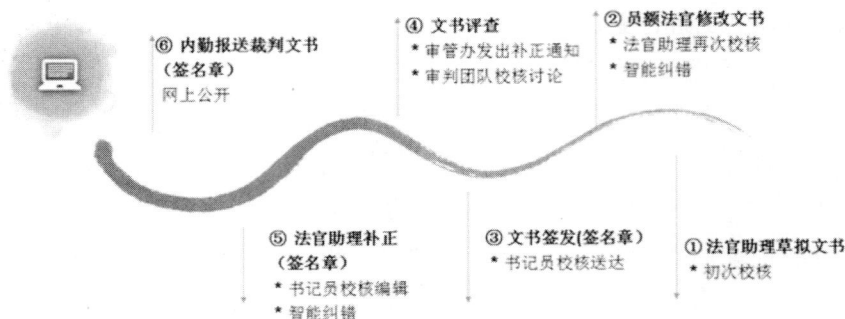

注：1.员额法官是裁判文书质量第一责任人，法官助理和书记员是共同责任人。
　　2.将签名章运用于裁判文书校核，线上校核与线下校核、无纸化校核与纸质化校核并未共同推进。

图 2　签名章在裁判文书校核常态化建设中的运用

都加盖签名章，而是通过签名章压实签名校核这一履责行为，实现线上校核与线下校核、无纸化校核与纸质化校核同步推进。

（三）审判人员签名章在卷宗材料中的合理运用

在卷宗材料上使用签名章，侧重于纸质卷宗档案的管理，对规范材料流转和文件保密有所助益。以民事简易程序案件为例，民事诉讼法司法解释第二百六十三条规定了卷宗中应当具备的材料。除裁判文书之外，书状、证据材料、卷宗材料复制品、送达回证和告知书也应加盖签名章。而且加盖签名章的同时，还应当注明接收、复制、送达、告知的时间及数目，以便利于流转或日后查阅。

三、价值分析——提升公信力、落实司法责任、责任文化认同

党的十九大报告指出，要"深化司法体制综合配套改革，全面落实司法责任制，努力让人民群众在每一个司法案件中感受到公平正义"。在这一部署下，笔者提出了本文的核心论点——配套推进审判人员签名章制度并保障其实施。虽然这一提议可能招致"印章崇拜"，但笔者仍坚信审判人员签名章具有独特的推行价值。

（一）审判人员签名章有利于整体提升法院的司法公信力

司法权威由司法拘束力和司法公信力构成。法院的司法公信力是法院

司法赢得人民群众信任和信赖的能力，这种能力直接取决于司法在拘束力、判断力、自制力和排除力方面是否能够经得起公众的信任和信赖。① 其中，司法自制力是指司法自我约束或自律的能力。推行审判人员签名章正是通过强化司法自制力来促进法院司法公信力的整体提升。

1. 能够建设"看得见"的司法公信力。"让人民群众在每一个司法案件中感受到公平正义"，需要采取一些公示公开的制度或措施。与深度运用信息化手段来建设智慧法院一样，在法律文书、卷宗材料上加盖审判人员签名章也能构建让人民群众"看得见"的公信。

2. 能够传递法官的法律信仰和法律信心等人格品质。"法官应该加入到一场特别的对话中，去倾听所有的诉怨，考虑所有利害关系人的意见并为其判决陈明理由。法官在其判决上签字实际上是向当事人保证他参加了诉讼的全过程并对判决负有个人责任，这些制度安排使我们能够认可司法权力。"② 一定程度上，整体提升法院司法公信力，要求提高法官的公信力，建设一支"有信仰、有信心、有信任"的法官队伍。法官的公信是司法公信的核心内容，有"法官的人格效应"之称③。即法官的信仰、信心等人格品质能够在司法权的运行过程中，通过加盖签名章有效地传递给当事人：（1）法官助理或书记员单纯加盖院章，法官并不能深切体会其严肃性和郑重性；（2）信仰法律的法官郑重其事地加盖签名章，以示经过了独立而审慎的思考和校核；（3）在裁判文书上签章代表法官凭借自己的法律素养，确信自己所作裁判结果的合理性，并自信其经得起检验，不会是冤假错案。

（二）审判人员签名章有利于具体落实司法责任

我国推行"让审理者裁判，由裁判者负责"的司法改革，既强调放权履职方面的积极责任，也强调办案质量终身负责及错案责任倒查问责方面的消极责任。推行审判人员签名章，能够最大限度地兼顾积极责任和消极责任。

1. 能够凸显法官办案主体地位。加盖签名章与独立签发裁判文书在突

---

① 参见郑成良、张英霞：《论司法公信力》，《上海交通大学学报》2005 年第 5 期。

② ［美］欧文·费斯：《如法所能》，师帅译，中国政法大学出版社 2008 年版，第 85 页。

③ 左明强、金旭亮：《浅谈法官的人格效应》，《政法论丛》2001 年第 6 期。

出法官办案主体方面是相通的，即便是象征或仪式意义浓厚，法官都能感受到有别于打印署名或单纯加盖院章的职业尊荣和自豪感。这能够彰显法官的魅力，促使其积极主动履责。

2. 能够界分审判团队责任。司法人员分类管理后，审判团队按"法官+助理+书记员"的模式配置，这意味着一个简易程序案件至少有3个人接触案件材料或所实施的司法行为被客观反映在卷宗内。因此，借助签名章区分职责替代或越位行为，界分审判团队内部职责显得尤为重要。

3. 能够预防和矫正司法失范行为。主要指通过强化签名章加盖行为的"警示性"，为追究违法审判责任、错案责任、案件质量责任、案件发改责任等提供依据，使责任追究由团队责任向主次责任、个人责任转变，从而达到事前预防失范行为、事后矫正失范行为的目的。

（三）审判人员签名章有利于构建司法的责任文化认同

"金玉印章文物古，丹青图画典刑存。"中国印章已有两千多年历史，是我国传统文化的瑰宝，其已经从示信走向了文化艺术。印章艺术具有物质文化和精神文化、实用价值和审美价值的双重性，凝聚着中华民族的审美体验，体现出了中华民族的文化精神风貌和中国特有的艺术魅力。① 笔者认为，作为汉字签名与现代印章设计融合的产物，审判人员签名章在传承印章文化的同时，对构建司法的责任文化认同意义重大。

1. 能够传承印章文化，服务于审判、服务于人民。首先，印章的实用功能价值决定其能够服务于人类日常生活，但由于受西方签名示信方式的影响，自民国政府时期以来私章在我国的影响日渐式微，其使用频率远低于日本和我国台湾地区。② 因此，推行审判人员签名章，从博大的印章文化中汲取营养，能够服务于审判，对印章文化的传承起到引领和示范效应。其次，遵从美学设计的签名章，能够突出为人民服务的功用价值。譬如在书记员签名章中，植入身份信息、办公电话号码元素，可便利当事人诉讼；在裁判文书后附设法官后语、判后答疑出具《判后答疑意见书》并分别由

---

① 参见刘江：《中国印章艺术史》，西泠出版社2005年版，第1页。
② 私人印章在日本分为认印、实印、银行印三种，对于正式场合使用的私人印章、官印、公务员印章，日本法律规定了印鉴证明和印影登录制度；在我国台湾地区，若要赋予认证效力，需要依据《印鉴登记办法》到户政事务所办理印鉴登记及证明。

法官、答疑主体加盖签名章。这些都能够满足人民群众日益增长的精神文化需求。最后，文化的核心是认同，"文化既是认同的加工所，也是认同的庇护所"①。推行签名章能够兼顾实现人民群众的法治认同和审判人员的职业认同，使签名章的文化传承与司法的责任文化建构相同相连。

2. 能够融入法院文化建设，营造诚信裁判和良心审判的文化氛围。签名章具有文化寓意和象征性内涵，可以作为法院文化的重要载体。其一，汉代蔡邕在《独断》中有云："玺者印也，印者信也。古者尊卑共之。"对法院而言，签名章的使用不应以职务尊卑为限，即便法院院长和财务人员刻有印章，也不能否定审判人员签名章的价值和需要。其二，法院文化是包括了价值、行为、制度以及相关物质表现等多方面内容的动态发展的综合体。② 当前各地的法院文化建设大多聚焦于价值、行为及智慧法院方面，缺少既能作用于司法实践，又能强化对责任文化情感支持的物质载体，审判人员签名章恰好可以弥补这一缺陷。其三，诚信裁判和良心审判源于罗马法时期的执法理念，这些理念与审判人员签名章的寓意高度契合，使营造诚信裁判和良心审判的法院文化氛围成为可能。

四、对策建议——构建配套推进审判人员签名章的制度体系

审判人员签名章在法院公文书和卷宗材料中的合理运用，并非简单地以签名章取代签名或将法院印章束之高阁，它的普及还需要解决一些制度障碍。相关考虑因素主要有四个方面：其一，与现行诉讼法之间的联动性；其二，与法院印章管理的一致性；其三，司法实践操作的便利性；其四，与法院文化建设的协同性。因三大诉讼法中相关规定大致相同，笔者结合民事诉讼，提出如下对策建议：

（一）从诉讼法角度确立签名章的法律地位

1. 明确签名、盖章和署名的内涵与外延。签名、盖章和署名这三个词

---

① ［英］齐格蒙特·鲍曼：《作为实践的文化》，郑莉译，北京大学出版社 2009 年版，第 36 页。
② 参见何勤华：《深化法院文化建设推进中国特色社会主义法治建设事业》，《法学》2012 年第 11 期。

语在诉讼法中较为常见。从我国《民事诉讼法》及司法解释来看，当书面确认某些事项时，诉讼参加人单独确认以及法官、书记员与诉讼参加人共同确认，法律规定的是签名或盖章；而法官、书记员单独确认时，则大多规定的是签名，仅有《民事诉讼法》第六十六条出具证据收据规定了由经办人员签名或者盖章。即便是需要由当事人及其他诉讼参加人、法官、书记员共同确认的笔录，规定也有所不同，如调解笔录（协议）规定的是"由双方当事人、审判人员、书记员签名或者盖章"，庭审笔录则分别在《民事诉讼法》第一百四十七条第一款、第三款中规定"由审判人员和书记员签名"和"由当事人和其他诉讼参与人签名或盖章"。同时，对于判决书、裁定书、调解书，法律规定的是"由审判人员、书记员署名，加盖人民法院印章"。而"署名"属于知识产权用语，除印刷体署名外是否还包括签名章署名、签字署名，尚存疑惑。综合来看，与我国台湾地区诉讼法规定"签字"略显不同，我国诉讼法没有明确签名、盖章和署名的内涵与外延，亦未禁止审判人员使用签名章。

2. 衔接裁判文书和判后答疑制度。签名章的推行与裁判文书署名形式和判后答疑制度息息相关。将法官在裁判文书原本上加盖签名章与在办案系统中签发相比，前者更能激发法官严谨钻研业务的热情以及鞭策法官的责任心。笔者建议，可探索确定如下规则：审判人员在定稿的裁判文书原本上加盖签名章；裁判文书正本落款由承办法官加盖签名章；裁判文书附设法官后语并加盖签名章；判后答疑由答疑主体出具《判后答疑意见书》并加盖签名章。

（二）一体构建法院印章和审判人员签名章并用制度

1. 出台法院印章及审判人员签名章、电子签名使用管理规定。当前，全国法院系统还没有统一的印章使用管理规定，基层法院对印章的使用管理及电子签名的运用仍然有不规范、不明确的地方。因此，以配套推进审判人员签名章制度为契机，最高人民法院应尽快出台相关使用管理规定，一体构建法院印章和审判人员签名章并用的制度。

2. 推行审判人员签名章登记备案制度。备案既是启用的前提，也是防伪管理的现实需要。实践中，已经出现了利用签名章伪造亲手签名笔迹的案件，故而审判人员签名章应当借鉴并实施比公证机关、司法鉴定机构更加严格的登记备案制度。笔者建议：法官签名章由基层法院层报最高人民法院备案，并实施动态管理，每 3 年进行一次更新；法官助理、书记员、人民陪审员签名章报省高级人民法院备案；所有签名章只有经过备案，方能启用。

（三）兼顾实践操作的便利性

签名章的推行，短期内可能对案件办理带来不便，因而还需要兼顾实践操作的便利性。这种便利性与印章设计及规则完善相关。

1. 突出印章使用的实用性。当前，随着印章文化和刻制技术的发展，市场上签名章的形式日益丰富，光敏印章、原子印章、轻型回墨印章等材料逐渐使用于签名章。因此，在审判人员签名章的款式和选材上应突出实用性。

2. 兼顾印章对人民陪审员的便利性。签名章改变了以往人民陪审员在裁判文书中的印刷体署名形式，可能会产生新的不便利或导致人章分离。鉴于人民陪审员分散性和流动性特点，可以借鉴我国台湾地区"民事诉讼法"第二百二十七条有关"因故不能签名者附记其事由"的规定，实施附记事由并完善代理签章制度。

3. 兼顾印文对当事人的便利性。由于法官助理、书记员在业务上与当事人接触频繁，为司法便民，可在他们的签名章中植入职务、办公电话号码等元素。这样既能方便当事人办事，也能强化责任意识。

（四）注重与法院文化建设的协同性

审判人员签名章为法院文化建设提供了物化载体，法文化意义显著。一定程度上可将签名章视为除法袍、法槌以外，司法过程的另一种形式化符号。为最大限度发挥"法官的人格效应"，在推进审判人员签名章制度的同时，应注重与法院文化建设的协同性。利用现有诉讼服务大厅，布置法官墙并公示签名章印文，不失为文化建设的一种方法。

回归合理办案区间：探索员额制后法官工作饱和度的"帕累托最优"

——以 W 法院民商事法官工作情况为分析样本

李　洁*

一份关于法官办案数量的"承诺书"，曾在微信朋友圈里广为"流传"。承诺书中载明："入额法官自入额之日起，在保证案件绩效和案件质量终身负责制的前提下，每年须审结案件 290 宗以上，否则接受组织处理，退出法官员额"①。这种军令状式的承诺，让各种批评纷至沓来。可是，其中的个种滋味，无法让被网络戏称为"司法民工"的法官们可以道尽。

美国管理学家、社会科学家赫伯特·西蒙在《管理行为》一书中就提到：人是有限理性人。每个人的精力和能力都是有限的，那一个法官到底一年应该办多少案件才合适？一名法官一年能够办多少案件？对于此，学术界和实务界均有所论及，但大多数还处于理论研讨的状态，并没有采用令人比较满意的实证研究。② 本文试图通过对案件审理流程各个环节的细化，选取 W 法院 36 位民商事员额法官为分析样本，采用观察、访谈、问卷调查等方式，对法官的工作饱和度进行测算。

---

* 李洁，温岭市人民法院审判员，员额法官。

① 法眼看西安：《法官的承诺书：这是违背人性和司法规律的军令状啊！》，https：//mp. weixin. qq. com/s？＿＿ biz = MzAxNDAyMzExMQ == &mid = 2652320501&idx = 1&sn = 55e1c15280f21cac8e88a86f2eb39221&mpshare = 1&scene = 23&srcid = 0522bbwu0yLzfr0 BsQmy-HrFF#rd，2017 年 5 月 20 日访问。

② 参见毛天鹏：《关于限设法官工作量的探讨》，《人民司法》2007 年第 19 期；张志铭、李学尧：《论法院人员改革：以法官职业化为指引》，《法律适用》2007 年第 1 期；陈文兴：《法官员额制度比较分析》，《天津大学学报》2008 年第 4 期；郭毅敏、闻长智、袁银平：《法官员额：理论逻辑、现实背景及制度建构》，《湖北行政学院学报》2007 年第 1 期等。

一、研究思路

（一）区分审判工作中的核心部分和辅助部分

司法权是判断权和裁量权，为此，我们可以把审判工作分为核心审判和辅助审判工作。核心审判，顾名思义，就是需要员额法官亲自完成或当场完成的需要独立决策的审判工作，它主要包括以下内容：认定事实、适用法律、依法确认和分配当事人之间的权利义务，同时也有可能会遇到一些公共政策的诉求。①

辅助审判工作，虽有一定的专业性，但由于其具有流程化、程序性等特点，对具体承办人的判断和裁决要求不高，可以交给审判辅助人员来完成。

按照审理流程中各个环节的性质，笔者认为只有阅卷、开庭审理、合议定案和制作裁判文书能归属于审判的核心工作，需要法官亲力亲为，其他环节则属于辅助审判工作。如果辅助审判工作均交由法官助理或书记员来完成，就能进一步分清法官与审判辅助人员的工作职能，能将法官从繁重的事务性工作中解脱出来，使其能专注于核心审判工作，提高工作效率，因为"劳累会引起司法裁判结果的变化"②。

（二）以基层民商事法官为分析对象

基层法院作为司法系统运转的最主要的部分，承担了绝大多数案件的一审工作，而民商事法官，则承办了大部分案件，因此，具有广泛的代表性。以 W 法院为例，2016 年共审结各类案件（刑事、民商事、行政）18202 件，其中审结的民商事案件 15723 件，占总结案数的 86.38%；一线法官人均结案 390.78 件。"基层司法运作，实际上构成中国法制建设过程的'基石'部分。故从学术角度，重构基层司法层面的'事物的内在逻辑'，变得尤为重要"③，所以本文将以最具代表性的民商事法官来作为分析样本。

---

① 参见贺小荣：《人民法院四五改革纲要的理论基点、逻辑结构和实现路径》，《人民法院报》2014 年 7 月 16 日，第 5 版。

② 李学尧、葛岩、何俊涛、秦裕林：《认知流畅度对司法裁判的影响》，《中国社会科学》2014 年第 5 期。

③ 刘星：《法学知识如何实践》，北京大学出版社 2011 年版，第 192 页。

二、研究方法与实证过程

工作饱和度源自"职业枯竭"的概念。职业枯竭，即在工作重压下的一种身心疲惫的状态、厌倦工作的感受，是一种身心能量被工作耗尽的感觉。职业枯竭可以表现为身体疲劳、创造力衰竭、价值感降低等。法官的工作饱和度就是在一定时间内法官即将达到职业枯竭的临界状态下所能办理的最多案件数。[1]

（一）分析对象的样本选取

为了保证数据的客观性和公正性，笔者从 W 法院中 57 名员额法官中，选取了从事民商事审判的 36 名法官，包括人民法庭的法官。该 36 名法官 2016 年共审结案件 11523 件，人均结案数 320.08 件，其中结案最多为 524 件。

法官不仅要经过系统的学习，而且也要有大量工作经验的积累。司法改革是要推进法官的职业化、专业化，所以在选取分析样本时，特别注重以下因素：一是从事审判工作的年限；二是法官的学历问题；三是兼顾了男女法官样本的性别平衡及年龄分布（见表 1）。

表 1　样本法官的基本情况表

性别		年龄			学历		从事审判工作年限	
男	女	30—40 岁	40—50 岁	50 岁以上	本科及以下	硕士及以上	五年以下	五年及以上
25	11	13	16	7	25	11	4	32

（二）主要的测算方法与过程

2017 年 5 月，笔者向 W 法院 36 名民商事员额法官发放了问卷调查，同时与部分被调查者进行了个别的深度访谈。在这些问卷调查和访谈中，主要是确定非审判工作时间及除庭审时间外的各类审判流程所花耗的时间。

---

[1] 参见孙玉、刘刚、童衡、乙斌、严伟晏、张奇：《基层法院民事法官案件饱和度调研报告》，《江西科技师范大学学报》2015 年第 5 期。

庭审时间的测算来源于庭审录像。笔者调取了受访法官2016年某个月全部庭审视频，通过观测视频的方式得出案件的基本情况及开庭时长。

设想的基本思路是：首先，通过法官每年可以工作的时间，减去现有体制下，法官在工作时间内需要完成的非审判任务，包括参加会议、培训和活动等时间，从理论上确定法官有效的办案时间。公式为：全年有效办案时间（以小时为单位）＝法定工作天数＊每天有效工作时间－非办案耗时。其次，通过问卷调查、访谈、视频观测等方式，计算出民商事个案的核心审判工作所需的时间。最后，民商事法官的工作饱和度（可以承担的案件数）就是全年有效办案时间除以民商事个案办理所需的时间或是除以核心审判工作所需的时间。

三、影响法官工作的因素

影响法官工作的因素很多，法官的综合素养、案件的难易程度、当事人的认知水平以及审判辅助人员的配置等均对法官的工作产生较大影响。

（一）人的因素——当事人和法官对审判的影响

1. 法官的因素

法官的业务水平、身体状况、心理素质等方面，均对其工作产生影响。

由于法官之间所接受的法学教育的层次、自我学习的自觉性、思维方式、驾驭庭审的能力、与当事人的沟通交流技巧等不同，就会影响到法官的业务能力。一般而言，审判经验丰富的法官，法学功底未必深厚；年轻法官虽然审判经验有所欠缺，但他们所接受的法学教育程度高，两者各有千秋，总体而论，法官的业务能力是大体相当的。

法官的年龄、性别、家庭、健康等状况因人而异，对法官投入工作的时间和精力有所影响。比如已结婚生子的女性法官，其所承担的社会角色更为复杂，任务更重，除了法官工作外，还需要花更多的时间和精力来照料家庭和小孩。

法官在工作中亦会面临来自各方面的压力，如何应对这些压力却成了关键。若抗压能力较弱，这不仅会破坏法官正常思维的运作，而且还会影响到法官正常潜能的发挥，使法官队伍的战斗力大打折扣。

2. 当事人的因素

当事人将纠纷起诉至法院就会有胜败，案件的结果直接影响到各方当事人的利益。如果当事人文化水平过低，识文断字有困难，或是当事人法律知识不多，对法律观点接受有限、对诉讼活动配合有限，或是刻意地去注意或忽视法律中个别法条的意思，选择性地去遗忘或放大法官的某些行为，或是无理缠诉、闹访等，都需要法官花费更多的时间去接待当事人、说法释理，诉讼效率大打折扣，无异增加了法官的工作量。

（二）案件的因素——不同案件对审判的影响

法官办案的效率，与案件的性质、难易程度等因素息息相关。

案由是由当事人诉争的法律关系所确定的。相对而言，在民商事案件中，建设工程施工合同纠纷、劳动争议等民事案件的审理较难，主要是该类案件认定事实较难，需要多次开庭审理，甚至需要现场勘查，而且鉴定概率也很高。在 W 法院，此类案件的审理期限超过 12 个月以上的就超过了4 件。

法院审理的案件千差万别，同一案由的案件的难易程度也不尽相同，适用不同的审判程序审理所花费的时间也会不同，当事人主张的权利义务越多，耗时也会越长。相对而言，适用简易程序比适用普通程序审理案件的时间会短一些。如果一个案件中出现管辖权异议、反诉、保全等情况，办案环节增多，法官的工作量就会增加，法官投入的精力会越多。民商事案件有判决、调解、撤诉等结案方式，适用到具体的案件中，调解、撤诉相对耗时少，判决结案所花费的时间较多。

（三）物质保障的因素——审判辅助人员及装备的影响

每个法院采取的组织形式各有差异，审判辅助人员的能力、敬业精神等也各有不同，对案件审理的数量、质量均有影响。优秀的审判辅助人员，能够协助法官处理日常的审判辅助工作，让法官有更多的时间和精力投入到开庭审理和制作裁判文书等审判核心工作中去，促进法官工作效率的提高。另外，审判辅助人员配置的差异也会直接影响到法官的工作效率，进而影响到法官工作量的多少。

物质装备好坏也是影响法官工作效率高低的因素之一。数字法庭系统、语音识别系统等相继运用，有些庭审全程录音录像，无需书记员到庭，可以把书记员从繁重的庭审记录中解脱出来，去完成送达、案卷整理、归档报结等审判辅助工作，相应地缩短个案的审限，从而提高审判的效率。

（四）其他因素的影响

其他因素如政治学习和会议。每位法官都需要花大量的时间去开会、学习、作笔记、参加讨论和写体会文章等；会议还分法院系统和政府各部门的会议，频繁的会议安排使法官们疲于应会，一定程度上影响审判工作的正常开展。而现在有很多会议，法官们认为与审判业务关系不大，对案件审理没有帮助，却占用了大量的工作时间。

还有为了体现司法公开，法院要举行公众开放日，邀请代表委员、各界群众来参观法院、旁听庭审等，协调、邀请工作，也会必然占用了法官一定的办案时间。当地政府的城市创建、河长巡河、问政等活动，都会要求法官参加，一定程度上影响法院正常的审判秩序。

四、法官工作饱和度测算

（一）法官理论办案时间

1. 法官标准的工作时间

为了保证与分析样本年度办案数的统一，我们选取的工作时间周期为2015年12月1日至2016年11月30日。在这一年度里，法官们的工作时间为365天－115天（休息日＋法定节假日）＝250天。除了休息日和法定节假日外，法官还享有年休假、婚假、产假、探亲假等假期的权利，考虑到婚假、产假、探亲假等假期有其偶发性，故本次调查仅考虑年休假。通过调查，受访法官大多数年休假有10天，以每天上班时间6.5小时来计算，法官的年度标准工作时间为（250－10）天＊6.5小时/天＝1560小时。

2. 非审判工作时间

法官除了办理案件外，还要参加其他的活动，如培训、会议、活动、外出公干等，为了便于统计的精确性，须将该部分时间予以排除。根据反馈，法官的非审判工作时间见表2。

表2　样本法官非审判工作时间一览表　　（单位：小时）

序号	培训	外出公干	活动	会议	共计
1	19	52	6	34	111
…	…	…	…	…	…
36	97	28	27	15	167
平均值	32.5	63.2	18.1	29.4	143.2

从表2可以看出，36名民商事员额法官的非审判工作时间约为143小时，约占年度工作时间的9.17%。由此可以得出法官年度理论的办案时间（即年有效办案时间）为年工作时间（1560小时）－非审判工作时间（143小时）＝1417小时。

（二）个案审理所需要的时间

个案所需要的时间的计算方法：

1. 根据案件的审理流程，将审判工作分为核心审判工作和辅助性审判工作。

2. 通过观测庭审录像来计算庭审平均所耗费的时间；通过访谈、问卷等方式估算其他环节所需要的平均时间。

3. 分别计算以判决、调解、撤诉为结案方式的简易程序和普通程序个案的用时、个案核心审判工作和辅助性审判工作各所花费的时间。

表3　个案审理流程及耗时一览表①　　（单位：小时）

序号	流程名称	简易程序案件平均耗时	普通程序案件平均耗时
A	阅卷②	1.5	2.85
B	送达③	1	1.2
C	财产保全④	2	2

---

① 审理流程除表格里所注明的，还包括管辖权异议、申请回避、调查取证和鉴定等内容，因这些内容在个案审理出现的频率不高，故本文仅以表格中注明的环节来计算耗时。

② 不管是核心审判工作还是审判辅助工作，都需要阅卷。

③ 这里的送达既包括起诉状副本、证据、传票等送达，也包括结案时文书的送达。

④ 这里的财产保全，仅指本地保全，外地保全的时间包含在非审判工作中外出公干所花费的时间内。

序号	流程名称	简易程序案件平均耗时	普通程序案件平均耗时
D	调解	1.5	1.5
E	庭前准备	0.8	2
F	庭审①	0.97	5.69
G	合议定案		1
H	调解、撤诉结案制作文书	0.5	0.5
I	判决结案制作判决书	1.91	6.8
J	归档报结	0.76	1.21

案情无奇不有，花费的时间也各有不同。在个案中，法官把时间主要花费在阅卷、开庭、调解、撰写裁判文书等。笔者将民商事案件分为简易程序案件和普通程序案件。

根据调查所知，阅卷、送达、庭前准备、归档报结是审判流程中的必经环节，适用于所有案件；在36名员额法官一年内所办的案件中，采用1次财产保全的占16.23%，2次及以上的占3.4%；调解1次的占62.59%，2次及以上的占8.96%；开庭审理1次的占89.34%，2次及以上的占6.79%；简易程序案件是不需要合议定案的，在普通程序中，合议1次的占90.13%，2次及以上的占3.49%；调撤率为68.93%；判决案件的占比为31.07%。②

在上表的基础上，根据某些环节出现频率的比例乘以平均耗时可以计算出这一环节平均所需的时间。将每个环节平均所需的时间进行相加就可以得出法官正常的办案时间，个案中的核心审判和辅助审判工作所需要的时间亦是如此算出。具体计算分别如下：

以判决结案的案件用时统计，其中：

简易程序：A+B+（16.23%+3.4%）C+E+（89.34%+6.79%）F+I+J≈7.13（小时）

---

① 根据36名法官某一个月的庭审录像中所记载的时间进行梳理，分别得出简易程序案件和普通程序案件开庭审理的平均耗时。

② 此处的调撤率、判决案件的占比仅指受调查法官在本文的统计时间段里所办的以调解、撤诉、判决方式结案的案件比例。

普通程序：A+B+（16.23%+3.4%）C+E+（89.34%+6.79%）F+G+I+J≈20.92（小时）

如果法官仅负责案件核心审判任务的话，则其个案所需的平均用时分别如下：

简易程序：A+（89.34%+6.79%）F+I≈4.37（小时）

普通程序：A+（89.34%+6.79%）F+G+I≈11.93（小时）

而个案的辅助性审判工作所需要的时间为：

简易程序：A+B+（16.23%+3.4%）C+E+J≈4.26（小时）

普通程序：A+B+（16.23%+3.4%）C+E+J≈7.65（小时）

以调解结案的个案所需平均用时分别如下：

简易程序：A+B+（16.23%+3.4%）C+（62.59%+8.96%）D+H+J≈4.75（小时）

普通程序：A+B+（16.23%+3.4%）C+（62.59%+8.96%）D+G+H+J≈7.75（小时）

如果法官仅负责案件核心审判任务的工作，则其审理个案所需的平均用时分别如下：

简易程序：A+H=2（小时）

普通程序：A+G+H=4.35（小时）

而个案的辅助性审判工作所需要的时间为：

简易程序：A+B+（16.23%+3.4%）C+（62.59%+8.96%）D+J≈4.73（小时）

普通程序：A+B+（16.23%+3.4%）C+（62.59%+8.96%）D+J≈6.73（小时）

以撤诉结案的个案所需平均用时分别如下：

简易程序：A+B+（16.23%+3.4%）C+H+J≈3.99（小时）

普通程序：A+B+（16.23%+3.4%）C+G+H+J≈6.49（小时）

如果法官仅负责案件核心审判任务的工作，则其审理个案所需的平均用时分别如下：

简易程序：A+H=2（小时）

普通程序：A+G+H=4.35（小时）

而个案的辅助性审判工作所需要的时间为：

简易程序：A+B+（16.23%+3.4%）C+J≈3.65（小时）

普通程序：A+B+（16.23%+3.4%）C+J≈5.65（小时）

W法院2016年简易程序适用率为71.92%，凭此可得出，在目前的人员配置情况下，个案审理平均所需时间分别如下：

以判决结案：7.13＊71.92%+20.92＊（1-71.92%）≈11.00（小时）

以调解结案：4.75＊71.92%+7.75＊（1-71.92%）≈5.59（小时）

以撤诉结案：3.99＊71.92%+6.49＊（1-71.92%）≈4.67（小时）

如果法官仅负责案件核心审判任务的工作，则其审理个案平均所需时间如下：

以判决结案：4.37＊71.92%+11.93＊（1-71.92%）≈6.49（小时）

以调解结案：2＊71.92%+4.35＊（1-71.92%）≈2.66（小时）

以撤诉结案：2＊71.92%+4.35＊（1-71.92%）≈2.66（小时）

与此同时，个案的辅助性审判工作所需要的时间为：

以判决结案：4.26＊71.92%+7.65＊（1-71.92%）≈5.21（小时）

以调解结案：4.73＊71.92%+6.73＊（1-71.92%）≈5.29（小时）

以撤诉结案：3.65＊71.92%+5.65＊（1-71.92%）≈4.22（小时）

（三）工作饱和度计算

本文将工作饱和度，即法官可以承担的办案量，分为法官审判工作量和法官核心审判工作量。根据"法官审判工作量＝年有效办案时间/个案办理的时间"和"法官核心审判工作量＝年有效办案时间/个案核心审判工作所需的时间"这两个公式，可以得出：

法官审判工作量＝1417/［11＊31.07%+（5.59+4.67）＊68.93%］≈135（件）

法官核心审判工作量＝1417/［6.49＊31.07%+（2.66+2.66）＊68.93%］≈249（件）

因此，可以得出一个理论数值为：民商事法官每年可能办理的案件数在135至249件之间。而核心审判工作所需时间与辅助性审判工作所需时间比约为1：1.25。

（四）饱和度数据的比较

1. 与法官自认的饱和度数值比较。被调查的 36 名法官认为的饱和度数值见表 4，可见，在 36 名法官中，认为年工作饱和度数量最多的是 350 件，最少为 100—150 件，63.89% 的法官认为 150—200 件是最合理的，与预测的数值大体相当。

表 4 样本法官自认案件饱和度统计表

件数	100 件以下	100—150 件	150—200 件	200 件以上
人数	0	9	23	4
比例	0	25%	63.89%	11.11%

2. 与法官实际结案数的比较。被调查的法官工作饱和度均远超过预测。由此可见，基层民商事法官大多长期处于"白加黑、五加二"的超负荷工作状态，加班加点是家常便饭。36 名法官 2016 年平均每月加班共计 1440 小时，平均每人每月加班 37.33 小时，平均每人全年加班 448 小时。另外，36 名法官中只有 6 人在 2016 年有过年休假。

那么，为什么会出现这种情况呢？笔者分析原因主要有：

（1）诉讼案件动态变化与法官数量不匹配。2015 年 5 月 1 日开始实施的立案登记制，使更多的案件涌入法院，以 W 法院为例，2015 年至 2016 年，分别受理各类案件 23732 件、35211 件，同比分别上升了 18.67% 和 53.64%，2017 年 1—4 月，就已经受理了 11389 件，同比上升了 35.16%，而与此同时法官数量却没有增加，反而因辞职、调离及员额制改革等原因而减少。

（2）审判辅助人员力量不足。虽然在员额制改革的影响下，相当一部分法院已形成了"一审一书""一审一助一书"的法官+审判辅助人员的配置模式，但还有一些法院因审判辅助人员缺乏，往往一个法官助理或书记员要协助 2—3 名法官开展审判工作，工作量超大，不能达到减轻法官工作量的理想预期。

五、审判辅助人员的配置

如前文所分析，民商事法官长期处于超负荷的工作状态下，这既有客观原因，也有人为因素，那么，如何才能改变这种现象呢？除了要提高法官的综合素质，创新和完善管理制度和提高法官的职业保障水平等外，要想让法官们能够有着理想中的工作量，实现人力资源学上的"帕累托最优"，则须进一步加强审判辅助人员的配置。

所谓"帕累托最优"，指的是资源分配的一种理想状态，即假定固定的一群人和可分配的资源，从一种分配状态到另一种状态的变化中，在没有使任何人境况变坏的前提下，也不可能再使某些人的处境变好。① 在司法诉讼领域"帕累托最优"是指在有限的审判资源下，通过合理配置，主要是配置司法工作人员，实现法院工作，特别是诉讼效益最大的状态。② 因此，一个较为现实的方案应当是适当压缩司法行政人员的数量，再尽量增加一些审判辅助人员，唯有在这样的前提下，才能保障法官仍可应对不断增长的纠纷，维持司法系统的有效运作。③

审判辅助人员是指协助法官履行审判职能的人员，包括法官助理、书记员等。配置相应的审判辅助人员，可以使法官从繁琐的程序性工作中解脱出来，专门解决实体性问题。

笔者认为，根据具体的职责是否需要相应的司法专业能力，可以将辅助人员分为两大类：一类是从事审判技术性工作，另一类做纯粹的审判事务性工作。审判技术性工作主要为制作阅卷笔录、庭前准备、组织庭前调解、财产保全、文书制作（草拟、核对裁判文书）等；审判事务性工作主要包括送达、庭前准备、文书制作（文书印刷、盖章）、归档报结等。

审判技术性工作可由法官助理来承担，审判事务性工作可由书记员来做。不同的工作职责对任职条件及工作能力有不同的要求，应当区别管理。法官助理一般可从法学专业本科及以上学历，通过司法考试的人员中予以招录，并成为今后法官队伍的"后备军"。而书记员的要求则稍低点，重要在于速记等职业技能的考量，可面向社会公开统一招录，再经过专业技能培训

---

① 《帕累托最优状态》，http://www.economicdaily.com.cn/a/201408/45376.html，2017年5月20日访问。

② 参见李锋、任金花：《"1+1+1"审判模式的经济学分析》，《当代学术论坛》2013年第10期。

③ 参见王静、李学尧、夏志阳：《如何编制法官员额——基于民事案件工作量的分类与测量》，《法制与社会发展》（双月刊）2015年第2期。

合格后，录用为司法雇员。经过规范的聘用程序和严格的考核机制，司法雇员可实行分级序列化管理，按照三级九等逐级晋升（初、中、高三级，每级分一、二、三等）①，并据此享有相应的工资待遇。

那如何配置审判辅助人员，既能提高法官的工作量，又不浪费审判资源，以实现"帕累托最优"？笔者认为，在员额法官数量固定的前提下，基于上述工作饱和度的测算，一个法官合理工作量区间为（135，249），而增加 1 名审判辅助人员能将法官的结案数提高 1 倍，增加 2 名审判辅助人员会比增加 1 名再提高约 20%—30% 的效率；然而，增加 3 名以上审判辅助人员，不但不会促使法官工作量增加，反而造成人浮于事的司法资源浪费。这种人力资源配置所达到的审判效益，呈倒 V 字形趋势发展，也就是达到最合理的资源配置状态之后，继续增加人力资源的投入，会使得审判效益递减。② 因此，笔者觉得增加审判辅助人员在（1，2）这个区间内是比较合理的，即形成我们通常所说的"一审一书"或是"一审一助一书"的审判单元配置模式。

六、结语：构筑动态的法官工作饱和度的测算过程

司法体制改革的目标是为了让人民群众在每一个司法案件中都能感受到公平正义。为了缓解法官职业枯竭，脱离超负荷的工作状态，促使人民群众能体会到公正高效的司法实践，那么测算法官工作饱和度，就确实很有必要。

本文遵照民商事审判流程，将审判工作分成核心审判和辅助性审判工作两部分，依据量化测算的方式，试图为法官工作饱和度测算提供一种实质的参考。然而，笔者也注意到，法官工作饱和度测算是一个动态发展的过程，司法制度改革、法院辖区内经济发展水平、人们法律意识的提高等，都会影响着法官工作饱和度的变化。

---

① 参见孟焕良：《浙江司法雇员招录开考》，《人民法院报》2017 年 5 月 8 日，第 1 版。
② 参见缪伟奋：《回归合理办案区间：探索法官员额制下审判单元的"帕累托最优"——以 G 市 B、T 区法院审判单元配置为实证分析》，《尊重司法规律与刑事法律适用研究》，人民法院出版社 2016 年版，第 284 页。

　　另外，本文采用问卷调查的方式，以受访法官对审判各个环节工作量的自我估算来确定工作饱和度，虽有一定的参考价值，但还有一定的提升空间。总而言之，构建一个动态的法官工作饱和度测算过程，才能达成法官工作的"帕累托最优"！

附　录

民商事员额法官工作饱和度调查表

一、法官的基本情况

1. 性别：

A. 男　B. 女

2. 年龄：

A. 30 岁以下　B. 30—40 岁　C. 40—50 岁　D. 50 岁以上

3. 学历：

A. 本科以下　B. 本科　C. 硕士　D. 硕士以上

4. 参加工作年限：

A. 10 年以下　B. 10—15 年　C. 15—20 年　D. 20 年以上

5. 从事审判工作的年限：

A. 5 年以下　B. 5—10 年　C. 10—15 年　D. 15—20 年

E. 20 年以上

6. 2015 年 12 月 1 日至 2016 年 11 月 30 日，你办了_____件民商事案件，判决了_____件，调解了_____件，撤诉了_____件。

7. 2015 年 12 月 1 日至 2016 年 11 月 30 日，你有没有加班完成工作任务？

A. 没有　B. 有，每月_____小时

8. 2015 年 12 月 1 日至 2016 年 11 月 30 日，你有没有休过年休假？

A. 没有　B. 有

二、法官工作饱和度测算的项目及耗时调查

9. 你认为影响法官工作的因素有哪些？

A. 人为因素（包括法官自身的业务水平、身体状况、心理素质等因素，也包括当事人的因素）

B. 案件的因素（包括案件的性质和难易程度等）

C. 物质保障的因素（包括审判辅助人员、机器设备等）

D. 其他因素（请注明）

10. 你认为民商事案件的审判流程包括哪些？

A. 阅卷　B. 送达　C. 财产保全　D. 调解　E. 庭前准备

F. 开庭审理　G. 合议定案　H. 裁判文书制作　I. 归档报结

J. 其他（请备注）

11. 你认为民商事案件审判的核心工作包括哪些？

A. 阅卷　B. 送达　C. 财产保全　D. 调解　E. 庭前准备

F. 开庭审理　G. 合议定案　H. 裁判文书制作　I. 归档报结

J. 其他（请备注）

12. 你认为民商事案件审判的辅助工作包括哪些？

A. 阅卷　B. 送达　C. 财产保全　D. 调解　E. 庭前准备

F. 开庭审理　G. 合议定案　H. 裁判文书制作　I. 归档报结

J. 其他（请备注）

13. 你认为哪些是民商事案件审判流程中的必经环节？

A. 阅卷　B. 送达　C. 财产保全　D. 调解　E. 庭前准备

F. 开庭审理　G. 合议定案　H. 裁判文书制作　I. 归档报结

J. 其他（请备注）

14. 你认为哪些项目属于非审判工作，分别占用了多少时间？

A. 培训＿＿＿小时　B. 会议＿＿＿小时　C. 活动＿＿＿小时

D. 外出公干＿＿＿小时　E. 其他（请备注）＿＿＿小时

15. 在个案的审理过程中，阅卷花费了多少时间？

A. 简易程序案件＿＿＿小时　B. 普通程序案件＿＿＿小时

16. 在个案的审理过程中，送达花费了多少时间？

A. 简易程序案件＿＿＿小时　B. 普通程序案件＿＿＿小时

17. 在个案的审理过程中，庭前准备花费了多少时间？

A. 简易程序案件＿＿＿小时　B. 普通程序案件＿＿＿小时

18. 在个案的审理过程中，归档报结花费了多少时间？

A. 简易程序案件_____小时　B. 普通程序案件_____小时

19. 在个案的审理过程中，制作民事调解书和撤诉裁定书花费了多少时间？

A. 简易程序案件_____小时　B. 普通程序案件_____小时

20. 在个案的审理过程中，写判决书花费了多少时间？

A. 简易程序案件_____小时　B. 普通程序案件_____小时

21. 在个案的审理过程中，是否要采取财产保全措施？如果有，在个案中会出现几次，分别花费了多少时间？

简易程序案件：A. 不需要　B. 1次_____小时

C. 2次及以上_____小时

普通程序案件：A. 不需要　B. 1次_____小时

C. 2次及以上_____小时

22. 在个案的审理过程中，当事人是否同意调解？如果同意，法官会组织几次调解，每次调解各花费了多少时间？

简易程序案件：A. 不同意调解　B. 1次_____小时　C. 2次及以上_____小时

普通程序案件：A. 不同意调解　B. 1次_____小时　C. 2次及以上_____小时

23. 在开庭审理的案件中，会开几次庭，每次开庭各花费了多少时间？

简易程序案件：A. 1次_____小时　B. 2次及以上_____小时

普通程序案件：A. 1次_____小时　B. 2次及以上_____小时

24. 普通程序的案件需要合议定案，在个案审理的过程中，会合议几次，每次需花费多少时间？

A. 1次_____小时　B. 2次及以上_____小时

25. 如果有未注明的调查项目，你可予以补充，并注明该项目所花费的时间。

三、法官对工作饱和度测算的期许

26. 你认为法官工作饱和度为_____件。

27. 你认为多少范围内的法官工作饱和度是最合理的？

A. 100 件以下　B. 100—150 件　C. 150—200 件　D. 200 件以上

28. 你认为法官超负荷工作的原因是什么？

A. 诉讼案件的不断增多　B. 法官的数量未增加或者减少

C. 审判辅助人员缺乏　D. 其他（请注明）

29. 你认为影响法官工作饱和度变化的原因有哪些？

A. 司法体制（包括诉讼体制、员额制等）改革

B. 法院辖区内社会经济的发展水平、地域特点

C. 人们法律意识的提高，用法律的武器来维护自身的权益

D. 其他（请注明）

30. 你认为如何使法官工作饱和度回归到合理区间？其中最主要的措施有哪些？

A. 提高法官的综合素质　B. 创新和完善管理制度

C. 提高法官的职业保障水平　D. 增加审判辅助人员

E. 其他（请注明）

【司法改革与实务】

涉侨纠纷多元化解机制探析

崔永东*

一、多元化纠纷解决机制的概念、性质和意义

多元化纠纷解决机制（或纠纷多元化解机制），也称非诉讼纠纷解决机制或替代性纠纷解决机制，英文为 Alternative Dispute Resolution（简称 ADR），起源于美国，是各种非诉讼纠纷方式的统称。其特点在于替代性、选择性和当事人的自主性。"它是各种不违背法律强制性规定的，由纠纷双方当事人自主选择并控制的，主要是替代诉讼程序解决民事纠纷的方式方法的总称。"[1] "非诉讼纠纷解决方式的方法多种多样，但总的来说，大致有如下特点：一是替代性，是对司法审判的替代；二是选择性，其解决程序依据当事人自主合意和选择而启动；三是合意性，其解决过程主要是通过促成当事人妥协与和解来解决纠纷；四是保密性，纠纷解决过程的参与人一般不得透露关于纠纷的各种信息，而且纠纷的处理过程一般也不公开进行。"[2]

---

* 崔永东，华东政法大学中国法治战略研究中心常务副主任、司法学研究院院长、教授、博士生导师。

[1] 侯怀霞等：《纠纷解决及其多元化法律问题研究》，法律出版社 2015 年版，第 100 页。
[2] 侯怀霞等：《纠纷解决及其多元化法律问题研究》，法律出版社 2015 年版，第 101 页。

美国学者弗莱彻指出："虽然从表面看，替代性纠纷解决办法是一个有序的体系，但事实上它是一组供当事人任意选择用来避免对抗性诉讼的办法。"① 美国 ADR 法对 ADR 的定义是：替代性纠纷解决方法包括任何法官审判以外的程序和方法。在这种程序中，通过诸如早期中立评估、调解、小型审判和仲裁等方式，中立第三方在讼争中参与协调解决纠纷。

国内学者也把"非司法性"当成多元化纠纷解决机制的基本特点之一："ADR 具有非司法性或者非正式性，帮助解决纠纷的第三者的身份不是职业法官，而是律师、退休法官或者专业人员；解决纠纷的依据可能是实体法以外的社会道德和习惯，具有较大的弹性和交易空间；ADR 的程序并不严格，体现了很大的灵活性和自由度；通过 ADR 获得的结果，一般不具有强制执行力（仲裁裁决除外），如果当事人对结果不满意，就可以行使诉讼权利。"②

其实，"非司法"之"司法"是指国家司法而言，但这种由第三方居中主导的解决纠纷的活动又带有"准司法"的性质，或谓"社会司法"，即社会组织或者个人利用社会规则进行的化解纠纷的活动。"社会司法"这一概念最早由西方法律社会学派所提出，其含义是指社会组织根据"活法"（社会规则）来进行的解决纠纷的活动，它与"国家司法"的概念是相对的。国家司法是指国家司法机关适用国家制定法来解决纠纷的活动。由此可见，多元化纠纷解决机制的"非司法性"确实是一个重要特点，另外，合意性、选择性、替代性等也是其特点。

在笔者看来，非司法、非诉讼的纠纷解决方式古已有之，是中国源远流长的一大传统。古代中国人秉持儒家"和为贵"的价值理念，注重通过"调处"（调解）的方式来化解纠纷，达到社会和谐。宋代以来的调解主要有三种类型，一是官府调解（类似于今日的司法调解），二是民间调解（靠宗族组织、村落组织和行会组织进行调解），三是官批民调（对特殊类型的案件由官府批转给民间调解组织加以解决）。这种非司法的纠纷解决方式在整合民间社会秩序方面发挥了极大作用，从古代中国到近代中国，我们可以

---

① 宋冰：《程序、正义与现代化》，中国政法大学出版社 1998 年版，第 420 页。
② 尚洪立主编：《司法改革前沿问题研究》，人民法院出版社 2011 年版，第 108 页。

看到这样一幅图景：无论上层社会如何动荡，政权如何更迭，下层社会秩序基本稳定，社会结构仍维系原状。时至今日，我们从"枫桥经验"中也能寻觅到它的影子。

根据《人民日报》的记载，在1963年的社会主义教育运动中，枫桥干部群众总结汇报了依靠群众加强专政的经验："在对敌斗争中，对于一小撮阶级敌人，凡是应该捕的、必须捕的，要坚决捕起来；可捕可不捕的一律不捕；要发展群众开展说理斗争，制服敌人，就地监督、改造，矛盾不上交。这个经验得到伟大领袖和导师毛主席的肯定和赞扬。"① 后来，人们将枫桥经验的基本内容概括为："小事不出村，大事不出镇，矛盾不上交，就地化解矛盾。"

化解矛盾的主要途径是调解，如在枫桥乡村设立社区警务室，警务室配有专门的调解委员会，调解员不但有警察，还包括人大代表、政协委员、德高望重的老人和口碑好的企业家等。"双方当事人可选择一致认可的调解委员，'用以主持公道'。调解成功的关键，在于调解人员的公正和威望，而调解的依据有二：一是法，二是乡村社会认可的理。"② 这里的"理"正是一种传统的社会规则，类似于西方法律社会学派的"活法"，而调解就是运用活法进行的化解纠纷的活动，即所谓"社会司法"。可以说，社会司法这种非诉讼的纠纷解决方式，是枫桥经验的主要特色和基本内容。

多元化纠纷解决机制体现了对个人权利的尊重、对社会自治的推崇，带有明显的人道精神。正如学者所论："多元化纠纷解决机制的基础在于对当事人意思自治的尊重和保障，而意思自治本身内含着个人本位、权利至上的价值取向，或者说意思自治的存在和发展有赖于以个人本位和权利本位为制度的价值取向的法治社会。"③

另有学者指出："多元化纠纷解决机制的建立及其实施，就是通过赋予纠纷当事人纠纷解决方式的选择权，保障了当事人作为主体的自由……。此外，这也是对其人格尊严的尊重。所以，只要不损害他人，就应当存在不同的纠纷解决方式，并真正给予当事人各种纠纷解决方式的选择权。从纠纷解

---

① 《高举毛主席树立的枫桥红旗，依靠群众加强专政》，《人民日报》1977年12月21日。
② 《"枫桥经验"：岁月洗礼，魅力依然》，《浙江日报》2009年9月24日。
③ 季金华：《意思自治原则的成长与法治社会》，《南京师大学报》2000年第1期。

决的结果来看，给予纠纷当事人以解决方式的选择权，不仅对于纠纷的解决本身有好处，而且这种选择权作为一种程序性权利，本身就是对纠纷主体人格的尊重。"① 上述话语均强调了对当事人的自治、自主、自由以及个人权利的尊重，凸显了人道精神，揭示了多元化纠纷解决机制的人道取向。

2014年，中共十八届四中全会通过的《关于全面推进依法治国若干重大问题的决定》指出："健全社会矛盾纠纷预防化解机制，完善调解、仲裁、行政裁决、行政复议、诉讼等有机衔接、相互协调的多元化纠纷解决机制。加强行业性、专业性人民调解组织建设，完善人民调解、行政调解、司法调解联动工作体系。"② 这是中共决策层对多元化纠纷解决机制的全面肯定，并且将其放到依法治国的战略层面来看待了。近年来，中国的最高司法机关也很重视多元化纠纷解决机制的推广，已经有了一些成功的举措。2016年，最高人民法院出台了《关于人民法院进一步深化多元化纠纷解决机制改革的若干意见》。2018年3月，在第十三届全国人民代表大会上，最高人民法院院长周强所作的《工作报告》指出："坚持和发展'枫桥经验'，完善矛盾纠纷多元化解机制，为人民群众提供线上与线下结合、诉讼与调解对接的司法服务。"相信未来多元化纠纷解决机制在司法领域和社会治理领域将发挥更大的作用。

多元化纠纷解决机制不仅具有人道性，还具有正义性。论者对此发表了如下看法："法律虽然是最具正当性的标准，但是在调解过程中，道德、常识、社会普遍的规范意识以及习惯和惯例也可能成为解决纠纷的标准，从而得到符合实际情况的解决。这种符合实际情况的解决符合实质正义的要求。"③

多元化纠纷解决机制作为一种非诉讼的解决纠纷的形式，不仅在西方社会备受推崇，而且也是中国的一大悠久传统，它深深植根于我们民族文化的土壤之中，契合于我们民族的文化心理结构，无论是在古代还是在当代社会中，无论是"调处"还是"枫桥经验"，都对维护社会秩序、促进人际关系

① 侯怀霞等：《纠纷解决及其多元化法律问题研究》，法律出版社2015年版，第70—71页。
② 《中共中央关于全面推进依法治国若干重大问题的决定》，人民出版社2014年版，第29页。
③ 尚洪立主编：《司法改革前沿问题研究》，人民法院出版社2011年版，第114页。

的和谐发挥了重要作用，其自治性、自主性、合意性、选择性和正义性洋溢其中，体现了一种制度设计的"温情"和社会治理的"柔性"，凸显了一种人道价值取向，因而也就具有了超越时空的价值和意义。它不仅在本土对化解民间纠纷发挥了重要作用，而且在异域也被发扬光大，对解决涉侨纠纷也显示了非凡的意义，在一定程度上推动了中国社会治理经验的国际化。

二、涉侨纠纷多元化解机制的探索与导向

2018年3月，最高人民法院与中华全国归国华侨联合会联合发布了《关于在部分地区开展多元化解涉侨纠纷试点工作的意见》，是我国最高司法机关公布的首个关于涉侨纠纷多元化解机制的规范性文件，对今后的司法工作具有重要指导意义。该文件强调了试点工作的意义："开展涉侨纠纷多元化解试点工作，对于维护归侨侨眷合法权益和海外侨胞正当权益，保障'一带一路'建设、参与国际规则制定、提升纠纷解决国际话语权具有重要意义，有利于推动完善中国特色多元化纠纷解决体系。"

该文件还提出了健全调解组织的要求："各级侨联组织应当广泛吸纳归侨侨眷和各类专业人员加入人民调解组织。有条件的地区可以探索建立具有民办非企业单位性质的涉侨纠纷调解中心。依托现有调解组织、法院特邀调解组织和诉调对接中心等，吸收归侨侨眷和各类专业人员担任调解员。涉侨调解组织可以在婚姻家庭、相邻关系、小额债务、劳动争议、物权争议、工程承包、投资、金融、知识产权、国际贸易等领域提供调解服务。涉侨调解组织应当注重完善调解保密制度，总结推广成功调解经验，培养专业调解人才，积极开展与域外调解组织的交流。"

该文件还要求涉侨调解组织加强横向合作："各级侨联及涉侨调解组织要与人民调解组织、商事调解组织、行业调解组织、仲裁机构、公证机构等建立和完善对接机制。与高等院校、科研机构加强合作，在人员培训、业务拓展、工作协同等方面发挥各自优势、互相提供支持、服务创新驱动发展战略、乡村振兴战略、区域协调发展战略、'一带一路'建设等国家重大发展战略。"

该文件还就提升科技应用提出要求："各级侨联组织应当积极应用移动

互联网、人工智能等现代科技，便利归侨侨眷和海外侨胞参与纠纷解决。各级侨联及涉侨调解组织要积极开发和应用信息化系统，建立纠纷在线解决平台，鼓励和引导当事人、调解员在线解决纠纷。积极探索与人民法院相关信息系统建立关联，依法推动调解过程中形成的有关证据、正义焦点、调解理由、无争议事实等材料与诉讼程序有序衔接，切实减轻当事人诉累，公正高效解决纠纷。"

在涉侨纠纷多元化解机制的司法保障方面，该文件也提出要求："试点地区人民法院要加强与侨联组织的沟通协调，引导当事人优先选择非诉讼方式解决涉侨纠纷，鼓励当事人即时履行调解协议。人民法院要完善涉侨案件诉调对接机制，积极吸纳涉侨调解组织和调解员加入人民法院特邀调解组织和特邀调解员名册。对于当事人起诉到人民法院适宜调解的涉侨纠纷或案件，人民法院可以通过委派或者委托调解，由涉侨调解组织和调解员先行调解。经人民法院委派或者涉侨调解组织调解达成协议，当事人申请司法确认的，人民法院应当依法确认调解协议效力。"

上述文件具有重要的导向作用，它不仅在国际上展示了中国的法治形象和社会治理的水平，而且彰显了法治领域的中国经验和中国智慧，提高了中国在全球治理中的话语权。它不仅凸显了国家对海外侨胞的责任与关爱，也体现了国家对海外侨胞合法利益的维护与保障。它使中国本土的社会治理方式延伸到域外，通过多元化解纠纷机制助推华侨自治，彰显了华侨自主选择、自律自正的力量，体现了祖国对侨胞人格尊严的尊重与正当权益的维护。"功夫在国内，影响在国际。"涉侨纠纷多元解决机制的逐步完善，将不断提高中国的国际竞争软实力，为在国际上讲好法治、德治与自治领域的"中国故事"打下良好的基础，为中国社会治理经验的国际化、为构建人类命运共同体、为推进"一带一路"建设不断书写华丽的篇章。

各地法院在涉侨纠纷领域也进行了有益的探索，如浙江省青田县法院与县侨联、侨办、司法局等共同搭建了综合性涉侨法律服务平台，建立了司法资源互通共享的机制。同时还设立"在线矛盾纠纷多元化解平台"，实现在线化解涉侨纠纷，以减轻当事人讼累。河南省永春县人民法院与县侨联还出台了《关于建立涉侨维权工作下衔接互动机制的实施意见》，并搭建涉侨维权平台，构建涉侨纠纷诉调对接工作机制，形成了侨联诉前调解为主、诉讼调解为辅、法院侨联共同调解的纠纷化解机制。该县法院还与侨联成立了法律顾问委员会，聘请侨联工作者、海外侨胞同乡会成员为特邀调解员参与涉侨纠纷调解。浙江省温州市瓯海区人民法院设立了"在线矛盾纠纷化解平台"，涉侨纠纷的双方当事人经过人脸识别和身份确认后，与法院特邀调解员进行三方"面对面"的视频调解，效果很好。2018年5月，江苏省高级人民法院与省侨联联合下发《关于侨联组织和特邀调解员协助调解涉侨民商事纠纷案件的意见》，在全省范围内建立了涉侨民商事纠纷案件诉调对接工作机制，强化诉前调解，在尊重当事人意愿的前提下，由特邀调解员在立案前开展调解工作。上述做法均收到了预期的成效，得到了当事人及其家属的认可和广大侨胞的高度评价。

三、文成县人民法院的创新实践及其启示

在涉侨纠纷多元化解机制的建设与运行方面，浙江省文成县人民法院的探索尤其值得注意。2017年5月24日，华东政法大学中国法治战略研究中心邀请文成县人民法院院长朱鹏鸣作了主题为"涉侨多元纠纷解决机制"的讲座（"华政智库名家讲坛"系列），系统介绍了该法院近年来致力于构建涉侨多元纠纷解决机制的各种举措。

朱鹏鸣院长先是简要介绍了文成县历史。文成县处于独特的地理位置和文化传统，该县旅居海外的华侨人数众多，是浙江省著名的侨乡，华侨遍及意大利、德国、法国、西班牙等国。全县侨眷约17万人，占总人口一半以上。朱鹏鸣院长指出，上述状况使该县民事纠纷多有涉外因素，也为案件的审理和执行带来了诸多难题。主要表现为：一是涉诉华侨参与诉讼的时间长、成本高，造成华侨在纠纷发生时选择打官司的比例不高，华侨"打官司难"成为关系该县稳定团结的重要问题；二是自2006年起，该县法院受理的涉侨案件逐步增多，而审理涉侨案件的程序繁杂、审理期限长、判决执行效果不理想，涉侨案件审理成为制约该院审判工作开展的软肋；三是部分华侨未经正规渠道旅居海外，当地使领馆难以掌握其行踪，造成送达和执行工作无法开展。

针对上述情况，朱鹏鸣院长介绍了该县利用多元纠纷解决机制解决涉侨

纠纷的经验。他指出，文成县人民法院借助海外华侨自发形成的纠纷调解机制，建立了向海外延伸的多元纠纷解决机制，主要措施有：一是在海外商会成立调解委员会，调解委员会接受该县法院委托后，针对涉及该县海外华侨的案件开展调解；二是在国外华侨聚居地设立特邀海外调解员，海外调解员由具有较高声望或专业法律知识的该县华侨担任，现有海外调解员4人，联络员15人，形成了以意大利米兰、罗马为中心、覆盖意大利主要城市的海外纠纷解决网络。海外调解员负责协助网上立案，指导当事人通过网络系统提交诉讼材料，见证诉讼授权委托，协助送达，协助远程海外开庭，协调当事人自愿履行判决等。

朱鹏鸣院长认为，海外纠纷调解机制的建立对该县涉侨案件审理难题的解决起到了立竿见影的效果。海外纠纷调解机制首先是解决了该院的送达难题，使该院避免了国际司法协助渠道的繁杂程序，送达时间由8个月减少到2天，基本解决了使领馆未掌握当事人行踪而难以送达的问题，公告送达数量大幅下降；见证授权委托、网络立案和开庭指导等活动的开展极大减轻了当事人的负担；通过调解员说服当事人履行判决也极大提高了判决的履行率。该纠纷解决机制自形成起，协助文成县人民法院调解涉侨纠纷280余起，自行调解纠纷500余起，协助送达400余次，帮助文成县人民法院在尊重他国主权的前提下将其纠纷解决的触角延伸至该县华侨的聚居地，有效解决了涉侨纠纷的诉讼难、审理难问题。在已有成效的基础上，浙江省文成县人民法院拟进一步推进海外多元纠纷调解机制建设，主要做法是将多元纠纷调解机制的覆盖范围从民事纠纷调解向商事纠纷调解延伸，从调解向其他诉讼活动延伸。

朱鹏鸣院长表示，该院做法获得了国内外的广泛关注，该县县委借鉴县法院经验，决定设立"海外事务中心"，负责处理婚姻、护照等行政事务以及涉侨纠纷调解等，并将海外事务中心的建立作为该县2018年深化改革重点项目推进。最高人民法院、浙江省高级人民法院以及中国侨联等机构多次对该项改革进行调研，最高人民法院院长周强专门作出批示，新华日报等海内外报纸也予以专门报道。当然，海外纠纷调解机制的运行还存在诸多问题，如该机制的覆盖范围小，德国、法国等国有该县华侨聚居的主要城市尚未设立联络点，海外纠纷调解机制的运行建立在华侨对国家与家乡的认同上，难以形成持续有效的人才队伍补充机制，执法权的缺失使执行难问题未得到根本解决。针对以上问题，朱鹏鸣院长提出，该院一方面要进一步完善海外纠纷调解服务体系，加大从侨领中选任调解员的力度，吸纳归国华侨担任国内调解组织调解员以实现国内外调解组织的对接，同时积极探讨网络手段送达等工作方式。另一方面要进一步强化与华东政法大学尤其是华东政法大学司法学研究院等专业院校和研究力量的对接，积极寻求将多元纠纷解决机制延伸至海外的理论支撑，吸纳新兴力量参与到海外多元纠纷解决机制的建构实践中。

如前所述，多元纠纷解决机制是"社会司法"的一项重要内容，也是当前我国司法工作的重点之一。"社会司法"虽然不属于"国家司法"，但其与国家司法有密切联系，国家司法应当引导、指导、支持社会司法，使社会司法在良性轨道上运行，并反过来支撑国家司法。双方的关系是相辅相成、相互辅助、相互支撑的关系，双方齐头并进，方能提高国家治理能力和社会治理能力。社会司法实践的推进，离不开社会力量参与纠纷解决的过程，在涉侨领域，离不开华侨的积极参与。而文成县人民法院将其纠纷解决机制向海外延伸，这是多元纠纷解决机制建设的创新之举，有利于司法便民理念的落实，反映了当地社会治理水平达到了相当的高度，也为社会司法理论研究提供了鲜活的样本，具有典范和标杆意义。

四、结语

涉侨纠纷多元化解机制是我国侨界和司法界面临的一项新的事业，它利用民间力量和侨界资源，发挥中华文化中基于"和为贵"理念而形成的"调解"传统的优势，寻觅情、理、法的最佳结合点，力争通过最少的社会成本来化解涉侨纠纷，实现人际关系的和谐。它将中国基于悠久传统而形成的多元纠纷化解机制成功延伸到海外，辐射到异域文化圈，不仅彰显了中华文化的魅力，凸显了中国人注重和谐的宽容精神，提升了中国的软实力，更反映了中国国家治理能力与社会治理能力的提升、法治文明的进步，向世界宣示了中国法治文明的人道性。它将配合国家"一带一路"建设、优良营商环境建设、构建人类命运共同体以及司法为民等战略，通过讲好法治领域的"中国故事",彰显法治领域的"中国经验"和"中国智慧",提升在国际法治领域的中国话语权,塑造中国现代法治的良好形象。

当然,目前这一机制还不太成熟,还存在种种不足,如经费支持不足、调解员队伍专业化能力不足、科学技术支撑不足、律师参与不足、司法保障不足、宣传引导不足、协同配套不足、立法跟进不足以及党政机关重视不足等,相信今后随着党和政府对此问题的日益重视,上述问题会逐步得到解决。一种健全的涉侨纠纷多元化解机制,在处理涉侨纠纷方面将发挥极大的"正能量",不仅有利于侨胞的和谐团结,而且会成为国家社会治理战略的鲜活样本和有力支撑;展示了中国治理模式的"柔性"和"温情",体现了中国法治文明的人道精神。

多元化纠纷解决机制下人民调解协议
司法确认的现实困惑与程序续造

张　奇*

自 2015 年 5 月 1 日立案登记制度实施以来，再加上我国正处于社会转型的关键期，由各种利益纠纷引发的大量社会矛盾以案件的形式不断涌入人民法院，致使人民法院承受不能承受之重。为缓解"人案"矛盾，需要积极构建和完善多元化纠纷解决机制，借助社会力量化解社会矛盾。司法确认制度作为多元化纠纷解决机制的重要一环，是诉讼与非诉讼的衔接桥梁，理应发挥其更大的作用。但实践中却存在诸多困惑，亟需加以完善，以便积极回应人民群众对纠纷解决途径的不同追求，最大程度满足人民群众不同的司法需求。本文以 Z 省 L 市各基层法院的实践为样本，分析司法确认制度现实中的偏差，并借鉴我国台湾地区司法审核制度的经验，提出相关的完善建议。

一、现状检视：人民调解协议司法确认制度运行的偏差

（一）Z 省 L 市基层法院人民调解协议司法确认的基本情况

2015 年度至 2017 年度，Z 省 L 市九家基层法院受理司法确认案件 15046 件，占同期审结的民商事一审案件总数的 16.24%。① 具体呈现以下几个方面的特点：

1. 从案件数量上看，呈现下降趋势

2015 年度至 2017 年度，Z 省 L 市九家基层法院受理的司法确认案件分

---

* 张奇，浙江省云和县人民法院法官助理，现挂职于浙江省丽水市中级人民法院研究室。

① 数据通过浙江审判执行分析系统整理而来。

别为 4685 件、5370 件和 4991 件，整体上呈现下滑趋势，同时各基层法院仅有一家呈现上升趋势，其余均呈现不同程度的下降，但幅度不大，具体情况见图 1。

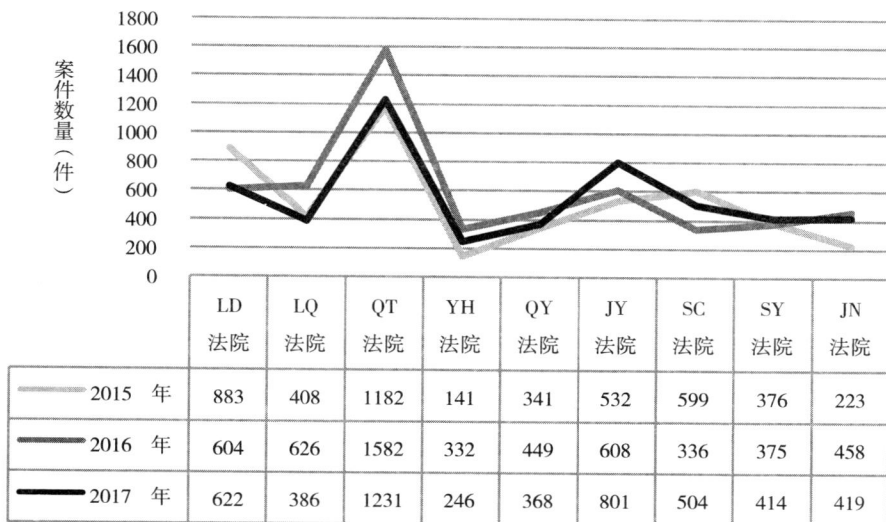

	LD 法院	LQ 法院	QT 法院	YH 法院	QY 法院	JY 法院	SC 法院	SY 法院	JN 法院
2015 年	883	408	1182	141	341	532	599	376	223
2016 年	604	626	1582	332	449	608	336	375	458
2017 年	622	386	1231	246	368	801	504	414	419

图 1　2015 年至 2017 年 Z 省 L 市各法院司法确认案件受理情况表①

2. 从所占比例上看，下降幅度较大

2015 年度至 2017 年度，Z 省 L 市九家基层法院受理的司法确认案件占同期审结的民商事一审案件总数比例分别为 17.65%、17.48% 及 14.10%，下降幅度较大。主要原因在于，Z 省 L 市各基层法院民商事案件增长幅度较大，2015 年至 2017 年，较同期增长率分别为 33.88%、15.73%、15.22%，具体情况见表 1。加之司法确认案件数量下滑，最终导致所占比例下滑明显。

表 1　2015 年至 2017 年 Z 省 L 市各法院审结一审民商事案件情况表②

年度　法院	2015 年审结一审民商事案件数（件）	2016 年审结一审民商事案件数（件）	2017 年审结一审民商事案件数（件）
LD 法院	6626	7515	7976

---

① 数据通过浙江审判执行分析系统整理而来。

② 数据通过浙江审判执行分析系统整理而来。

续表

年度＼法院	2015 年审结一审民商事案件数（件）	2016 年审结一审民商事案件数（件）	2017 年审结一审民商事案件数（件）
LQ 法院	1900	2109	2739
QT 法院	4835	5150	5485
YH 法院	1094	1278	1392
QY 法院	1516	1547	2763
JY 法院	4017	4444	4921
SC 法院	3080	4140	4272
SY 法院	2125	3095	3784
JN 法院	1350	1440	2061
合计	26543	30718	35393
同期增长率	33.88%	15.73%	15.22%

3. 从结案方式上看，以确认协议有效为主

2015 年度至 2017 年度，Z 省 L 市九家基层法院受理司法确认案件 15046 件中，以确认协议有效的有 14990 件，比例高达 99.63%，而以驳回申请、不予受理、准予撤回申请、终结程序等方式结案的仅有 56 件，占总数的 3.72%。具体情况见表 2。

表 2　2015 年至 2017 年 Z 省 L 市各法院司法确认案件结案情况表①

年度＼结案方式	确认协议有效（件）	驳回申请（件）	不予受理（件）	准予撤回申请（件）	终结程序（件）
2015 年	4685	0	0	0	0
2016 年	5333	5	1	27	4
2017 年	4972	3	5	10	1
合计	14990	8	6	37	5

4. 从案件承办部门上看，缺乏统一性

Z 省 L 市各基层法院，除了 YH 法院、SC 法院、SY 法院、JN 法院由一

---

① 数据通过浙江审判执行分析系统整理而来。

个部门负责外，其他几个法院负责司法确认案件的至少有两个部门，比如LD 法院是由民一、民三部门负责，LQ 法院是由民一、民二部门负责，具体情况见表 3。

表 3　Z 省 L 市各基层法院负责司法确认案件部门情况表①

法院	负责部门
LD 法院	民一庭、民三庭
LQ 法院	民一庭、民二庭
QT 法院	民三庭、司法调解中心、诉讼服务中心
YH 法院	立案庭
QY 法院	民一庭、立案庭
JY 法院	立案庭、司法调解中心
SC 法院	司法调解中心
SY 法院	司法调解中心
JN 法院	司法调解中心

（二）人民调解协议司法确认制度运行的现实困惑

1. 认识困惑

司法确认制度是人民调解协议经确认后，就具有执行力②，一方未履行，另一方可向法院申请强制执行，对于纠纷的化解无疑具有十分重要的作用。然而，实践中对司法确认制度的认识偏差，导致该制度无法有效发挥其作用。一方面是当事人对其不能正确认识，总是认为即便是申请司法确认，其效力仍不及判决的效力，因此，大多数当事人不愿意选择诉前纠纷化解机制。笔者做了一项调查，随机抽取两百名当事人，进行关于诉前纠纷解决机制的调查（调查结果见图 2），从调查结果看，愿意选择诉前解决机制的只占到了五分之一，而不愿意选择的占到了一半，有百分之三十是不清楚或者存在片面认识。另一方面也存在法院工作人员不愿意办理司法确认案件，在

---

① 此表未包括派出法庭。

② 所谓执行力就是指裁判的内容未得自动履行时，可向人民法院申请强制执行的效力。即通过强制执行的方法去实现已被命令（或已经约定）的特定给付的效力。［日］三月章：《日本民事诉讼法》，汪一凡译，五南图书出版股份有限公司 1997 年版，第 44 页。

当前"人案"矛盾突出的背景下，普通案件都办不完，更不用说人民调解组织的调解协议确认。这些错误的认识禁锢了司法确认制度作用的发挥，急需予以纠正。

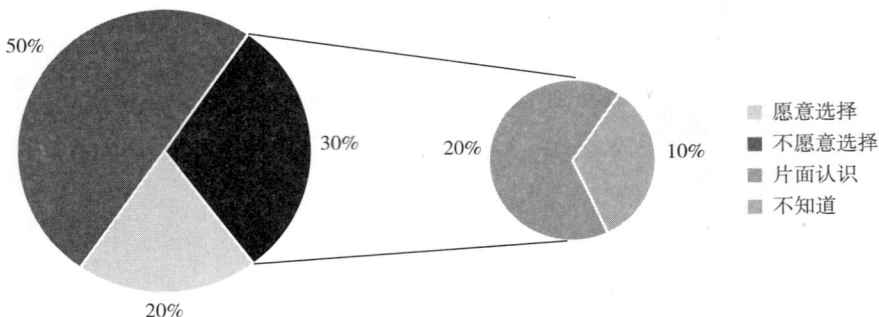

图 2　对 200 名当事人关于诉前纠纷解决机制的调查结果

2. 申请困惑

一是调解协议的范围不明。除了人民调解协议以外的其他非诉调解协议能否申请司法确认？一种观点认为《民事诉讼法》第一百九十四条规定："申请司法确认调解协议，由双方当事人依照人民调解法等法律……共同向调解组织所在地基层人民法院提出。"已将法律依据限定在目前的《人民调解法》，因此，申请确认的范围应界定在人民调解协议。另一种观点认为："调解组织"，可以理解为包括人民调解委员会在内的各种具有调解职能的组织。当前，依据有关法律、行政法规、司法解释的规定对行业调解、商事调解、行政调解等给予司法确认，亦符合依法确认精神。① 为有效提升司法确认的作用，应当进一步通过立法方式将调解协议的范围扩大。二是申请主体要求严。申请司法确认，在现行法律制度下，必须由双方当事人或者委托的代理人共同申请，单方当事人与调解组织均不能申请。故调解协议履行期限届满后，因一方未同意申请，另一方只能寻求其他救济途径，使人民调解的作用大为降低。三是适用范围小。申请司法确认，必须符合人民法院案件受理范围的纠纷才能申请司法确认，而实践中纠纷类型多样，显然目前的受

---

① 参见李庆：《司法确认的实践困惑与程序续造——基于 B 市辖区基层法院的实证分析》，《合肥工业大学学报（社会科学版）》2016 年 4 月，第 30 卷第 2 期。

理范围无法适应社会需求。比如属于仲裁程序前置的劳动争议纠纷就不能直接申请确认。

3. 审查困惑

从审查方式上看，《关于人民调解协议司法确认程序的若干规定》中规定的是以书面审查为主，当面询问为辅的审查方式，而 2015 年实施的《最高人民法院关于适用〈中华人民法共和国民事诉讼法〉的解释》中规定的是当面询问的审查方式，二者存在冲突。从审查内容上看，相关法律并没有相关的规定，导致实践中出现另一个极端现象，有的法官采取纯粹的形式审查主义，仅看材料，就下裁定；有的法官为防止审查失误出现错案，对协议所涉的具体事实和法律关系均进行严格全面审查，给当事人带来诉累，亦不符合制度便捷、高效的价值定位。①

4. 救济困惑

一方面对于确认协议有效的裁定书送达后，因审查不当造成错误的，当事人的救济途径没有相关规定，无法有效保障当事人的权益。另一方面对于案外人救济途径存在争议。有学者认为，案外第三人可依据《关于人民调解协议司法确认程序的若干规定》第十条的规定向作出确认决定的人民法院申请撤销确认决定"实现救济"。② 也有学者认为案外第三人可提起第三人撤之诉。③ 目前，对于第三人是提起撤销申请还是撤销之诉，尚无定论。

5. 真实性困惑

一方面，虚假协议甄别难。虚假协议一般是双方当事人恶意串通，损害第三人利益或者获取非法利益，法官不管是书面审查，还是当面询问，都无法准确判断是否存在虚假调解，因此甄别难度较大。另一方面，虚假司法确认，浪费司法资源。实践中存在一些法院为追求考核上数据的漂亮，而到相关调解委员会搜索案件，主动寻找案源，无疑与司法确认制度的初衷相背离，浪费大量的司法资源。

---

① 参见李庆：《司法确认的实践困惑与程序续造——基于 B 市辖区基层法院的实证分析》，《合肥工业大学学报（社会科学版）》2016 年 4 月，第 30 卷第 2 期。

② 罗天华：《论司法确认存在的问题及其完善》，http://ysxfy.chinacourt.org/public/detail.php? id=3414，2018 年 6 月 3 日访问。

③ 参见胡晓霞：《人民调解协议司法确认程序疑难问题研究——以人民调解协议变更、撤销及无效认定为视角》，《政治与法律》2013 年第 3 期。

6. 调解质量困惑

一方面调解员的法律素养关系到司法确认的效率。目前，调解室专职的人民调解员中，拥有本科学历的较少，在兼职调解员中虽然大学本科学历所占比重大，但大多数都是"80后"，缺乏调解技巧。不管是专职调解员还是兼职调解员，拥有法律知识背景还是屈指可数。同时，调解员年龄偏大，虽然拥有足够的调解经验，但接受新知识相对较慢，缺乏必要的法律知识，这些都会导致调解协议内容存在案由定义模糊，遗漏当事人、协议内容不具体、给付内容不具体等问题，这些都决定司法确认的确认率。调解协议质量的高低直接影响了能否申请司法确认，间接也损害了司法确认的公信力。因此，有必要提高调解员的法律素养，进而提高调解协议的质量，从而更大程度地发挥司法确认的作用。另一方面缺乏对调解室调解员业务考核机制与监督机制，影响实际效果。没有相应的考核机制，容易造成调解室调解员工作不认真，懒懒散散，影响调解工作，不利于保护当事人合法权益。没有监督机制，就会出现当事人与调解组织串通，借助调解违法获利或是损害第三人利益等现象。

二、我国台湾地区司法审核制度的考察

目前与司法确认制度比较相似的是我国台湾地区实行的司法审核制度。我国台湾地区的司法审核制度使调解协议被赋予法律效力，大大增强了人民调解的权威，提升调解在纠纷解决中的地位，有力支撑多元化纠纷解决机制的作用力。[①] 其具体程序为，调解成立时应制作调解书，在3日内报知乡镇市公所，并于7日内送达管辖法院印信，送达当事人。调解经法院核定后当事人不得就该事件再行起诉、告诉或自诉。经法院核定的民事调解与民事确定的判决有同一效力；如有无效或可撤销原因的，可向原核定法院起诉。[②]与司法确认制度相比较，我国台湾地区的司法审核制度具有以下几个方面的

---

① 参见李栗燕：《化解基层社会矛盾纠纷的法律机制研究》，科学出版社2013年版，第71页。

② 参见李栗燕：《化解基层社会矛盾纠纷的法律机制研究》，科学出版社2013年版，第60页。

优势：

一是程序较为简单，效率高。我国台湾地区经调解组织达成调解协议后，并不需要当事人主动申请，调解组织3日内报知乡镇市公所，并于7日内送达管辖法院，被法院审核后就具有法律效力，一方未履行，另一方可申请强制执行。而目前司法确认必须经双方当事人共同向法院申请，经法院审查后出具裁定书后才能将人民调解协议赋予强制执行力。显然司法审核制度在程序上更为简便、快捷。

二是适用范围广。司法确认制度的受理必须符合人民法院案件受理范围，否则不予受理，这在一定程度上不能适应社会发展的需要。而我国台湾地区采用否定式列举不能调解的情形即出于法律规定、法制理念精神或者事件本身性质的原因，导致一些民事纠纷不能申请调解。对于符合申请调解条件的待达成调解协议后均可申请司法审核，显然司法审核制度的受理范围更广。

三是公信力较高。司法审核制度将调解协议赋予执行力，并且在程序上操作简单快捷，更容易被一般民众所接受，同时在达成调解协议后，若无其他特殊情况，不能再因同一事诉至法院，可见，司法审核制度的公信力更高。

四是完善的救济途径。申请调解的当事人可向原核定法院在核定成立的调解书送达之日起三十日之内提起宣告调解无效或撤销调解之诉。违反实体法或者程序法上的规定，可能构成调解无效；而调解可撤销包括违法调解和非当事人过失而误为调解的情况。原核定法院受理当事人所提出的宣告调解无效或撤销调解之诉后，原核定法官应予以回避，否则当事人可以此为理由申请再审。① 可见，司法审核制度的救济途径已相当完善。

当前，我国处于诉讼爆炸的时代，各种纠纷不断涌入法院，大量的案件进入诉讼阶段以调解和撤诉方式结案，显然不符合司法是最后一道防线的理念，同时诉讼阶段以调解和撤诉方式结案的比重明显高于诉前纠纷化解比重，更体现了司法资源分配的不合理性。因此，必须将现有的司法确认制度的相关程序加以完善，发挥更多的社会力量将大量纠纷以非诉方式解决，进

---

① 参见中国台湾地区"乡镇市调解条例"第29条第1、2、3款。

而来缓解"案多人少"的矛盾。司法审核制度的优势，恰恰可以弥补我国司法确认制度的不足，因此，应当借鉴司法审核制度的优势，不断完善我国的司法确认制度。

三、本位回归：以我国台湾地区司法审核制度为参酌续造我国司法确认制度之程序

（一）完善制度设计

1. 构建禁止重复诉讼（仲裁）制度

当前，达成调解协议后，当事人放弃申请司法确认的，一方未履行调解协议，另一方可以采取诉讼或者仲裁的方式予以救济，虽保证了当事人的权利救济途径，但不可避免地削弱了人民调解的作用，降低了人民调解协议的法律约束力，间接地也降低了司法确认制度的公信力。故笔者建议，应建立禁止重复诉讼（仲裁）制度，即纠纷经人民调解组织或者其他调解组织的调解，达成调解协议后，当事人在规定期限内未向人民法院申请司法确认的，视为对申请司法确认权利的放弃，没有出现纠纷发生时的新情况、新证据，不能再因此事向人民法院提起诉讼或者申请仲裁。禁止重复诉讼（仲裁）制度，不仅能够提升人民调解的法律约束力，同时更有助于缓解法院审判压力。为防止该制度被滥用，需要通过相关立法将该制度的适用范围、条件、法律效力等内容作出明确的规定。

2. 建立当事人保证制度

为确保纠纷化解，防止重复诉讼（仲裁）或者虚假调解现象，减少司法资源浪费，应建立当事人保证制度，即当事人在申请人民调解时，应当保证调解的真实性、有效性，在达成调解协议时，保证在规定的期限内申请司法确认，未申请司法确认的视为对司法确认权利的放弃，不再因同件事另行向人民法院起诉或者申请仲裁，若有违反，自愿承担相应的法律后果。

3. 完善滥用诉权惩治制度

探索并建立与公安、检察等部门相互配合协调的虚假调解、恶意调解联动机制，就查处、移送达成共识。建立多维度虚假调解、恶意调解惩戒制度，对参与虚假调解、恶意调解的当事人依照情节轻重，依法予以训诫、罚

款、拘留，构成犯罪的，依法追究刑事责任。通过微博、微信、报刊、电视等媒体宣传打击虚假调解、恶意调解行为的典型案例，向社会普及相关法律知识，提升群众尊法守法意识。

4. 建立惩罚制度

一方面建立当事人违约惩罚制度。人民调解协议本身就是基于当事人自愿履行的基础上达成的，一方反悔，必将损害坚守承诺一方的利益，为平衡各方利益，就必须建立违约惩罚制度。人民调解组织在调解时首先向当事人释明不遵守履行的惩罚，同时在调解协议中规定惩罚性条款，以督促当事人履行协议。另一方面构建重复诉讼或仲裁惩罚制度。当事人自愿放弃申请司法确认权利后，又以同样的事实提起诉讼或者仲裁的，视情况给予处罚。轻则批评、警告，重则罚款、拘留。

5. 建立诉前先行强制调解制度

为发挥多元化纠纷解决机制的作用，充分利用司法确认制度化解社会矛盾纠纷，根据当前调解的现状，笔者认为应建立诉前先行调解制度。对于一些诸如家事纠纷、相邻关系纠纷、劳动争议纠纷、交通事故纠纷、物业纠纷、消费者权益纠纷、小额债务纠纷等，应当将诉前调解作为起诉的先行条件，未经过诉前调解的，人民法院裁定不予受理。强制仅仅是对程序的强制，不等于强迫，在调解的过程中，充分尊重当事人的意愿，调解协议的达成必须以当事人的自愿为前提，否则将涉嫌违法调解。因此，对于诉前强制调解的适用范围、程序等内容必须通过相关法律或者司法解释予以规定，避免权力被滥用。

6. 建立健全业务考评和监督制度

一是建立健全调解员业务考评机制。针对调解员的工作建立一套符合实际情况的业务考评机制，同时加强对调解员的管理，强化责任意识，健全奖励机制，提高调解员工作积极性。二是强化管理部门的监督。对于在调解过程当中调解机构内部人员出现的违反法律，侵害当事人利益的行为，由调解机构的主管部门进行监督。三是建立健全法院监督机制。针对诉前调解室等设在人民法院内部的调解室，应当积极与司法局沟通，建立人民法院监督机制，确保设在人民法院的调解室顺利完成各项工作。四是畅通监督渠道，保障当事人监督权。当事人是纠纷的主体，调解室是否公正调解，人民法院是否规范诉调对接工作，当事人最有发言权。因此，要畅通监督渠道，发挥当事人监督的作用，规范诉调对接工作。

（二）完善程序设计

1. 立案阶段

（1）扩大适用范围

一方面，通过立法界定调解协议的范围。经行业调解、行政调解等具有调解职能的调解组织达成的调解协议均可申请司法确认，不局限于人民调解组织。这样规定也是适应当前司法形式的必要选择，只有积极扩大范围，才能进一步缓解"人案矛盾"。另一方面，扩大纠纷适用范围，可借鉴我国台湾地区的司法审核制度的规定，采取否定式列举不能调解的情形，而不能仅仅局限于属于人民法院受案范围，对于不属于人民法院受案范围的纠纷，只要具有给付内容，权利义务主体明确，不违反相关法律规定和公序良俗等都可以申请司法确认。

（2）扩大申请主体范围

为使人民调解能够更好发挥化解矛盾的功能，人民调解协议更具约束力，应适当扩大司法确认申请主体。人民调解组织如果认为纠纷却有必要赋予执行力，比如出现纠纷复杂，涉及金额较大，一方当事人可能出现反悔等情况的纠纷，亦或者涉及公共利益时，可作为申请主体，申请司法确认。同时赋予一方当事人申请之权利，但必须能够提供证据原件或者具有原件性质的证据，便于法院能够查清事实，防止虚假调解的发生。

（3）申请期限

合理设置申请期限，有利于促使当事人行使权利。时间过长，容易导致相关证据遗失；时间过短，又不利于保障当事人权利。当前关于司法确认的申请期限是调解协议生效日起三十日内，笔者建议应当将申请期限适当延长，即当事人应当在人民调解协议生效后的六十日内或者确定的履行义务期间届满前六十日内申请，调解组织可在人民调解协议生效后的十五日内申请，超过申请期限申请司法确认的，裁定驳回申请。

2. 审查阶段

（1）设立专门的确认机构

当前法院负责司法确认工作的有诉调对接中心、司法调解中心、民商事审判庭、立案庭等。建议在人民法院诉讼服务中心下设调解协议司法确认机构——司法调解委员会，专职负责调解协议的司法确认、诉调对接、诉前强制调解等工作。司法调解委员会的人员组成可以由员额法官与法官助理若干人组成，也可以由员额法官、法官助理与特邀调解员若干人共同组成。此外，为发挥未入额法官的工作积极性，可以选派未入额的老法官到司法调解委员会参与相关案件的办理。司法调解委员会应该还要具备指导调解组织调解、提供相关法律知识培训等职能。

（2）确定审查方式

司法确认制度有书面审查与当面询问两种形式，在确定审查方式时，应当在考量制度高效、便捷优越性的同时，充分考虑公正与效率的价值平衡需要，针对不同案件采取不同的审查模式，不能搞"一刀切"，充分赋予法官自由裁量权，由案件承办法官自主选择审查方式，对于案件事实复杂，涉及法律关系复杂的调解协议还可以组成合议庭进行审查，以避免审查出现错误。

（3）确立审查内容

司法确认实体审查泛滥将削弱该制度优势发挥，但问题在于，当前利用调解等损害他人或公共利益的不诚信乃至欺诈行为并不少见，[1] 以必要的实体审查对诉外调解行为进行约束与规制亦不可或缺。但是，如果每个司法确认案件都投入大量的司法资源，也不利于提高效率。[2] 因此，不能全部都进行书面审查，亦不能全部进行实质审查，应当根据纠纷复杂程度，合理进行审查，充分考虑效率与公平的兼顾。

（4）审查期限

当前，司法确认的审查期限一般为十五日，笔者建议应当适当延长，设置为三十日，即法院应当在收到相关材料后三十日内审查结束，但调解协议中履行期限不足三十日的，应当在履行期限届满前审查结束。这样做不仅保障承办法官有充足的审查时间，同时也可避免当事人合法权益"过期"。

（5）审查结果

司法确认法官对当事人提交的相关材料审查后，对于符合法律规定的，

---

[1] 参见王亚新：《〈民事诉讼法〉修改与调解协议的司法审查》，《清华法学》2011 年第 3 期。

[2] 参见向国慧：《调解协议司法确认程序的完善与发展——结合〈民事诉讼法〉修改的思考》，《法律适用》2011 年第 7 期。

作出确认调解协议有效的裁定；对于不符合法律规定的需要走其他程序的，作出驳回申请的裁定；对于撤回申请的，符合规定的作出准予撤回申请的裁定。对于法院作出的裁定不服的，可以向上级法院提起上诉。

（6）救济途径

一方面，完善当事人救济途径。对于一方当事人事后发现调解协议的内容损害自身合法权益已经确认有效的，当事人可以向人民法院申请撤销已生效的裁定书，以此来救济权力。另一方面，完善第三人权力救济途径，建议增加确认调解协议无效之诉，赋予第三人通过诉讼方式将调解协议的内容确认无效，即第三人如果认为调解协议侵害其合法权益，可以向人民法院提起诉讼，要求撤销调解协议。

（三）其他相关举措

1. 构建科学的分流机制

加大诉前分流工作，对于符合诉前强制调解的案件，引导当事人选择诉前强制调解程序，当事人明确拒绝选择的，裁定不予受理。对不符合诉前强制调解的案件，若是双方当事人愿意选择诉前化解纠纷机制的，可以将案件移送相关调解组织或者调解团队，充分调动人民调解、仲裁、行业调解、律师调解等第三方社会调解力量，推动各类治理主体参与化解矛盾纠纷，形成多元解纷合力。此外，人民法院应当积极推进繁简分流机制改革，民商事案件的繁简不仅要考虑案由，同时也要考虑纠纷的证据、事实等因素，安排专人负责，严格把关。可以借助"智能化""信息化"技术，结合案由、案件类型、特点等因素，建立繁简案件识别系统，对案件实行"标签化"管理，有效甄别繁简案件。完善转化流程，减少庭审以外的诉讼事务，提高审判质效。

2. 完善人员配置

司法确认制度是对纠纷进行实质审查，并且赋予其强制执行力，因此，作出审查结论的法官必须具有独立办案资格，故，在当下法官员额制下，必须根据案件数量及工作实际合理配备一定数额的员额法官专职负责司法确认工作，同时配备相应的法官助理和书记员，确保人员充足。同时，可以建立流动机制，即司法确认相关工作可以根据实际情况由相关审判团队负责，以便合理进行人员配置。

3. 延伸对接平台，充实调解力量

一是延伸对接平台，争取与政府相关部门，比如卫生部门、旅游部门等搭建对接平台，促进专业性案件的诉前纠纷多元化解。二是规范律师、法律服务工作者参与诉前化解纠纷行为，让特色成为长效机制。争取与相关部门联合发文，规范律师、法律服务工作者参与诉前化解纠纷行为，充分发挥各自优势，让人民群众在每一个案件中都能感受公平正义。三是吸收专业性人才、律师、人大代表、政协委员、退休干部等参与诉前纠纷化解，建立品牌调解室，充实对接平台力量。

4. 修正考核指标

针对当前有些法院积极追求考核数据，而主动寻找案源等现象，必须修正考核指标，以此提升司法确认制度的实际效果。考核指标必须要经过走访调查，符合实际情况与司法规律。同时对法官违反规定违规司法确认作出相应的惩处措施，如取消评优评先，情况严重的追究相关责任等。规范化的考核指标，是提升法官办案积极性的保证。

5. 强化风险评估

对一些敏感性或者可能存在滥用诉权、虚假诉讼的案件做好台账，以便发生紧急情况，做好相应的应急预案。对可能引起上访等不稳定因素，做好排查摸底工作，以便法官在法律规定范围内选择最优方式化解矛盾纠纷，维护社会和谐稳定。

随着立案登记制度的深入实施，"案多人少"的矛盾将会在很长一段时间存在。面对挑战，人民法院积极构建和完善多元化纠纷解决机制，借助社会力量，将部分纠纷化解在诉前，最大限度地缓解审判压力。司法确认制度作为多元化纠纷解决机制构建环节中极为重要的一环，其作用不可替代。当前，司法确认制度仍存在诸多问题，是故，应不断加以完善，让其回归本位，才能最大限度回应人民群众对纠纷解决途径的不同追求，最大程度地满足人民群众不同的司法需求。

全域之可能：执行运行体系的
变革逻辑与整合图景
——基于结构功能主义分析框架

周　庆　祁崇捷　应利静*

　　多年来，我们一直致力于探索对执行难的治理途径，现今如何在"基本解决执行难"框架下使执行工作有新突破，更是成为了新一轮命题。无法避免的是，"执行权"的权力本质属性决定了权力在运行过程中具有可能的天然异化倾向①，即由于自身"实践"品质，它在运行中必然受到目标、模式结构和配置等可确定但难以把握的情势因素影响。因此，对于选择哪种运行模式并如何引入良性运行轨道，便成为解决"执行难"的目标能否实现的关键之一。这里主要涉及主体（执行权）与客体（对象）、结构（运行体系）和目标。四个因素之间的关系可大致解构为：权力运行是实现目标的关键，同时权力运行会借助一定结构（运行体系）去作用对象实现既定的目标。这正是一直是被广泛运用于社会学研究领域的结构—功能②理论的研究范畴，同时该方法论较倾向的是基于结构资源实现目标，可为执行体制改革提供较易操作的研究方法。因此，我们借用此理论是可以对现行状态下的异化表现和根源进行探寻，从而重塑我们在权力运行—系统结构—既定目标三者中可能出现的不尽匹配部分。

---

*　周庆，丽水市中级人民法院党组副书记、副院长、审判委员会委员。祁崇捷，丽水市莲都区人民法院执行局。应利静，丽水市莲都区人民法院诉讼服务中心。

① 参见杨连专：《权力运行异化的法律防范机制研究》，《宁夏社会科学》2017 年第 11 期。

② 结构—功能理论研究路径要求着眼在系统功能的实现与该系统结构之间的联系，认为特定结构是功能实现的载体，功能的充分有效发挥应以其具有相应合理的结构为前提。

一、庖丁解牛：结构—功能理论支撑的执行运行体系应然状态

找寻结构功能主义的基础性要素，代表人物帕森斯认为，社会系统要保证自身的维持和生存必须满足四种功能：适应、目标达成、整合和潜在模式维持①。因此，在社会构造中，对应的执行上述功能的分别为经济、政治、社会共同体和文化系统。按照这种假设，首先，经济效益原则是任何权力运行机制必须考虑的因素，执行运行机制亦不例外，即建立经济成本的最大效益化。其次，主要指处理好法治与行政的关系，这也是司法改革的重大理论和实践课题。众所周知，公正与效率是执行所追求的目标，为了保证该项功能的实现，我国法院自觉或不自觉地设计了一定的结构安排，执行运行机制的建立需要充分考虑在法院与行政机关安排分配问题上达致最自然状态。再次，环境与社会秩序情况直接影响着系统功能的效果。因此，执行运行机制离不开包括社会信用体系在内的考虑。最后，法律制度本身具有文化和历史特征，故民事执行权运行不可避免地要受到文化和传统价值理念的支持与规制。当每个子系统相互依存，并作为彼此制约条件控制和支配着整体系统行为，同时内部和外部影响的不利因素都保持一定的克制力，或某种结构模式设立运行能抑制不利因素的发挥，进而把促成规则及结构流动改变的有利因素织进子系统，并使规则与结构模式得到再生产优化②。当这样的结构模式置于社会实践中时，执行就有了更强的生命力和社会公信度，这就是模式建立的最圆满状态，甚至说是理想状态。

---

① 适应（Adaption），指系统必然同环境发生一定关系，为了能够存在下去，系统必须拥有从外部环境中获取所需资源的手段。目标达成（Goal attainment），任何行动系统都具有目标导向，系统必须有能力确定自己的目标次序和调动系统内部的能量以集中实现系统目标。整合，使系统各部分协调为一个起作用的整体。潜在模式维持，维持社会共同价值观的基本模式，并使其在系统内保持制度化。

② 参见王亚新：《程序、制度、组织——基层法院日常的程序运作与治理结构转型》，《中国社会科学》2004 年第 3 期。

二、涸思干虑：当前执行运行体系存在的异化危机及根源

尽管预设我们已尽力对执行运行体系作了合理有效的安排，从最初的审执合一到执行庭设立、将"庭"改为"局"、裁执分离等，横向实现与审判庭分离，纵向从提级执行到协同执行、通过指挥中心逐渐完成直接统一垂直管理等，都无一不在实践着"审判权和执行权相分离"的机制改革。但这种改革似乎对目标实现尚不够明显，"司法权力地方化"既为重要特征，也是执行体制运行的一个重要弊端。上述理想状态与当前"地方化""地域化"执行模式碰撞后，出现了功能作用的异化反应，实质是系统个体因内部或外部因素介入产生的不确定风险的被动承受。为了更直观地展现当前态势，笔者采取了实证调查方式，随机抽取南方三市（L、T、Q）基层法院 2015 年至 2017 年期间执行情况为样本，由此观探当前执行权模式下的危机凸显状况。

（一）经济系统冲击——经济投入高于所获价值的现实之境

1. 经济成本投入过高，价值输出却不尽乐观。笔者将全国法院执行人员大概以 10 万名[1]进行计算，根据最高人民法院司法数据显示，2015 年新收各类执行案件 4159949 件，其中民商事执行案件 3496716 件，占 84.06%；由于案件执行与行政区划地方化一致，以 L 市 L 区法院为例，2015 年 L 区法院人均办案经费为 4.12 万，干警收入年人均 14.64 万，忽略员额法官等身份收入因素，全国法院每年民商事执行案件成本是 $(4.12 + 14.64) \times 100000 \times 84.06\% = 1576965$ 万元，平均每个执行案件成本是 1576965 万元/4159949 = 3790 元，执行成本还包括协助执行、信访上访、干警接待、信息化手段等这些难以用具体数字统计的成本。同时由于其所处的场域系流动、变化的，追偿债务的场所与时间通常因债务人的躲闪而随之变化，[2] 由此直接关联到执行效率，最后形成的局面就是执行公共成本高，但效率未必尽如人意。

2. 事务过多繁杂，队伍力量力不从心。随着执行规范化管理的不断推进，纳入考核的流程节点越来越多，且划分更为细致。比如仅实施过程中的

---

[1] 参见陈斯喜：《现行的民事执行体制应当改革》，http://npc.people.com.cn/GB/10289888.html，2018 年 3 月 30 日访问。

[2] 参见栗峥：《中国民事执行的当下境遇》，《政法论坛》2012 年第 30 卷第 2 期。

37 个流程节点，每一节点完成需大量工作性投入。如前所述，诸多环节除了线上运行，仍需线下核实；在涉异地执行案件中，委托执行也仅停留于线上查控，且普遍效率低下，故大多还需本院干警前往当地执行；在横向联动、接访、备勤、宣传等事务性工作中，各法院尤其是上下级法院之间也经常存在大量重复性劳动。此外，囿于以往"一人包案到底"办案模式，几乎每一执行员手上均有大量终结本次执行程序案件，一发现有可供执行财产，须立即恢复执行。行动情境中的被动性，导致执行力与审判力相比更显劣势，其所显现的"案多人少"矛盾将更为直观。（见图 1）

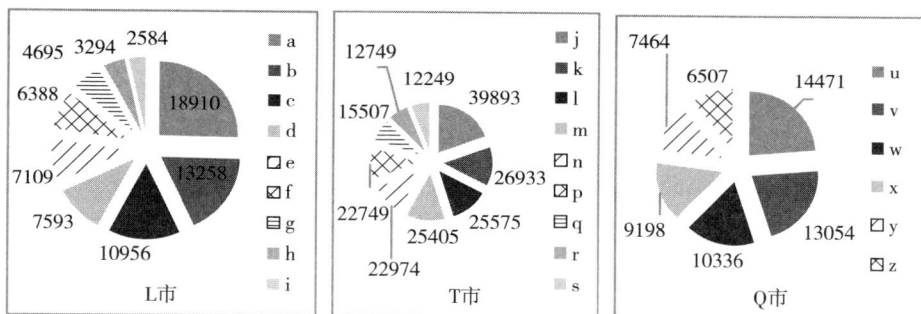

图 1　L、T、Q 三市各基层法院近三年执行案件收案数比对图（单位：件）

加之当前执行权模式下，各法院之间各自为政局面并未真正改变，即使是处于同一市域内的各基层法院之间，因地区性差异而引致的矛盾发展不平衡现象较明显，各法院压力负担不均。（见表 1）

表 1　L、T、Q 三市各基层法院近三年执行员年人均办案数一览表

（单位：件）

Q 市法院	u	v	w	x	y	z
年人均办案数（件）	294.1	246.8	245.2	314.8	221.9	147.7

L 市法院	a	b	c	d	e	f	g	h	i
年人均办案数（件）	270.5	231.8	162.7	157.9	160.2	131.2	111.5	120.4	58.4

T 市法院	j	k	l	m	n	p	q	r	s
年人均办案数（件）	440.7	263.1	322.9	516.9	385.1	278.2	226.5	257.7	191.7

在此情势下，执行队伍呈现束制性反馈，干警普遍缺乏无力感，面临压力不断增大，导致"不愿意到执行局"现象时常出现。根据数据调查，L、T、Q 三市法院系统一年中即有 29 名执行员提出调离执行岗位，21 名执行辅助人员辞职。而在对随机抽取的 a 法院审判岗位、行政岗位的工作人员问卷调查过程中，无 1 人愿意调入执行岗位。如此，超负荷工作量与人员极度缺失矛盾的强烈冲击下，执行办案资源严重紧缺。

（二）政治系统偏离——纵横向决策执行疲软现象明显

1. 单一横向机构的负累。区域执行模式下的执行机构横向看是地方政府领导、法院内部管理下开展工作。法院在承受压力、回应政府和社会舆论各种因素中，会以向上提交等方式试图来规避可能会有的风险和责难，执行会游离在政治评价、社会评价和司法技术评价等诸多因素支配下，这实际上是以司法价值应对外部风险的不确定性，导致牺牲司法的公正和权威。因而这不仅是淡化司法化的过程，更是可能继续引起公众和社会舆论对执行不满的社会评价的恶性循环。此外，以一套统一的质效考核标准和规范要求不同地域达到统一行为，实质上是不同法院执行干警行为"同质化"，此类正式、非正式的安排和策略互补，使得行政以监督之名作用于执行权应当作用的场域。

2. 纵向结构的无能为力。执行权是国家赋予的"垂直性、一体化、行政化和集权化"的复合型强制性权力，实践中执行机构却表现出的是与审判庭一致的，上下级法院执行局之间主要是监督和被监督关系。虽然近几年来，全国法院上下提级执行、协同执行模式日趋增多，但多仅局限在各类专项执行、个案执行或派驻团队指导上，上下级法院间并未形成日常、系统指挥与管理关系，导致难以形成资源共享和执行合力，执行力量无法在"一盘棋"格局中灵活调配，增大执行环节"卡壳"风险和管理成本。由此可见，执行疲软问题与执行结构运行体系是密切相关的。

（三）社会系统的失灵——诚信体系全域建设的举步维艰

1. "信息孤岛"现象严重，执行资源难以全面共享。执行信息的匮乏一直为制约法院执行效果之瓶颈。[①] 从而使得绝大多数法院将主要执行资源配置至执行信息的获取上。随着大数据时代的到来，为了达成执行信息共享之目的，诸多法院也作了不少有益尝试，如与金融、公安、建设、工商等部门建立共享平台，确实拓宽了执行信息获取渠道，一定程度节省执行成本。但在地方化执行模式下，法院之间基本处于各自作战状态，与行业、部门之间的沟通协作程度仍取决于其与外部机构的合作力大小，这使得法院（尤其是基层法院）在执行协作机制共建诚信机制上处于孤军奋战的局面。各法院之间在信息获取量上存在较大差异，且均存在获取信息不全面、反馈时间滞后等问题。

2. "地方人情"现象存在，诚信建设出现"空档"。随着时代变迁迅速，国家从最初集中安排和控制治理逐渐走向包容和多元理性合作治理。在这场渐进社会"治理"中，社会层面信用和个人自律成为治理成功的关键所在，虽然已不断强化打击力度，但实践中由于城市化程度还不高，与地方化连接较为紧密，"乡土人情""熟人社会"等因素，无论是罚款、拘留或是拒执罪等措施运用尚有差距，更多是作为促使履行手段，导致被执行人可能因失信成本较低而逃避义务。执行程序与其说是一个技术问题，不如说是一个社会问题[②]。因此在未打破地方化限制执行模式下，严厉性和强制性必然会出现一些空档，诚信体系建设在遵从法治共识薄弱和缺乏维系信用的情感空白情况下，自律极易演变成对他人严厉却对自己放任，而当这种自律异化从空档中找到支撑，更是加剧淡化人们对社会信用体系的认同和共建。

（四）文化传统的倔强——固有思维的难以突破

受固有和传统观念影响，相较于程序正义，我国民众对于实质正义观念根深蒂固，毕竟对于申请执行人在经历诉讼的风险担当和竭尽全力后，终于使得权利得到救济和保护，离成功只有一步之遥，却可望而不可即，于心难

[①] 参见唐荣刚：《法院执行的机遇、挑战与应对——以执行财产全国联网查控为探究契机》，《上海政法学院学报（法治论丛）》2015 年第 30 卷第 6 期。

[②] 参见傅郁林：《民事诉讼法的修改思路》，http://www.legaldaily.com.cn/index_article/content/2010-01/04/content_2015588.htm？node=8178，2018 年 3 月 29 日访问。

甘。在这种情形下，通过程序正义消除申请人不满和社会舆论压力倒显得过于苛责。"执行中严格地穷尽正当程序，即使执结率很低，也将无人指责执行法官……只要完成正当程序必比乱执行获更大收益，必收社会更好的评价"①，暂且只能是种美好愿景。对于申请执行人，其最为关注的始终是能在最短时间内从被执行人处拿到申请标的额。但在当前执行权运行模式下，该两类指标一直处于低水平运行状态，离群众期望仍有较大差距（见图2、图3）。另外据三市各基层法院近三年工作报告人大代表审议反馈情况看，对法院执行工作提出的意见建议数量相比于"服务大局类、审判类、司法公开类等"均占比更高，为全部意见总和的25%，且多集中于"清偿率低、执行时间过长"等效率性问题。

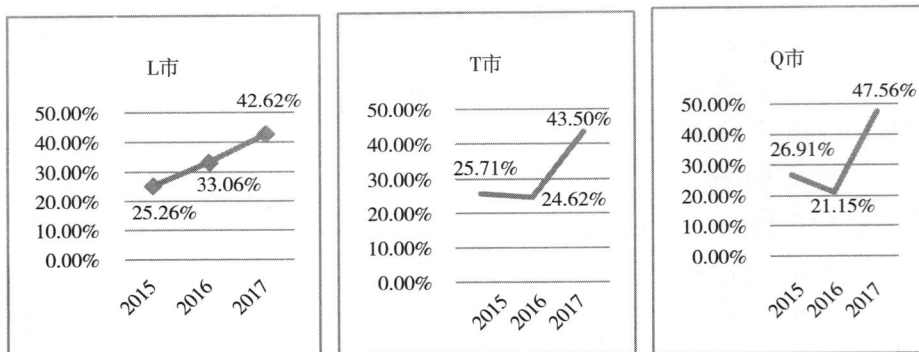

图2 L、T、Q 三市基层法院近三年平均执行标的清偿率解析图（单位：%）

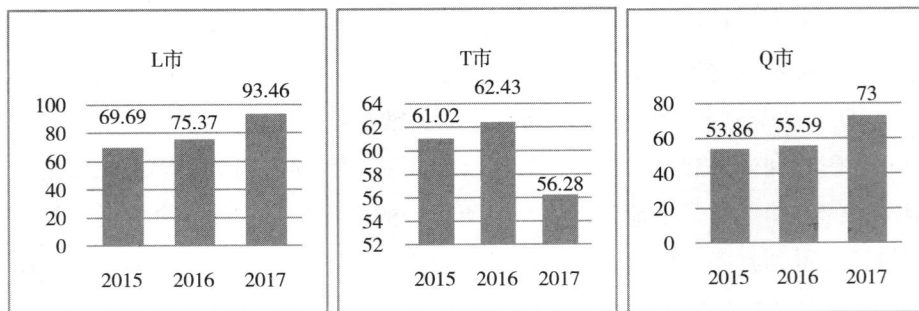

图3 L、T、Q 三市基层法院近三年平均执行天数解析图（单位：天）

---

① 高执办：《"执行难"新议》，《人民司法》2001 年第 5 期。

执行权运行是高度的专业化和精细化，而支撑这种模式是需要相对独立化、专业化和职业化的执行队伍以提高案件执行的可实现程度，但地方化执行模式体系是很难避开不合适的冗长繁琐和压力体系的规则，从而淡化队伍的精细化发展。基于上述考量，传统区域执行模式可能造成的社会评价及苛责也许是难以避免的。

三、审时度势：突破地域区划的全域执行模式建构论证

从结构—功能出发对其组成要素和执行运行体系构成一致的应然结构和偏离实然状态进行实体观察，其耦合程度和空缺消解机制是保证系统实现良性循环的关键。介于改革已进入"深水区"，日渐发酵的"地方化""地域"执行运行模式暴露出的弊端，无疑成为躲无可躲的必须解决的"必答题"。

（一）系统考量——为什么是深化内分的"全域"执行

关于将民事执行权是深化内化，抑或适当分离，或全部外分的讨论由来已久。所谓全部外分模式是将执行权全部交由行政机关，执行权即行政权，不包含司法权性质，可以设置专门机构，比如瑞士、瑞典等国家；或由已有的司法行政机关、公安机关行使。折中主义将民事执行权由法院与行政机关共同行使，主要以日本、德国等为代表，主要是在法院内部设执行官或在法院外设置执行官事务所，执行官主要来自于法院检察院，薪酬从当事人交纳的执行费中收取①。笔者认为，"审判权和执行权分离"体制改革的重要关键在于合目标性功能，运行体系的重塑核心是通过重新配置组合与运行，构建适合本土国情的相关体制。过往在针对执行权运行地方化"高度集中"运作的改革中，适当介入了"协同""集中""监督""指导""提级"等要素，一定程度上提高了当事人对权益实现的信任度和可能性，但这种未打破传统内分的执行运行体系并没有彻底将审判权和执行权相互隔离。要应对复杂、多变和难解的现实境况，任何一个单层级、单区域和单部门的水平都会

---

① 在德国，强制执行在不同情况下分别由法院执行员、执行法院、受诉法院与土地登记所等不同机关管辖。日本实行的也是裁判所和执行官组成的二元制执行结构。参见江必新主编：《比较强制执行法》，中国法制出版社 2014 年版，第 134、202 页。

变得有限。因此，以治理"执行难"为己任，意味着整合、一体、集中和打破地方化的"全域"时代路径向我们走来，而这并不是一次不确定风险的任性选择，这是在利用现有资源下的一次制度性更优选择，也正符合了结构功能主义理论利用现有资源达致目标的研究范畴。

（二）推导论证——命题解答的演练证成

1. 民事执行权性质的合理性推演。执行权性质是建立全域执行模式的基础依据。国家对民事活动的救济通常通过审判和执行来完成，审判是恢复可能性，而执行解决现实性，因此执行强制性成为其最典型特征。执行权中的行政权主要是指执行实施功能，司法权主要是指向裁决权，如今裁执分离已成主要方向，因此执行权主要是以行政权为其特殊属性①。执行实施权包括立案权、命令权、调查权、措施运用等，这些倾向于效率价值的权能主要是体现了强制性、主动性等行政执法特征。虽然行政权具有独立属性，但这与司法权上下级之间严格的独立性是有区别的，因而设置起全域执行模式，并匹配相应流程管理体制是有理论基础的。

2. 民事执行权功能实现的反向论证推导。从充分发挥公正效率功能结论出发，如何选择或组织体系，分析执行权力应在何种模式、状态下运行，这是结构功能主义理论应用的另一视角。第一，从成本考虑，民事执行权以市域为划分进行全域执行，可平衡各地力量，增强合力优势，协同调动资源和力量，有效解决案多人少、信息渠道不畅、手段限制等问题，比如执行查控专线对接，在市一级层面对接可减少阻力，同时可缓解社会评价带来的心理冲撞和降低适应花费的精神成本消耗。第二，从收益效果，建立全域执行模式，可有效强化上级法院对下级法院执行监督。我们要注意的是，工作一体化并非是所谓"领导"关系，这涉及人事管理部分，关键是在于如何使具有行政权性质部分的执行权更高效开展工作。在上级统一指挥调度下，下级法院执行指令等同于上级法院活动，在一定程度上能提高威慑力和强制性，消除一些地方阻力。另外，由于全域执行后统一管理，可让发展方向更加明确和专业，有利于提高执行队伍的职业化和精准化，因此，从更有利于

---

① 对于执行权性质探讨不在本文范围内，故笔者主要采纳了现学术界较为主流的执行权偏重于行政权的司法权属性。

公正价值实现的角度，全域执行模式显得更为妥帖。

（三）适应司法国情的耦合性因素分析

1. 历史的选择。基于结构功能主义的历史系统，全域执行模式出现是有迹可循的，那就是执行庭到执行局历史性转变。从 1983 年初设的审判执行庭合一到 1991 年独立执行庭出现，再到 2001 年，"执行局"取代执行庭模式出现在公众视野中。这种意义绝不仅只是文字上的改变，从附属在审判职能下机构到与审判庭平等内设机构再到区别于审判庭的执行局，执行权运行体系开始不断地强调其独立性和行政权特征。改"庭"为"局"是强化上级对下级执行机构的直接领导。因此，可在改革的一贯思路基础上继续推动上下法院一体化执行运行体系往深入发展。

2. 现实的可能。2017 年年底最高院发布通知要求加强中级法院协同执行基层法院执行案件，而浙江的 L 市中院召开新闻发布会上宣布"执行工作市区一体化"运行模式正式落地，这是落实文件精神的积极应变，更是深化协同执行的进一步探索实践。方式是先对市区范围内的执行案件统一立案、统一查控和统一分流，之后逐步把市县两级法院全部纳入一体化范畴。在法院内部执行局模式基础上发展执行工作市区一体化，是全域执行的先行先试。值得注意的是，这次改革还引入了"第三方"公证机构的参与。倍增学原理已明确告诉我们，组织系统实现内在整体协同后，由于组织系统各子系统或组分之间同向合作相互配合，减少在非协同状态下出现的负面效果，产生互补效应而使系统功能放大，形成整体大于部分之和的效应，实现协同学意义上所谓 2+2>4 的效果①。这也代表人们在研究探讨"执行难"问题上从单一开始向多元和多样化转变，逐步从司法视角转向了社会视角，通过合力攻坚、相互取暖、军团作战，树立终局性的权威和回复规则之治功效。

3. 数据时代的成就。"大数据时代是充满生机的时代，也是一切皆有可能的时代"。它之于执行工作内涵在于以数据储存收集分析为基础，并由此获得财产下落和执行规律，更好地解决执行难题。伴随着国家"互联网+"战略实施推进，执行领域大数据建设也迎来了前所未有的大时代，筹建了查

---

① 参见白列湖：《协同论与管理协同理论》，《甘肃社会科学》2007 年第 5 期。

控、管理、督办、公开和惩戒等功能为一体的执行指挥系统。四级法院可通过执行指挥中心实现统一行动；建立起与银行、不动产、公安等数据连接的"总对总""点对点"网络化执行查控体系。信息化时代、大数据思维的引入给原有执行运行体系带来了挑战，一方面单兵作战难以应付瞬间而来的海量数据，另一方面容易造成上下或关联数据的信息断层。因此，大数据时代的到来既是对全域执行模式的呐喊，也是成就全域执行模式的重要基础条件。

四、应势而谋:"全域执行"模式建构的实践范式

民事执行权运行体系系统的重设一方面可根据其内含的属性性质来设置结构；另一方面则可通过建构模式推见其可以实现的社会功能。鉴于实践效能性考虑，本文所探讨"全域执行"主要限定于市域统筹层面，因全域理论视野下的执行涉及区域内执行力量、物资等的统筹安排，若将改革层级直接定位于全国、省级司法区域层面，则范围过于广泛且层级太多，不便管理。而市域司法层面不管从区域大小、各种力量配比等均恰到好处，可以试推行。

(一)从模式维持功能分析,"分段集约执行"模式下的职权重置

"分段集约执行"是近年来司法改革的产物，是执行模式中最显成效的模式之一，各地经验模式也大同小异。"分段执行"在执行工作廉政建设、提高执行工作质量与效率方面均起到一定作用。但该模式当前主要限定于同一法院范围内，尤其是在基层法院"案多人少"矛盾突出、信息查控尚不发达情况下，其优势发挥受到一定程度制约。笔者认为，全域执行可以借鉴"分段集约执行"模式，突破原来由一个法院承办到底的办案方式，依托信息化和第三方力量，由市中院统筹指挥、管理，实现市一级、规模化的跨法院集约化执行。即对于各区（县）法院执行案件（主要为初执案件）的立案、查控、案件分流等环节进行职权上的重新配置。主要设想为：1.统一由市中院吸纳各区（县）初执案件的立案功能，并按照民事诉讼法相关规定，编立原移送法院的执行案号。2.引入公证辅助执行模式，实现法院与公证机构功能优势互补，负责市、区（县）案件集中查控，明确时限要求，

尽可能科学整合。3. 经集中查控后，对于有无财产案件进行有效甄别，根据执行案件二元化管辖制度，由市中院根据被执行人财产所在地、各基层法院案件量、人力因素等进行分流，进入执行实施；对于穷尽财产调查但确实无财产可供执行的，出具《执行状况证明书》，裁定终结本次执行程序。4. 对于基层法院的评估、拍卖工作，从效能性角度出发，集中由市中院统一委托、拍卖。（见图 4）

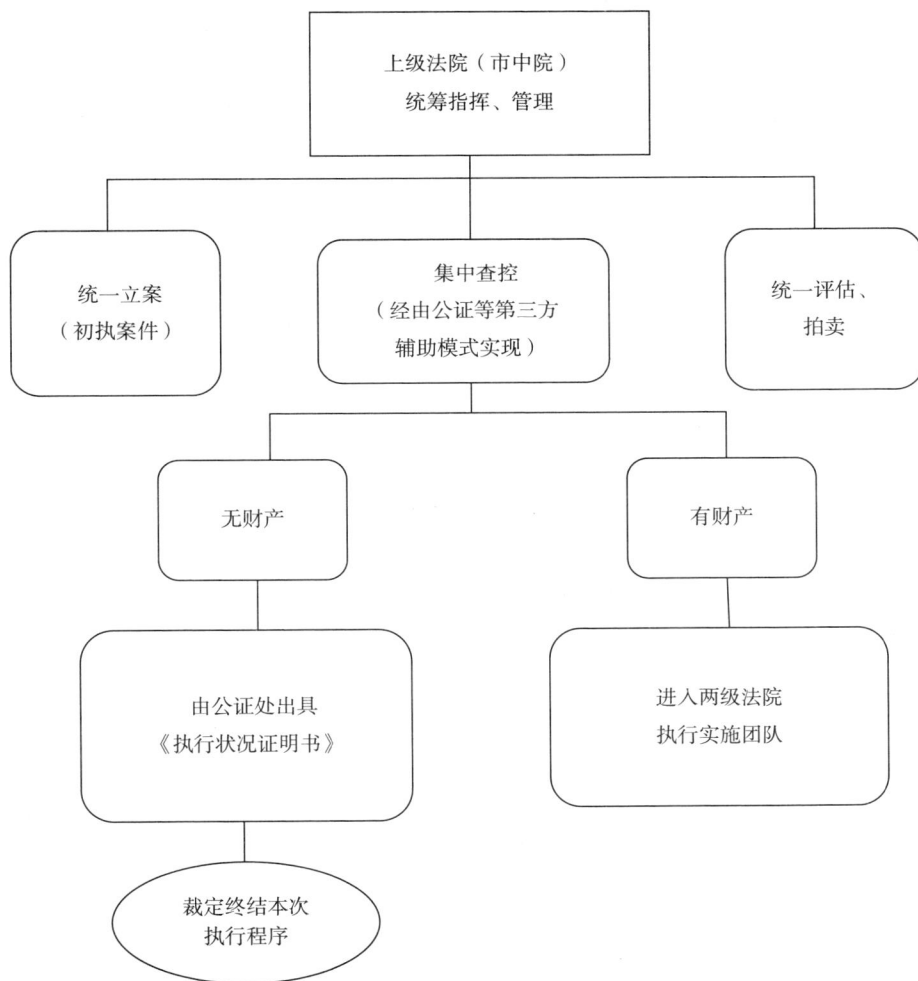

图 4 全域执行模式职权流程图

（二）从要素功能分析，执行指挥中心的功能设计与实体化运行

全域执行涉及纵、横向法院之间的功能统筹、协调、人员、物资调配、考核评估等一系列事务性工作，需要一个集联动执行、综合管理服务的运行平台。而执行指挥中心是集执行办案、执行指挥、执行管理、执行考核、决策分析等多项功能于一体的综合性信息化平台，是执行工作的管理中枢。促进指挥中心的实体化运行是实现全域执行模式从设想到现实的最佳通途。主要为：1. 调整市域法院执行指挥中心职能，将"统一管理、统一指挥、统一协调，集网络化执行办案"职能集中至市一级法院，实现覆盖市、区（县），辐射全市的执行统一指挥平台。2. 结合对全域执行现实运行过程的分析，以大数据为核心，对执行指挥中心的功能进行优化与完善，通过该系统实时调配、指挥市辖区法院的执行力量，为全市统一立案、集中查控等提供运行基础。加强市级横向联动，建立网上一体化数据交换平台，实现信息查控全面覆盖。3. 通过执行快速反应系统、电子签章系统、统筹分案功能系统以及执行要情决策系统的实时运行，逐步完善指挥中心功能，实现线上快速应急、科学性随机分案、24 小时值班以及执行质效动态监管等，为全域执行提供技术、服务支撑。

（三）从整合功能分析，资源性要素投入的整合调配

如前所述，依托信息化建设将大部分执行事务转为线上运行，在一定程度上减少了司法投入。但在全域执行模式建构过程中，人力、物力因素仍为不可或缺的因素，尤其是在执行指挥中心实体化运行情况下，中心职能的发挥需要相应的专业技术人才和物力支持。笔者认为，首先应结合市中院执行指挥中心工作量，整合中院执行人员和区（县）法院部分人员，增强配置执行专业人员。对此，针对当前执行员业务素质能力不够、普遍缺乏尊荣感等现象，可分批开展市、区（县）执行人员的上挂下派工作，逐步尝试全市法院干警在执行领域的定向交流机制，从增强素质、人文关怀等方面将中院执行指挥中心打造为青年干警锻炼培训基地。对于执行辅助人员，针对其待遇低、队伍不稳定的现状，则可从执行助理培养角度出发，依照最高法院与司法部出台的公证参与执行相关规定，借力公证处，将现有市、区（县）执行辅助人员进行归类管理，全部转由公证处派遣，努力提高其归属感及工资待遇水平。对于物资性调配，各区、（县）法院如执行车辆、宣传力量、平台媒

介等均可由市中院执行指挥中心根据工作需要统一调配。另，创新性执行措施、专项活动等也应通过市一级统一实施，如实践中限驾 APP、集中执行专项活动等由全市以市域层面推开之后操作便捷、更具威慑力，效果明显提升。

（四）从资源功能分析，创新财产发现机制的完善进路

在民事执行实务中，"被执行人难找""被执行人财产难寻"成为民事执行难中的突出问题。对于上述问题，实践中做法不一。最为常见的为对被执行人进行布控，以及不少专家学者试图从执行阶段财产调查令入手，让申请执行人去相关部门如银行、车管所、工商局等查询被执行人财产。该两种实践在一定程度上缓解了执行难现象，但并未从根源上解决执行顽疾，尤其是执行财产调查令，实践效果并不理想。在信息化背景下，对被执行人进行轨迹分析和履行能力分析，通过对被执行人财产及行为轨迹的信息的整合，经大数据提取汇聚织成执行领域"一张网""一片云"，不失为一种创新思维。若该部分功能可实施，并将其运用于全域执行模式下的执行指挥中心运行，将大幅度提高对被执行人处所、财产情况的把握以及查控效率。但正如我们所担忧的，此处涉及个人隐私保护问题，须慎之对待。对此，笔者认为，有两种途径，其一为与市级以上公安刑侦部门沟通协调，形成联动机制，将需查询的被执行人轨迹（主要以手机、车辆为定位标准）、财产转移情况等交由公安部门协助查询。但由于当前法院执行案件量过大，该部分工作将占据公安刑侦部门大量人力、物力，实践中并不具操作性。故笔者认为法院系统可向有关部门争取相应职权，对于被执行人轨迹、履行能力（包括近期对财产的转移情况查询，涉及其近亲属、联系密切的朋友之间的财产往来情况等）进行查询分析。但正如前所述，出于隐私保护角度，应严格限定查询人资格，并对查询行为进行实时监管。对此，须设定专用账号、密码，确定由专人负责查询。同时，通过省级监控系统进行实时动态跟踪，明确每一账号所对应查询行为发生的特定时段、具体查询内容，实现查询行为全程留痕，形成倒逼机制，避免信息泄露。

五、结语：有理由的期待

"制度层面改革成就想要转化为司法运作的实际效果，还有一个'时滞'，而缩短时滞需要全社会司法观念的深刻转变"①，否则再精良的制度设计可能因未契合公众理念而成为自我的"狂欢"。我国尚未有建立全域执行模式的先例，尽管可能会存在机制顺畅、工作衔接等现实困境，但当司改图景开始显现于人前时，无论是审判或执行的各种不安定因素便活跃起来。执行疲累、负重和焦灼成为执行干警群体角色突围的迫切需求，内心职业共同体意识和需要的归属感被逐渐唤醒。"全域"执行路径创新并不是一蹴而就和凭空想象的，从区域执行—协同执行—全域执行是顺应改革的趋势和可能性的，L市的市区执行一体化落地便是很好的例证。但理想与现实的缓解不仅依赖于大环境，更是成员共筑的良知推设，一切也许都还是未知。幸运的是，在这场步履维艰的执行难路上，我们已开始了一场可能漫长但却足够理性的机制变革，以一种克制且深省方式来寻找路径改变的任何可能地带，这种力量是一种鼓舞的，并值得期待和坚持的。

---

① 杜豫苏：《审判业务专家司法新论系列谈 14：上下级法院审判业务关系纵横谈》，ht-tps：//www. chinacourt. org/article/detail/2015/04/id/1580365. shtml。

"独任制+"视角下民事诉讼独任
审判制度的改革和完善

吕凯楠[*]

　　根据我国法律的规定，独任制的适用范围是：1. 就法院层级而言，仅限于基层人民法院和其派出法庭；2. 就适用程序而言，仅限于适用简易程序、特别程序（除选民资格案件或者其他重大疑难案件）审理的案件和督促程序案件[①]。因此，如果我们单单从法律条文中提取的规定看，在实践中应用独任制似乎非常清晰，根本不存在混乱适用的问题。但现实情况是：因为法律对独任制的明确规定，导致有些案件由于法律规定的限制不得不适用合议制，而实际上却还是办案法官个人独自办理，比如因送达投递等问题而耽误较长审限的案件、简单的公告案件、因超简易程序的审限而转为普通程序审理的简易案件等，这些案件就促进了"形合实独"问题的蔓延，使独任制在实质上形成"隐形"扩张。基层法院只能在这样的框架下，一方面承担着案多人少的压力，另一方面又只能眼看着诉讼效率的停滞不前。所以，笔者认为，应该深入现实研究扩大民事案件独任审判制度的适用范围和相应的制度构建。

一、审判实践中"形合实独"问题的现实透析

（一）基层法院民事诉讼合议制运行的现状

　　合议制是由多人参与审理案件，并通过群体决策的方式进行合议，从而

---

*　吕凯楠，浙江省遂昌县人民法院立案庭法官助理。

① 参见张志龙：《完善现行简易程序推动基层法院独任庭的改革》，《法制与社会》2008 年第 10 期（中）。

作出公正合法的裁判的制度，合议制的最初设定是希望通过合议的方式有效地避免因独任法官个人的价值取向、知识缺陷而导致可能出现的不公的现象。不可否认，合议制有其独特的优势，合议制度相对于独任制而言也更能避免独任法官个人审理的轻率与武断，保证裁判结果的公正性与权威性。对外吸纳陪审员参与案件的审理，并对审判过程进行监督，一定程度上使案件的裁判更容易被当事人信服。然而，实践却与理想相背离，理想中的"集思广益"并未能够有效运行，且进一步地演化为"形合实独"的现象。合议是为避免个人缺陷、以偏概全，最好是在审理某些案件时，能够吸收对相关领域有专业知识、见解的法官或人民陪审员来参与该案。但基层法院案多人少矛盾突出，人民陪审员队伍逐年扩大，很多情况下由于缺乏相应的陪审员考核及选任制度，且部分陪审员对法律知识缺乏了解，导致陪审员素质参差不齐，部分人民陪审员甚至只是坐在审判庭上参与庭审，开完庭后就不见踪影，导致群体决策的优势难以体现，在案件审理中很少发挥作用，也难以形成相应的制约。

（二）独任制改革的必要性

法治是保持社会稳定和长治久安的根本，伴随我国法治的进程，审判人员的法律水平及公民的法律意识都在不断提高，以合议制为审判组织主流形式的相应历史背景也渐渐淡化。一方面，民事案件数量的不断增长与审判人员严重不足的矛盾转化为法官现实的办案压力，迫使法院比以往任何时候都更加关注如何尽快消化案件；另一方面，诉讼观念的改变、人民迫切的法律需求，使得适用独任制进行快审快结的诉讼要求日益凸显。

以笔者所在的基层人民法院为例，合议庭案件大致有三种来源：第一种，稍微有点复杂疑难的案件，承办法官大多对案件已进行过分析，有的甚至可能已经适用简易程序进行过庭审，由于审限的原因，转为适用普通程序，这类案件在所有民事案件中只占 10% 左右。第二种，案件由于穷尽一切方式无法送达而进入普通程序，采用公告送达方式。这种来源的合议庭案件，民间借贷纠纷及买卖合同纠纷占绝大多数，且案件较为简单，法律关系清楚，权利义务关系明确，承办人基本不需要过多参与庭前的处理，而因为需要组成合议庭，加入了人民陪审员，其往往缺乏专业的法律知识，所以庭审主要还是由承办人进行审理。同样由于这一限制，承办人的案件处理意见就是合议庭的意见，承办人在案件审理过程中"一家独大"，人民陪审员形同虚设，明明是合议庭案件，却"合而不议"。第三种，再审、破产及其他法律规定的特殊案由的案件，这部分案件不在本文的探讨范围之内，本文不加以赘述。对于前述的第二种来源的合议庭案件，合议庭基本已经沦为事实上的独任制，其相对于独任制的功能优势荡然无存，且其繁琐的诉讼程序既浪费了司法资源，又降低了诉讼效率。

对于普通程序案件、中级以上法院审理的案件一概适用合议制的规定也确实值得商榷。原因很简单，不仅基层人民法院第一审普通程序中存在大量事实清楚、权利义务关系明确、争议不大的简单案件，而且在中级法院普通程序案件中案情简单的也并不少见。

以笔者所在基层法院的上级法院为例，近三年二审案件受案数急剧上升，以1—4月为例，2016年1—4月，二审民事案件收案数768件；2017年1—4月，二审民事收案数剧增，为1211件，同比上升57.82%；然而，2018年1—4月，二审民事案件数则增至1491件，同比增长23.12%。同时由于2016下半年进行了员额制改革，入额法官只占原法官总人数的一半左右。这无疑进一步加剧了人案矛盾。为维系自身的超负荷运作，变相地采用独任制审理以提高工作效率的做法也就不难理解了。

综上，审判实践中法官办案所面临的压力前所未有，民事诉讼独任审判制度的改革迫在眉睫，必须从独任制普通程序和完善二审民事案件适用独任制两大方面着手进行独任制度改革，对于简单、一般的民事案件尽量减少繁琐的诉讼程序，将更多的精力放到那些真正疑难复杂的案件中去。

二、创建并完善独任制普通程序

目前我国法律中所规定的简易程序实质上是普通程序的简化形态，独任制与简易程序相互对应，民事普通程序不能适用独任制。将普通程序的简化状态作为简易程序是大陆法系国家的共同特性，但是，将独任制与普通程序截然分离的做法，我国算是特立独行了。[1] 西方国家基层法院普遍适用独任

---

① 参见吕琳超：《创建完善我国的独任制普通程序》，《法制与社会》2009年第6期（下）。

制，独任法官既可以主持简易程序，也可以主持普通程序。而且，自20世纪90年代以来，基层法院与中级法院的一审程序在审判组织方面的差别一直在缩小。如英国要求郡法院所有案件都由独任法官独自审理，陪审团制度不再适用。在德国和意大利的四级三审结构中，基层法院一律适用独任制，其中少数案件适用独任制简易程序，大部分的案件都适用独任制普通程序。① 在我国独任制简易程序只适用于基层法院及其派出法庭审理一审案件，其适用范围之狭小在当前情况下已无法适应审判实践的需求。

（一）独任制与简易程序相分离

合议庭决策的职能原本应是确定司法政策、创制规则，而基层法院并不承担这些职能。因此实行合议制的意义并不大，特别是对于承办大量民商事案件的基层法院而言，意义更是趋小。在独任法官可以审理简易程序和普通程序的情况下，对于只因送达问题而适用普通程序的案件而言，能最大程度地节约诉讼资源，缓解诉讼办案压力。根据我国当前的法律规定，我国目前是将审判组织与诉讼程序完全对位捆绑，从而导致"普通程序＝合议制""简易程序＝独任制"。其实二者并不相同。审判程序主要是对诉讼活动过程的规制，其对诉讼的作用主要在于以公正的审判规程确保诉讼活动公正、有序和具有效益；审判组织形式是国家对审判人力的投入，其作用在于以合理的人力投入来确保案件的事实认定和法律适用尽可能正确。这不仅表明二者是完全不同的概念，不能一一对位，也意味着普通程序与独任制是能够相互兼容的。②

（二）确定独任制普通程序的适用范围，明确独任制审理与合议制审理的案件类型、数额限定

基层法院的民事诉讼一审程序原则上适用独任制，确有必要的，经讨论可以采用合议制进行审理。在我国法院审理的民事和商事案件中，简单及相对简单的案件是多数，重大、疑难案件是少数，尤其是基层人民法院。在界定独任制审理与合议制审理的过程中，将诸如因公告送达而适用普通程序的案件可以由1名审判员进行独任审理。另外，就笔者所在的基层人民法院而

---

① 参见齐树洁：《民事司法改革研究》，厦门大学出版社2000年版，第484—505页。
② 参见张晋红、赵虎：《民事诉讼独任制适用范围研究》，《广东社会科学》2004年第4期。

言，有来自因当事人申请延期举证，或因案多人少导致审限不够转为普通程序的情形，诸如此类的案件，并不能算是真正意义上的重大、疑难案件，故此类案件也可以由1名审判员进行独任审理。而复杂、疑难案件，及二审、再审案件则适用合议制普通程序进行审理。实践中，可先选择几个基层法院进行试点，将法律关系简单、权利义务明确、事实清楚，但却因某些原因不得不适用普通程序的案件适用独任制普通程序进行审理，在实行的过程中，对比数据，提出不足，总结经验做法，再逐步扩大独任制普通程序的适用范围至中级法院的一审案件中进行，以确保制度的实施符合审判实践的需要。

三、探索完善二审民事案件适用独任制

目前，我国正在深入推进新一轮司法改革，改革内容虽未直接涉及二审的审判组织问题，但司法改革的进程却决定了独任制延伸至二审是必要的。目前，将独任制合理延伸至二审已成为不少西方法治发达国家司法改革的重要组成部分，其中最典型的是德国。在德国，随着2002年《民事诉讼改革法》的实施，州法院从以合议制为原则转向以独任制为原则，为节省上诉法院人力，《民事诉讼改革法》首次在州高等法院的二审程序中设立了"独任裁判法官"，将具备一审裁判由独任法官作出且在事实和法律上不具特殊困难或没有原则性意义等情况的案件，移转给合议庭成员之一由独任法官裁判。①

（一）二审民事案件适用独任制审理问题的提出

虽然我国立法明确规定二审民事案件应适用合议制，但因前述许多泉源性问题的存在，多年来形成的"形合实独"现象确实也难以改变。且从当前形势来看，最高人民法院一方面强调要强化合议庭职责，实现真正的"实合"。另一方面，从推行审判长负责制到加强主审法官职责，再到今天的"承办案件的主审法官任审判长"改革，客观上对"实独"提供了制度便利。对于当前形势下的"实独"现象，我们可以得出以下几个合理结论：

---

① 参见王聪：《审判组织：合议制还是独任制？——以德国民事独任法官制的演变史为视角》，《福建法学》2012年第1期。

首先，将独任制变相扩展至二审有其长期存在的合理性，法学研究和立法完善不应忽视该现象，法律应有的"德性"也要求法律应切合实际，与社会发展和社会需求相适应；其次，实践中适用合议制审理的二审案件在"形合实独"的实质下依然能够圆满结案并使双方当事人服判息诉，就表示相关案件采用独任制审理也并非不可，进而表明独任制可以进一步扩张适用，不应以案件的审级作为判断标准。从案件情况来看，一审中简单和一般案件占多数，二审亦同样如此，重大疑难案件还是占少数。因此，采用独任制审理的案件应多于采用合议制审理的案件，二审适用独任制审理也并没有理论上的障碍。过去由于法官队伍整体素质偏低、法院案件数量也相对较少，立法出于对终审裁判的重视将二审设定为适用合议制审理是合理的，但在法官素质得到普遍提升且案件量激增的今天，则应依上述规律将独任制合理扩张至二审。[①] 我国立法对普通程序的看重以及对合议制的尊崇直接导致"普通程序＝合议制，简易程序＝独任制"的等式性格局，并使审判组织的适用具有显著的"合议制为主，独任制为辅"的特征。由于合议制所占用的司法人力资源至少是独任制的 3 倍，如果对依法需要适用普通程序的案件都实行具有实质效果意义的合议制，那么，在不改变法官编制的前提下，法院处理纠纷的能力就会降低 2/3。[②] 案多人少矛盾只会进一步被激化，所以随着司法改革的进行，将独任制扩展到二审诉讼程序显然是缓解各方压力的妥当考量。

（二）确定独任制适用于二审的合理范畴

从宏观层面出发，将独任制扩展至普通程序后，二审审理中会出现独任制普通程序和合议制普通程序两种诉讼程序并行的局面。二者划分的基本原则就是审判力量应与案件的重要性和疑难度相适应，故应按照案件性质进行基本界定。司法的基本功能是审理裁判，基础功能是解决纠纷，而司法功能的延伸必须与基本功能相适应。故从更有效率的定分止争的角度上来说，合议制的适用范围应大幅度缩小，只限于重大疑难案件。重大疑难案件的具体

[①] 参见荣明潇：《二审民事案件适用独任制审理的理性逻辑与进路探索》，《法律适用》2017年第 9 期。

[②] 参见荣明潇：《二审民事案件适用独任制审理的理性逻辑与进路探索》，《法律适用》2017年第 9 期。

范围可借鉴德国的改革经验，即"在事实和法律上具有特殊困难或原则性意义"，除此之外的其他一般性案件（含简单案件）应适用独任制普通程序。通过上述分流改造，可大致完成民事二审的"一般（含简单）案件适用独任制普通程序，重大疑难案件适用合议制普通程序"的合理划分，具体的划分细则可根据各法院的实际情况由各高级人民法院制定相应规范。这样一方面能让独任制的适用范围在二审合理扩张，另一方面可使合议制的二审适用变得"少而精"，从而让二者在二审的界定划分更符合司法规律①。

从法院层级出发，这是对独任制合理扩展至二审的范围的另一重界定，就中级人民法院而言，其审理的虽有部分一审案件，但仍以二审案件为主，且数量远多于高级法院和最高法院。但其审理的很多二审案件在事实认定和法律适用方面并无多大困难。故中级法院原则上适用独任制普通程序，除此之外的极少数"在事实和法律上具有特殊困难或原则性意义"的重大疑难案件则适用合议制普通程序审理或者依法报请上级法院审理。就高级法院而言，其审理的案件构成与中级法院基本一致，不过数量上比中级法院要少得多，但其重大疑难案件则要多得多。且作为省一级法院，高级法院确定法律规则和指导下级法院的任务更加突出。因此其审理的二审案件原则上应适用合议制普通程序，其中无事实认定难度或原则性意义的二审案件亦可适用独任制普通程序。就最高法院而言，作为完全意义上的终审法院，其审理的案件具有原则性意义，且最高法院主要职能在于统一法律适用，因此其审理的二审案件原则上应全部适用合议制普通程序。

综上，独任制在扩张至二审后其适用应与法院层级呈反比关系，而合议制在相应的限缩后其适用则与法院层级呈正比关系。即二审案件随着法院层级的升高由独任制普通程序为主逐步过渡至合议制普通程序为主，直至在最高法院完全适用合议制普通程序。②

（三）独任制与合议制在二审中的有序衔接

如前所述，将民事诉讼独任制适用到二审还需要注意另外一个问题，即

---

① 参见荣明潇：《二审民事案件适用独任制审理的理性逻辑与进路探索》，《法律适用》2017年第9期。

② 参见荣明潇：《二审民事案件适用独任制审理的理性逻辑与进路探索》，《法律适用》2017年第9期。

如何将独任制普通程序与合议制普通程序实现有序衔接。实践中，这两者之间的合理转化也是在审判过程中必须加以重视的问题。笔者认为，从目前的司法环境和审判实际来看，二者的转换条件应为二审法院在运用独任制普通程序审理案件的过程中发现案件"在事实和法律上具有特殊困难或判例性实践意义，又或者在法律适用和理解上可能会具有重大分歧"，即属于重大疑难案件时，应由独任法官将案件与2名以上独任法官商讨，认为确有必要的，可作出裁定将案件转为合议制普通程序。对此应注意以下几点：一是二者之间的转换与审限无关，不能仅因独任制普通程序审限到期而将案件转为合议制普通程序，应看是否属于重大疑难案件；二是适用独任制普通程序的案件在延长审限后发现案件"在事实和法律上具有特殊困难或判例性时间意义，又或者在法律适用和理解上可能会具有重大分歧"而转为合议制普通程序的，应给予合议庭必要的审理时间，但又不能使时限过分延长，考虑到之前案件已经审理多时且已进行过必要的实质审理，故笔者认为，这种情况下的案件，审理期限可规定自裁定转为合议制普通程序之日起3个月内审结；三是确立"程序不得回转"原则，即案件在裁定转为合议制普通程序后，合议庭经审理后即使认为案件并无"在事实和法律上具有特殊困难或判例性实践意义，又或者在法律适用和理解上可能会具有重大分歧"的，不得再转回独任制普通程序，而应以合议制普通程序审理后作出二审裁判。

四、机制完善与创新——以"独任制+"为重点完善制度构建

民事诉讼独任审判制度的改革和完善是一项系统工程，需要有相关的配套措施和良好的制度设计才可能充分发挥其应有的作用，避免改革的大起大落，忽左忽右。审判不但要讲求效率、讲究成本，更重要的是公正，既然独任制适用范围的扩展已是大势所趋，那么如何保障独任法官的权益并对其进行有效监督从而防范独断与腐败。笔者认为，从制度设计角度而言，应结合司法改革，从以下几个方面入手：

（一）"独任制+选任制"——提高独任法官选任门槛

"法院是法律帝国的首都，法官是法律帝国的王侯"。这是美国法学家德沃金对法官地位的高度评价。在英美法系国家，法院和法官享有崇高的地

位和威望。我国宪法规定:"人民法院依照法律规定独立行使审判权,不受行政机关、社会团体和个人的干涉。"可是,我国法律没有明确规定法官个人独立审判,法官的政治、经济地位相对不高。故在研究确定法官选任制度的同时,也要将法官的权益保障问题纳入选任制度中。另外,由于独任制适用范围的扩展,独任法官拥有了更大的裁判权,同时也将承担更多的责任和压力,加之独任审判本身就需要主审法官具有较高的综合素质,考虑到法官的职业特点和法院现实状况,可对主审法官采取"2+2"的四要素式选任机制。

第一个"2"呈正相关关系,即法院层级和担任法官的年龄。层级越高,任职年龄应当越大。审判业务经验和生活阅历的积累对于独任法官特别是二审独任法官而言是必不可少的,故未来的独任法官最低任职年龄应高于28周岁。另外不同层级的法院职能定位也应当有所不同,故笔者认为,未来独任法官的选任可采用逐级遴选制度,对主审法官的最低任职年龄,上一级法院应适当高于下一级法院。考虑到目前法院工作实际,中、高级人民法院的二审独任法官的最低任职年龄可分别为32周岁和36周岁。

第二个"2"呈反比关系,即法律专业素养(即法官学历)和审判实务经验。即法官学历越高者,其从事审判实务工作最低年限要求可适当放宽(但最少不得低于3年),反之亦然。法律专业素养要求独任法官应为高等院校法律类专业毕业,并至少具备正规院校本科学历和学士学位;审判实务经验则要求在成为主审法官前须至少从事审判实务工作满一定年限,从当前工作实际来看应至少满5年。① 具体可为:学士学位获得者从事审判实务工作应至少满5年,硕士学位获得者从事审判实务工作应至少满4年,博士学位获得者从事审判实务工作应至少满3年;且同等条件下具有下级法院审判实务工作经验者优先。

上述四个要素在主审法官选拔的具体实践中应并列式组合运用,缺一不可。当然这四要素是选拔考虑时最基本的遴选要素,除了上述的几点之外,可根据审判实际和各法官的需要调整增加其他的选任要素。

① 参见荣明潇:《二审民事案件适用独任制审理的理性逻辑与进路探索》,《法律适用》2017年第9期。

（二）"独任制+培训制"——提高独任法官综合能力

独任法官不但要拥有法律知识，还要具备社会学、经济学等其他学科知识，具有扎实的理论功底，能够作出批判性的准确判断，并能够迅速适应新情况，解决在现代世界中不断发生的新问题。因此，对独任法官的培训要侧重于解决问题和分析判断问题的培训，并应特别要重视任前培训。在这一方面，我国可借鉴国外的做法，即独任法官在上任前必须进行六个月至一年的全职培训，在培训结束前将综合考量独任法官的法律专业知识、审理技能和心理素质，合格者方可上任。[1] 只有"在法官因其学识、人格、出生地位等方面拥有比一般人更为卓越的资质这样一种信念广泛存在的情况下"，法官才"能够以国民的信任为基础，根据具体情况作出更加自由的判断"。而只有在这种司法背景下，法官的"自由判断"才具有真正的司法权威。[2]

（三）"独任制+责任制"——让审判者裁判，由裁判者负责，落实错案追究机制

独任法官要对自己独任审理的案件终身负责，这也是保证独任制适用范围扩展的关键。"独任制法官无从像在合议庭中那样可以将责任推脱给其他法官，不仅责任的载体明确、监督成本比较低，而且很容易培养和提高法官的责任意识，自然达到提高审判质量于无形监督—自律之中的效果。"[3] 另外责任制还应与法官职业保障相关联，即在明确法官的办案责任的同时也应明确独任审判法官的免责条件。这里的免责条件具体是指其非因主观故意或重大过失而导致案件出现错误，否则仍应承担相应责任。

五、结语

美国联邦最高法院第一位首席大法官杰伊（1789—1795 年在位）曾说过："过去的历史表明，将正义运送到每个人的家门口的益处是显而易见的，然而，如何以一种有益的方式做到这一点，就远不是那么清楚。"独任

---

[1] 参见孟秋庚：《论民事独任制的扩张》，《法制与社会》2014 年第 9 期（中）。

[2] 参见张晋红、赵虎：《民事诉讼独任制适用范围研究》，《广东社会科学》2004 年第 4 期。

[3] 周军：《独任制审判组织适用范围的适度扩张》，《人民法院报》2007 年 11 月 21 日，第 5 版。

制扩展是顺应诉讼爆炸时代的到来而作出的积极回应，然而独任制的改革和完善也不可能单独完成，它是审判组织制度乃至整个审判改革的一部分，势必牵一发而动全身。[①] 如果要真正落实民事审判独任制度，仅从"独任制+"的角度进行配套制度的改革是远远不够的，在保证公正的前提下，还需要将其与合议制等其他法律制度的改革有效地结合起来，充分发挥每一种审判组织制度的优点，弥补不足，才能以一种有利的方式将正义运送到每个人的家门口。

---

① 参见傅郁林：《繁简分流与程序保障》，《法学研究》2003年1月。

法院向同级人大报告工作
制度改革的逻辑与路径
——以本轮法院体制改革的总体思路为主线

熊中文　范招玉*

目前，每年召开县级以上人民代表大会时，一项固定的议程就是由人大代表听取、审议和表决同级法院院长所作的工作报告。这项制度每年例行运行，已经成为法院向同级人大"负责"的重要方式。然而该做法无法确定审判责任主体，也难以根治审判权地方化和行政化痼疾，与中共十八大以来党中央对法院体制改革总体思路形成紧张的冲突关系。同时，由于现行宪法删除了1978年宪法"并报告工作"的规定，法院向同级人大报告工作的合宪性问题屡受质疑，停止向同级人大报告工作的呼声日益高涨。实践中的困境和理论上的质疑，昭示着该制度未来走向的不确定性。本文试图全面揭示法院向同级人大报告工作制度与本轮法院体制改革总体思路的冲突，对法院向同级人大报告工作是否违宪的争论进行澄清，并在现行宪法框架内，寻找一条与本轮法院体制改革总体思路相契合的改革方案。

一、向同级人大报告工作与法院体制改革思路的三重冲突

中共十八大以来中央相继推出法院人财物省级统一管理（以下简称"省统管"）、规范上下级法院审级监督关系和实行人员分类管理等改革措施，以期解决审判权地方化和行政化等影响司法公正和制约司法能力的深层

---

* 熊中文，清流县法院灵地法庭庭长。范招玉，清流县人民法院党组成员、审委会专职委员、少年与家事庭庭长。

次问题，从而建立权责明晰且具有中国特色的社会主义审判权运行机制，确保法院依法独立行使审判权。① 然而，法院向同级人大报告工作的传统做法与上述改革总体思路存在明显冲突。

（一）法院向同级人大报告工作与确定审判责任主体相悖

建立权责明晰的审判权运行机制的基本前提是确定审判责任主体，而一旦法院工作报告被否决，理论上无法确定责任主体，实践中将造成权责归属错乱，从而影响本轮法院体制改革总体思路的贯彻推进。

1. 理论上无法确定责任主体。根据宪法学的基本原理，任何国家机关及其工作人员对其履职行为的后果负责，而承担责任的形式不外乎集体负责制和首长负责制两种。一旦法院工作报告被否决，实践中也确实多次发生此类事件②，那么应采用何种形式追究法院责任？这显然是一个无法解决的难题，因为从宪法学理论而言，法院既不应实行集体负责制，也不应采取首长负责制。基于"它们在通过法律和对重大事项作出决议时，由全体成员集体讨论，并按少数服从多数的原则形成决议"③，有学者认为法院实行的是审判委员会集体负责制。这种观点不但没有相关理论或法律依据的支撑，而且脱离法院工作实际。根据现行法律规定，由审判委员会讨论决定的事项和案件范围极其有限，仅限于通过相关司法解释和讨论重大、复杂、疑难案件，绝大多数案件不是由审判委员会讨论，而是由合议庭或者独任法官决定。特别是在中央明确提出"改革审判委员会制度，审判委员会主要研究案件的法律适用问题"，将案件的事实问题排除在讨论范围之外后，讨论的案件范围将进一步缩小，审判委员会职能将进一步弱化。同时，法院不应采取首长负责制。一是立宪者在逻辑上排斥法院采取首长负责制。现行宪法明确规定国务院及其各部委实行首长负责制，而对于法院组织原则却规定由法律另行规定。二是审判权运行基本法理决定了法院不能采取首长负责制。为

---

① 关于中共十八大以来法院体制改革总体思路的表述，参见张泽涛：《法院向人大汇报工作的法理分析及其改革》，《法律科学（西北政法大学学报）》2015 年第 1 期；姜伟：《司法体制改革的总体思路》，http：//www. 360doc. com/content/15/1204/04/22741532_517775487. shtml，2018 年 4 月 9 日访问。

② 如 2000 年 2 月 14 日辽宁省沈阳市人大、2000 年 4 月青海省共和县人大、2001 年 12 月陕西省澄城县人大、2007 年 1 月湖南省衡阳市人大相继否决了同级法院的年度工作报告。

③ 魏定仁：《宪法学》，北京大学出版社 1994 年版，第 129 页。

了及时应对瞬息万变的社会情况，行政机关和军队多采用首长负责制，而法院与行政机关和军队的情况不同，故稍微了解行政权与审判权差异的人都不会赞同法院实行首长负责制。

2. 实践中将造成权责归属错乱。在沈阳中院和衡阳中院等法院的工作报告被否决后，普通民众、学者、人大代表和官方无不认为，院长对此应该承担责任。① "人大不通过司法机关工作报告时，人大罢免法院院长职务符合其承担政治责任的方式。当然，法院院长也可以引咎辞职。"② 最高人民法院出台的《地方各级人民法院及专门人民法院院长、副院长引咎辞职规定（试行）》也明确，地方各级人民法院及专门人民法院发生重大严重枉法裁判案件，致使国家利益、公共利益和人民群众生命财产遭受重大损失或者造成恶劣影响的，在其直接管辖范围内的法院院长、副院长应当引咎辞职。然而，由院长承担报告通不过的责任，必然造成权责归属错乱。因为院长虽负责本院的行政事务管理，却不能影响、干预法官独立审判。根据权责一致原则，承担审判责任的主体只能是独任法官或者合议庭，而不能是未参与案件审理的院长。本轮法院体制改革的重要目标之一就是实现"由审理者裁判、由裁判者负责"，在通过推进以审判为中心的诉讼制度改革、领导干部过问案件全程留痕、取消请示和文书签发制度等措施确保"由审理者裁判"的同时，由具体审理和裁判的法官对其审判行为承担责任是"由裁判者负责"的应有之义。

（二）法院向同级人大报告工作与审判权去地方化相悖

所谓审判权地方化，是指在单一制的国家中，审判权的行使受地方国家机关操纵而破坏国家法制统一的现象。③ 受体制和历史原因的影响，我国审判权行使长期存在地方化的现象，甚至一度存在"基层法院就是地方的法院"的观念和思想，把地方法院"蜕化成为为当地经济保驾护航的本地法院"，④ 严重影响司法权威和公信。但"中央与地方的分权原则上只限于行

---

① 参见王尧：《沈阳市人大不通过案：吹皱一池春水》，《中国青年报》2001年2月16日。
② 钱宁峰：《宪法文本上的"报告工作"问题论析——兼评法院工作报告通不过事件》，《甘肃政法学院学报》2009年第3期。
③ 参见谢佑平、黎宏伟：《司法机关的去地方化和去行政化》，《上海法制报》2014年4月30日。
④ 谢佑平、黎宏伟：《司法机关的去地方化和去行政化》，《上海法制报》2014年4月30日。

政，由地方机关选举的行政首长只是代表地方利益行使管理职能，而法院则不能带有地方性。"① 故中共十八大以来全力推动的"省统管"措施被认为是削弱司法地方保护主义的重要抓手和突破口，但法院向同级人大报告工作的传统做法却与审判权去地方化的趋势背道而驰。"地方议事机构的性质决定了其权力的地方性，代表构成也决定了其狭隘性和利益上的地域性"②，而且人大代表并不都是法律专家，他们在对法院工作报告进行审议和表决时，往往是出于维护地方利益考虑，难以期望他们都能从审判工作专业化视角来衡量。如此，审判权在运行过程中必然面临贯彻国家法律与维护地方利益的两难选择。考虑到地方人大的立场，为让工作报告能顺利通过表决，法院不可避免将迎合人大代表的意愿，甚至置国家法律的旨意实现于不顾，从而维护地方利益。

（三）法院向同级人大报告工作与审判权去行政化相悖

司法行政化是当前司法体制最根本的缺陷，鉴于审判权行政化在法院系统根深蒂固和对司法公信的严重挑战，根治审判权行政化痼疾成为本轮法院体制改革的重中之重。但法院向同级人大报告工作的传统做法却会加剧审判权的行政化，体现在两个方面：

1. 同一法院内部的行政化。一旦法院工作报告被否决，尽管于情、于理相悖，但如上所述，实践中只能由院长承担责任。为避免工作报告被人大否决，院长就必须对非自己审判的案件进行查证核实，防止可能发生冤假错案的情形出现。这为院长随意而又名正言顺地改变合议庭或者独任法官的裁判提供"正当理由"，导致合议庭或者独任法官对其审理的案件只能"审而不判"，而院长却能"判而不审"。

2. 上下级法院之间的行政化。按照现行《宪法》和《法院组织法》规定，上下级法院之间不是领导与被领导的关系，而是审级上的监督与被监督关系，这种监督关系意味着上级法院不能干预下级法院的审判。法院向同级人大报告工作的传统做法，难免会导致上级法院干预下级法院审判，使上下级法院按照行政化的模式进行运作。因为如果人大代表对下级法院的工作不

---

① 郑贤君：《论我国人民法院和人民代表大会的关系——兼议司法权的民主性》，《甘肃政法学院学报》2008年第3期。

② 谢佑平、黎宏伟：《司法机关的去地方化和去行政化》，《上海法制报》2014年4月30日。

满，在表决同级法院工作报告时就可能会投反对票，把对下级法院的不满撒到同级法院身上。如此，上级法院就不得不对辖区内所有法院的案件进行查证核实，确保案件是按照其意图进行审理和裁判的，为避免让自己为下级法院审理裁判的案件"背锅"。

二、法院向同级人大报告工作制度违宪与合宪争论的澄清

在全面深化司法改革背景下，法院向同级人大报告工作制度未来应走向何方，学者们各抒己见，从而引发了"废除"和"保留"的争论，而争论的缘由在于两大阵营对于法院向同级人大报告工作是否违反宪法存在截然相反的观点。[①] 法院向同级人大报告工作是否违宪，牵动着国家根本政治制度——人民代表大会制度的神经，决定了法院向人大报告工作制度的未来命运，故有必要对此进行澄清。

关于法院与人大的关系，在我国现行的法律体系中，只有《法院组织法》明确规定法院向人大报告工作，其与现行《宪法》的表述存在明显的不一致现象，主要表现在：一是关于最高法院与全国人大之间的关系，将"负责"变更为"负责并报告工作"；二是关于地方法院与人大之间的关系，将"对产生它的国家权力机关负责"变更为"对本级人民代表大会及其常务委员会负责并报告工作"。对于上述差异是否违宪，学者论述颇多，但往往从现行《法院组织法》增加"并报告"是否违宪作宏观论述或者以最高法院工作报告为例进行论证。由于现行《宪法》对最高法院、地方法院与人大关系的表述存在明显"出入"，笔者拟对上述差异是否违宪分别进行论证。

---

① "废除论"认为，现行《宪法》只要求法院向人大负责，而《法院组织法》却要求法院向人大负责并报告工作，实是违反宪法规定，应停止法院向人大报告工作的传统做法。持违宪观点的研究成果有：占善刚、严然：《"省统管"背景下地方人大监督同级司法机关问题研究》，《学习与实践》2015年第10期；童之伟：《落实审判制度改革的宪法空间》，《凤凰周刊》2014年第1期；等等。"保留论"认为，《法院组织法》中法院向人大报告工作的表述是对"法院向人大负责"宪法本义的强化，符合我国的政治体制和政体逻辑，不能视为违宪。持合宪观点的研究成果有：张泽涛：《法院向人大汇报工作的法理分析及其改革》，《法律科学（西北政法大学学报）》2015年第1期；邵新：《全面深化改革背景下法院报告工作制度之完善建议》，《中国法律评论》2014年第6期；彭美：《法院工作报告制度功能评析》，《人民政坛》2012年第9期。

（一）最高法院向全国人大报告工作是否违宪

就第一个差异而言，有学者认为，前三部《宪法》均规定最高法院向全国人大"负责并报告工作"①，而唯独现行《宪法》去掉了"并报告工作"的规定，而且从《宪法》要求中央军事委员会向全国人大负责，但中央军事委员会从未向全国人大报告工作的情况来看，"负责并报告工作"与"负责"是有明显区别的，这表明立宪者试图从逻辑上将"报告工作"从《宪法》规定上予以排除。基于以上理由，不少学者认为，最高法院向全国人大报告工作违宪。但基于对立宪原意和"负责"与"报告工作"关系的考察，笔者认为上述理由难以成立。

关于现行《宪法》删除"并报告工作"的规定是基于何种考虑，曾参与过现行《宪法》修改的张友渔教授指出："国务院是最高国家权力机关的执行机关，它是具体执行人大、人大常委会原则上决定的东西，所以执行情况必须报告。法院、检察院的工作性质不同，可以作工作报告，也可以不作工作报告，根据实际需要决定。不宜硬性规定必须作工作报告，但也不能硬性规定不作工作报告。需要报告的还得报告，并且人大、人大常委会可以要求它作报告。"② 上述关于立宪原意的论述并不是严格意义上的立宪理由的说明，但有助于我们理解现行《宪法》删除"并报告工作"的理由和依据。据此，尽管不能得出法院向人大报告工作体现了立宪者本意的推断，但至少能够说明立宪者通过不规定"并报告工作"来明确对"报告工作"的排斥的观点难以成立。

关于"负责"与"报告工作"的关系，从字面含义分析，"负责"与"报告工作"是一种包容关系，"报告工作"完全可以理解为法院向人大"负责"的一种具体方式。正如学者彭美指出的："无论是从中国的政治传统角度来看，还是从宪法的内在逻辑来看，'报告工作'这种'负责'方式依然是站得住脚的。"③ 审判权是国家最高权力的具体化、类型化，基于一切权利属于人民和权力由人民授予的信托理论，作为行使审判权的最高法

---

① 详见 1978 年《宪法》第四十二条第三款。
② 张友渔：《宪政论丛》（下），群众出版社 1986 年版，第 359—360 页。
③ 彭美：《法院工作报告制度研究——以最高人民法院工作报告为样本》，中国检察出版社 2011 年版，第 69 页。

院，只能由最高权力机关——全国人大产生，并对其负责，故最高法院向全国人大报告工作完全可以理解为是最高法院向产生它的国家权力机关"负责"的具体方式。至于同是由全国人大产生并对其"负责"的中央军委为何在实践中从未向全国人大报告工作，这是因为中央军委不但是由全国人大产生的国家机关，同时还是党的军事机关，在革命根据地时期就树立了党对军队的绝对领导，而且中央军委的工作大多涉及军事机密，若要求中央军委向全国人大报告工作，极有可能泄露国家机密。

（二）地方法院向同级人大报告工作是否违宪

就第二个差异而言，现行《宪法》规定的是地方法院对产生它的人大负责，而《法院组织法》规定的是地方法院对本级人大负责并报告工作，与现行《宪法》之表述不仅存在有无"并报告工作"之差异，还存在"对产生它的人大负责"与"对本级人大负责"之差异，这是否违宪呢？现行《宪法》确立了地方法院由人大产生且对产生它的人大负责的基本原则，但却不能推断出：地方法院由地方人大产生且对地方人大负责；地方法院由本级人大产生且对本级人大负责。因为从逻辑上而言，地方法院完全可以由全国人大产生或者它的上一级人大产生。据此，《法院组织法》规定的"对本级人大负责"与现行《宪法》规定的"对产生它的人大负责"存在本质不同，《法院组织法》的规定明显具有违宪之嫌。通过对《法院组织法》与现行《宪法》规定差异缘何产生的梳理，更加印证了这种观点。《法院组织法》制定于1979年，可以推断其所依据的只能是1978年《宪法》，因而关于地方法院与人大关系的表述与1978年《宪法》保持一致。现行《宪法》规定地方法院对产生它的人大负责是对1978年《宪法》相应规定的否定，也是对1979年《法院组织法》相应规定的否定。因此，无论是从逻辑上而言，还是基于两者渊源的考察，认为《法院组织法》规定的"地方法院向同级人大负责"违宪并不偏颇。既然《法院组织法》的上述规定违宪，那依据其规定而在实践中一直延续至今的地方法院向同级人大报告工作的做法明显缺乏宪法依据。

三、法院向同级人大报告工作制度的改革逻辑与具体路径

"司法权的核心是裁判权，其本源在于人民，其终极归属在于国家，因

而审判权具有国家权力属性。"中共中央前政法委书记孟建柱曾撰文指出，"我国是单一制国家，司法职权是中央事权"①。上述审判权属于中央事权的理论决定了，法院向人大负责最终应体现在中央层面，即应通过最高法院对全国人大及其常委会负责来体现人民代表大会制度下的法院与人大关系，而不必体现为"地方法院由同级人大产生且对同级人大负责"，我国现行《宪法》为此提供了充分的改革空间和资源。法院向人大报告工作作为"负责"的一种方式，其改革逻辑亦应如此，具体分述如下：

（一）停止市、县级法院向同级人大报告工作的做法

1. 停止市、县级法院向同级人大报告工作的做法是"省统管"的必然结果。在审判权是中央事权理论下，法院的人财物管理应当脱离地方、完全回归中央，由于将法院的人财物完全由中央统一管理，尚有一定困难，所以中央决定先将省以下地方法院人财物由省一级统一管理。其最终目标是实现省级以下地方法院所有法官由省级人大选举或者任免，省级以下法院的经费、资产由省级财政统一管理。② 人财物是法院行使审判权的基础和保障，实现了"省统管"后，省级以下法院实质上是由省级人大产生，对省级人大负责。在县、市法院不是同级人大产生的情况下，要求其向同级人大报告工作没有依据，而且没有任何实质意义，只会无谓地引发县、市级法院与同级人大的矛盾和冲突。

2. 停止市、县级法院向同级人大报告工作的做法并不意味着市、县级法院不受同级人大的监督。笔者主张停止市、县级法院向同级人大报告工作的做法，并不是要求市、县级法院脱离同级人大的监督，而是希望人大代表和社会公众能对法院工作报告制度的监督功能进行再认识，并期望人大对法院的监督程序化、法治化，不因人大的监督影响法院的公正审判。由于人大代表和普通群众寄予的期望过高，法院向人大报告工作制度的监督功能被无限放大，甚至被认为是人大监督同级法院的基本方式。但在几十年的实践中，由于没有宪法依据和实质程序的支撑，其监督功能远没有达到期望值。其实，该制度的设立初衷并非基于监督与制约目的，而是法院为增强权力正

---

① 孟建柱：《深化司法体制改革》，《人民日报》2013 年 11 月 25 日，第 6 版。

② 参见占善刚、严然：《"省统管"背景下地方人大监督同级司法机关问题研究》，《学习与实践》2015 年第 10 期。

当性，主动形成的一种中国式的司法机关与国家权力机关正当关系的自我努力。① 这种监督只能理解为"是一种非常广泛意义上的监督，是包括最高人民法院在内的所有国家机关都要接受的监督……是体现人民当家作主的一种政治意义上的、'弱'的监督"。因此，停止市、县级法院向同级人大报告工作的做法，并不对市、县级人大监督同级法院产生实质性的影响。而且，即使县、市级法院不再由同级人大产生，不再对同级人大负责和报告工作，同级人大的性质和地位决定了市、县级人大仍然可以监督同级法院。这是因为市、县级人大作为地方国家权力机关，在本行政区域内的国家机构体系中具有最高地位，虽然市、县级法院不由同级人大产生，但其在该行政区域内依法行使职权的行为必须接受该行政区域内国家权力机关的监督。当然，由于市、县级法院不再由同级人大产生，其监督方式亦受到一定限制，如不能行使人事任免权，但仍可以通过询问、执法监督检查、特定问题调查、代表视察等方式进行监督。

3. 停止市、县级法院向同级人大报告工作做法的步骤。基于"凡是重大改革要于法有据"的原则，停止市、县级法院向同级人大报告工作的传统做法并不是一蹴而就的。考虑到《法院组织法》有关于法院向人大报告工作的规定，《议事规则》和《常委会议事规则》有关于听取、审议法院工作报告的规定，停止市、县级法院向同级人大报告工作传统做法的前提条件是必须修改上述法律规定。同时，停止市、县级法院向同级人大报告工作传统做法的重要基础在于"省统管"改革，但目前各地基本上只实现了"财物"的省级统一管理，而"人"的省级统一管理则采用了变通的方式，即由省级统一提名、地方分别任免。因此，取消市、县级法院向同级人大报告工作的传统做法应与"省统管"改革统一稳步推进。

（二）改革省级以上法院向同级人大报告工作的做法

在"省统管"背景下，高级法院仍由省级人大产生，故可与最高法院一样向同级人大报告工作，但应对报告内容和方式进行改革。

———

① 据学者言说，法院向人大报告工作是现行宪法删除了"并报告工作"规定后，最高人民法院主动争取来的"权利"，旨在与国务院保持同样的宪法地位。参见左卫民等著：《最高法院研究》，法律出版社 2004 年版，第 219—220 页。

1. 报告内容的调整。通过对近些年最高法院工作报告的分析，其报告内容基本呈现以下几个显著特征：一是内容非常庞杂，不但包括审判执行工作，还包括法院队伍建设、基础设施建设、行政事务管理等日常工作，几乎涵盖了法院工作的方方面面，可以毫不夸张地说，将法院工作事无巨细和盘托出，全方位展示了法院运转的全图景。二是审判执行工作是每年报告的重要组成部分，且占有很大的篇幅，其比重一般占全部内容的40%以上。三是在工作总结部分主要表现法院在各类领域的主要成绩和亮点，其比重一般占全部报告内容的30%以上；而对于法院工作存在的问题和面临的挑战、困难几乎一笔带过，其比重一般不到全部内容的3%。

作为法院向人大代表展示其实现价值的平台和与人大代表进行沟通的方式，法院工作报告究竟应该报告哪些内容，最终应回到该制度的设立初衷，并遵循最基本的司法规律。基于此，建议对法院工作报告内容作如下调整：第一，突出年度工作主题。"大而全"的报告的模式固然可以全面展示法院整体工作，但由于篇幅的限制抑或是有意为之，其所报告的内容大多泛泛而谈，没有具体数据支撑的深入、实证分析，导致人大代表对法院工作的审议缺乏明确具体的基础信息，如此人大代表只能"似是而非"或者"以偏概全"地进行主观评价。对此，美国联邦法院年度报告的经验可资借鉴，如2013年报告的主题为法院经费保障和法官加薪问题，2014年的主题为法院信息化建设问题，2015年主题为建立法律职业共同体问题，2016年的主题为基层法官在联邦司法制度中的重要地位问题，2017年主题为建立健全司法应急机制应对自然灾害等紧急情况问题。[①] 第二，报告内容主要针对年度经费支出、法官队伍建设和日常行政事务管理等事项，而不是审判执行工作。第三，突出法院工作面临的主要问题，而不是展示法院工作所取得的成绩。法院工作报告突出"正能量"本身并没有什么不妥，然而其工作量和取得的成绩毕竟是其自身应该做好的事项，没有必要"大写特写"。与此相对应，法院工作报告其实更应该突出其自身发展过程中遇到的问题和面临的挑战，引起人大代表的关注和争取人大代表的支持，从而促进法院的进一步发展。

[①] 自1970年开始，美国联邦最高法院以首席大法官名义每年发布一份年终报告，但与我国的法院工作报告不同，其向社会公布，不需要审议、投票表决，也不是强制性的，其内容主要为法院发展面临的问题，旨在争取社会资源的支持。

2. 取消人大代表表决程序。人大代表对法院工作报告进行表决是每年人大会议的固定程序，但在长期的运作中投票表决程序已带来不少弊端。第一，在目前人大代表成分多元，特别是与个案存在利益关联的代表越来越多的情况下，因角色冲突，加之缺乏相应的约束和规范，部分人大代表很难客观公正地进行投票，人大代表的投票权存在滥用的风险。第二，法院出于投票结果的考虑，每年开人大会前法院领导广泛听取人大代表的意见建议、在大会审议时到会场对人大代表重点关注的案件进行解释说明已成为一种惯例。这些小心翼翼迎合人大代表要求的做法，不知不觉中已扭曲了法院与人大代表之间的正常逻辑关系，更在一定程度上影响到审判权的依法独立行使。第三，实践中多次发生的法院工作报告被人大否决事件，已严重损害法院整体形象。法治取决于甚至可以说等同于法院的公信力。摧毁公众对法院的信任，也就毁坏了法治的基础。第四，不利于司法权威的树立。审判工作的特殊性要求法官除了法律就没有别的上司，而由人大代表对法院工作报告进行表决实质上是在法官评价之外再设了一个高于法官的评价权威。人大代表用表决的方式表达对审判工作是否满意的做法，等于将审判工作置于波动的民意下，而用民主的方式对专业性极强的审判工作进行评价、判断，本身就是一种将审判权行政化的方式，违背了审判权运行的固有规律。有鉴于此，有必要取消投票表决程序。而《法院组织法》、《议事规则》和《常委会议事规则》虽有审议法院工作报告的规定，却未对法院报告方式进行明确，因此取消投票表决程序也无任何法律障碍。

取消了投票表决程序后，新的担忧接踵而至。有学者认为，这将导致向人大报告工作完全成为"走过场"，代表听取、审议法院工作报告也将毫无疑义。笔者认为，上述担忧显然是多余的。诚如前文所述，在当前政治体制下，最高法院、省高院接受同级人大的监督是毋庸置疑的，而取消投票表决程序，恰恰是理顺了法院与人大之间的宪法关系，实现更好的监督。当然，这需要替代性的程序设置，搭建法院工作报告制度和人大监督制度之间的衔接桥梁，具体可以采取的措施是：全国人大、省人大继续分别对最高法院、省高院的工作报告进行审议，并形成审议意见，分别移交相应的法院进行处理。对审议意见中反映集中的问题，由人大常委会决定列入年度监督议题，依法对法院进行监督。

【监察与检察】

检察网格化：新时代"枫桥经验"的检察实践[*]

——景宁畲族自治县人民检察院"检察网格化"考察报告

石东坡　瞿承健　尹学铭[**]

一、问题的提出和前期的调研

新时代的检察机关如何全面、准确并富于创造性地实践对其职能职权的宪法定位？作为国家的法律监督机关，如何有效促进基于办案的法律监督更具针对性、实效性和全面性？如何立足主责主业，在基层社会治理尤其是现代乡村治理体系中有机融入、科学发挥职能作用？检察环节的"枫桥经验"传承创新中产出哪些成功经验、存在哪些突出问题，如何健全和完善、打造和确立富有持久生命力的"枫桥经验"检察版?[①] 带着这些问题，专项课题组于 4 月 28 日、5 月 8 日、5 月 18 日，应邀连续深入景宁畲族自治县人民

---

[*] "检察网格化重大专项研究"项目。

[**] 石东坡，浙江工业大学文化与法制研究中心主任，教授，硕士生导师。瞿承健，景宁畲族自治县检察院党组书记、检察长。尹学铭，浙江工业大学文化与法制研究中心主任助理，硕士研究生。

[①] 贾宇：《深入系统研究"监督什么、怎么监督、谁去监督、怎样监督好"重大命题》，《检察日报》2018 年 4 月 20 日，第 3 版。

检察院进行蹲点调研，其间，听取了丽水市人民检察院主要负责同志的指导意见，与该县检察院负责同志、员额检察官、监督平台（案管中心）负责人进行了座谈，并与县委政法委、县公安局、县法院负责同志和办案民警、主审法官等，以及丽水市人民检察院负责同志、研究室负责同志进行了访谈，对乡镇网格员、执法网格员、基层群众代表等进行了广泛深入的走访，先后召开了学术沙龙、检察网格化监督机制研讨会，观看了专题纪录片、查阅了案卷台账，并先后发布了《检察网格化：枫桥经验在检察实践中的创新探索》《创造性地运用枫桥经验理念、实质性地提升检察监督实效》《适应检察监督转型内在需要的有益尝试》《检察网格化实效评估的目标、原则、指标与方法》《为"枫桥经验"的检察版率先探路》等初步研究成果，创设和举办了全国首个"枫桥经验"检察论坛（2018）暨检察网格化开题报告会，就更加固培"枫桥经验"在检察实践中的土壤，奠定"枫桥经验"在检察实践中应用和发展的理论基础和制度基础，进行了研讨。还将景宁样本与杭州市检察院以及其他地方分别在未成年人检察监督、环境生态公益诉讼以及智慧检察等方面借鉴"枫桥经验"的做法进行总体分析和比对分析，并转入调查研究阶段之后的理论研究阶段，力求更加全景式地观察检察改革转型发展中景宁检察网格化监督这一样本所具有的必然性、合理性及其特殊性和规律性。还就新时代的"枫桥经验"赴宁海、安吉等进行了参观，参加了"枫桥经验选题与研究"学术研讨会、枫桥经验与基层治理现代化学术研讨会等，为进一步丰富和深化枫桥经验、检察转型等方面的认识积累了素材。课题组对检察网格化与全科网格之间的关系、检察网格与检察机关内部组织结构之间的衔接、多维度、扁平化、集成性的监督平台运行机制、检察网格化的科学界定、制度规范、案例解析等提出了一系列的完善建言。

二、检察网格化的要素、运行与成效

景宁作为全国唯一的畲族自治县，有着独特的历史文化渊源和经济社会面貌。景宁检察院以创新的思想锐气、开拓的实践精神，秉持法治理念、汲取忠勇精神，依托"枫桥经验"，运用社会治理网格系统，构建检察网格化，推动人民监督和检察监督的有机结合，激发了检察监督主责主业的奋进作为，使新时代的基层检察工作取得了新成效，展现了新气象，基本形成"检察网格是基础，监督平台是关键，办案实效是根本，人民满意是归宿"的运行机制和工作格局，初步探索出"检察网格化、监督显性化、保障社会化"的新型检察监督之路。

检察网格化是指在基层社会综合治理"一张网"即全科网格基础上，根据全县行政区域和执法机构双层划分检察网格，并对接域外网格，网格小组集体开展监督信息收集；监督平台建立和运用联席会议、线索移送、案件信息通报、联动执法等综合研判、对接监督的方法、程序；业务部跟进办案、多管齐下，运用法定职权、手段、方式，并将办案过程和结果反馈至监督平台、接受网格检验评价的三级联动型法律监督工作机制。

（一）检察网格

依托社会网格建立检察网格，一体两用，不另起炉灶、不增加成本、不叠床架屋，监督重心下沉，如探针一般切入和感知社会运行，无缝对接法治实情，浮现和绘制"检情地图"。通过"行政区域+执法机构"双层双向划分，构建了覆盖全县 21 个乡镇街道、254 个行政村的检察网格。发挥检察联络员、全科网格员的"五大员"作用（即观察员、情报员、监督员、信息员、宣传员），摸排监督信息。属本地非特殊案件，则根据当事人户籍地、常住地、犯罪行为地制作《告知函》、反馈单，提出线索指向，连同法律文书移送相应网格平台。与此同时，搭建域外网格，通过微信群、回乡会议、视频连线、平安浙江 APP 等方式，与域外网格的网格长、网格指导员、专职网格员开展对接联系，并明确每个域外网格对应的检察联络员，确保每个域外网格"一月一反馈"，听取域外景商及务工人员遇到的困难、问题，在解决困难中挖掘监督线索。

通过网格负责人（班子成员）、网格小组（检察干警）、检察联络员（乡镇街道、执法部门指定的干部）、全科网格员（政法委确定的干部）等构成的网格小组集体通报信息，网格监督触角更广。河道采砂，水利、国土联络员来告知；河道有排污，企业有污染，环保联络员、全科网格员来通报。不论是涉嫌刑事发案、追诉追漏，还是行政执法不作为、乱作为、慢作为，都能够在第一时间进入监督平台，进而，检察监督"把脉"——以检察监督的高度自觉和集中问诊，以"应检尽检、该督则督"的监督视角和监督思维，夯实、筑牢检察监督作为法律运行实施、基层社会治理的监督屏障。

有效法律监督是本身职守和显性目的，服务群众更是法律监督的基础、归宿和根本目标。扁平化形式的各个检察官小组走访责任网格，体认司法为民理念，深入群众，了解社情民意，发现违法侵权、违法行政特别是公益侵害和诉讼违法问题线索，寓服务于监督，在监督中服务，厚植检察监督的群众基础，强化检察监督的政治效果与社会效果。通过网格走访，申请执行人反映其申请执行案件 3 年多未得到执行，被执行人房产虽被查封但没处置，因此开展监督，重启执行程序。这一民事执行监督在服务群众、保障切身利益的同时，彰显了司法判决的权威性和严肃性，维护了司法公信力。

（二）监督平台

检察网格化不仅是网格的建构，更是网格基础上对检察监督履职尽责的基础夯实、流程再造与全面整合。顺应司法改革深入推进，依托案管中心建立监督平台，实行案管职能重新定位，不限于案件流程管理和督导，把信息管理、研判、流转职能作为重点综合业务来抓。

一方面，从社会治理参与推动中发现监督线索、转而成案实施检察监督。监督平台（案管中心）筛选、会诊，召开内部会商会或者有关行政执法机关参加的专题协调会，办理收案登记，流转至业务部进行审查，开展立案监督、监督移送等法律监督。以此发现和揭示社会作为法治社会的全域空间和运行全程中的法律实施薄弱环节、及时启动和纳入检察监督管道，以监督促进法治意识的保持，以监督促进法律实施和法律遵守的全面有效。①

另一方面，改变司法办案方式，延长检察监督工作链条。从案件审查拓展延伸到监督，以办案质量体现监督力度，同时又不拘泥于办案，不孤立办案，而是从"在卷"审查到"在案"审查，以"审查+调查"的方式，将案件反馈到监督平台，再推送到检察网格之中，第一时间审阅文书，细致分析受案信息，逐个推敲案件背后潜在线索，及时向相应网格推送，并做好归集整理。这样反过来促进依法办案、实施依法监督、依法追责和依法督促、

---

① 参见张佳华：《检察权延伸基层的诉讼权能配置——以〈人民检察院组织法〉的修改为背景》，《江西社会科学》2017 年第 5 期。

增加基层群众的办案参与度。通过监督平台的这种双向、互动和上下两"统"，确保全网格"分"而不散，确保检察监督点面结合、"合"而有力；同时，推动检察监督在社会治理"面"上的作用。

举报受理在平台、信息汇聚在平台、研判成案在平台、主业协同在平台、实效发力在平台。监督平台就是投诉举报中心、检察指挥中心、案件管理中心、监督反馈中心。监督平台担负着在网格化监督架构与流程中的中枢功能。检察网格与内设部门之间形成既统筹又分流的格局。在组织上，在院党组、检察长领导下，将检察院内部管理的签批制改在监督平台作为议决制，增加了业务部相互之间横向的信息传输与业务协作以及内部监督。监督平台作为案管中心，又是案件分流、进程监控和质量管理与绩效评价的内部机构，将有效监督信息导入对应的业务部，严格按照法定证据、程序标准和工作职责进行审核并启动办案流程。这样就消解了检察机关内部存在的某种程度的业务隔阂，能够多角度、全视域地对线索进行甄别、对事实进行监督视角的判别，拣选和凸显其中全民守法、严格执法和公正司法的反面情形，进而在维护法律权威和强化法律实施的监督保障上开启聚合式地运用检察监督的法定职权类别与方式。反过来，又将办案进展及结果反馈到监督平台，并横向和下延到各个（或一定范围的）网格，接受群众评价，检测是否有定性偏颇、遗漏证据或遗落涉案人员等。这就如有关学者所指出的，形成了"检察权运行机制"和"检察权管理机制"两个相对独立的对外、对内分别指向的检察机关运行机制在监督平台上的有机衔接、合力对接。①

（三）全域监督

首先，检察网格化体现检察监督一体化、社会化的监督格局。通过一线参与基层社会治理，发现社会治理需求和检察监督实情，运用系统性思维方式整合监督资源，统分结合，克服此前检察业务碎片化、办案与监督相游离、零敲碎打、孤立办案的旧有情形。检察网格化不仅是移植和嫁接全科网格作为检察监督主责主业的基础载体，而且由此牵引和带动检察监督步入坚持法治担当和专门监督相结合、坚持办案与监督相统一、坚持监督与保障相

① 《在深化依法治国实践中完善检察权运行》，正义网，http：//www.jcrb.com/procuratorate/theories/academic/201807/t20180705_1882316.html。

融合的新时代的新形态，促进了监督机制的健全，初步塑造了检察监督在社会全场域中隐性与显性相结合的存在形态，为监督有力、监督实效和监督覆盖奠定了坚实的社会基础、群众基础。如所监督的夏某盗伐他人林木案件，线索即来自网格小组，有力纠正了私了而未立案的情形，增强了法律实施的严肃性。尤其进一步在诉讼过程中，又接到发案地全科网格员反映，此案仍有共犯未被追究，仍有盗伐事实没被查证。从而督促森林公安进一步侦查，消除立案监督和侦查监督的盲区，也有力地促使侦查机关办理案件的彻底性得以提高。在自然资源和生态环境保护的共同法律目标实施实现上，生动地诠释了张军检察长所深刻论述的维护法律权威需要监督者和被监督者合力。

其次，检察网格化实现了从审查监督向审查监督和调查监督并重转变。在确保网格广度与精度的前提下，通过对监督对象和事项的研判分析，遵循监督规律，以法治思维中的法治监督思维、检察监督思维，注入监督动力、维护法治公益，使得检察监督在检察网格进而全科网格之上，在社会全界面"在位补位""备而不用""蓄而不发""发则强力"。"实行网格化后，各网格还要根据各方信息情况继续跟踪监督。"这种跟踪监督，既是对该案件的，又是对有可能存在的同类案件的；既是对该案件的办理过程和公诉结果的，又是对该案件关联的涉嫌违纪违法的执法人员和执法活动的。这样就始终使得在监督的基础和网络中办案，在办案的过程中基于和反馈在网格之中。比如地下六合彩案件的诸多线索，全部来自全科网格，来自检察网格上的案件梳理和深度挖掘、持续监督、跟踪监督，破解案中案、防止侦查机关就案件办案件，将办案和监督真正统一起来，既是立足办案、狠抓办案，又是立足监督、过程监督。

最后，检察网格化实现了检察监督向着全覆盖、全程化的转变。长期以来，检察机关囿于若干主要的围绕诉讼过程的刑事立案、刑事侦查、刑事审判监督、刑事执行监督，并未全面充分地体现检察监督的宪法定位、宪法角色以及宪法要求，检察监督尚未充分发挥国家法律监督体系中的应有地位。随着包括检察体制改革在内的司法体制改革及其配套改革的不断深化，这必须有所调整和完善，必须聚焦在法治监督体系的全面强化和检察监督作为"法律监督"的特有的本质属性来确立和回归主责主业。这就是检察转型发展的内在理据。检察转型绝非仅仅是转隶所带来的职能职权职责的结构性、组织性调整。检察监督的全覆盖和全程化成为其步入新时代扶正固本、增强检察监督的在场感和接受度以及最终增强人民群众的司法公平正义和满足民主法治需求的获得感和公信度的首选。"检察网格化"恰逢其时，应运而生，是时代的产物、实践的必然。

检察网格化之中，第一，业务部门、检察室、乡镇街道的检察网格力量充分发挥信息员、情报员的职能，有广度、有深度、有指向的向检察网格反馈监督线索；第二，在监督平台，全科汇集各业务部精干力量，在检察长、检委会的领导和指导下，多角度、多法域、多环节地进行实体法、程序法、证据法的"会诊"，在实体法益、公共利益和救济权利、监督权力的四维共振中评判和运用检察监督的法定职能手段，介入侦查、案件受理、批准逮捕、审查起诉各个环节实现线索实时上报，开展全网流转，扩大了审查范围和视野；第三，业务部根据汇总的信息开展全案审查和法律监督，确保了审查的全面性和彻底性。由此，一点触动、全网响应的检察网格化，有效地破解了检察监督广度与强度之间的矛盾。

三、检察网格化的"枫桥经验"意蕴

（一）"枫桥经验"的人民性、协同性和创造性

"枫桥经验"是依托和发动群众进行基层社会矛盾纠纷调处，进而维护社会稳定的治理经验。从枫桥到高桥，在与时俱进的发展深化中，"枫桥经验"在机制、策略和目标上，既有传承性又有创新性。在目标或效果导向上，"从'小事不出村、大事不出镇、矛盾不上交'到'矛盾不上交、平安不出事、服务不缺位'"。在机制上，将群众自治、社会共治发展为自治、法治和德治的"三治融合"。在策略上，多方协同、道德感化、信用约束、志愿调解、网格治理、"互联网+"等多措并举。在功能上，日渐发展为基层社会治理在现代乡村治理体系乃至城镇、社区治理体系建设中的标本。一般认为，以人民为中心、依托和发动群众是"枫桥经验"的原点；以党的领导为核心，政府主导，市场企业、社会组织和公众参与相结合的"一核四元"的治理主体结构，是"枫桥经验"的基本表现。多元化、社会化和智能化是新时代"枫桥经验"的突出特点。

与此同时，我们认为，固然"枫桥经验"主要是一种基层社会治理的运行模式，但也需要在多层次上进行解读，尤其应当在其精神、原则的层面提取其具有普遍意义和指导作用的成分，而不仅仅是其治理格局和方法策略。或者可以说，方法策略—体制机制—理念原则依次构成"枫桥经验"的三环同心圆的架构。调解工作室、义务巡逻队、乌镇管家、红枫义警等，是群众路线的外化表现，属于方式策略的层面；而共建共治共享的多主体协作机制、协同治理则是在框架、结构的层面；人民性、协同性和创造性则是"枫桥经验"的底蕴所在。由是观之，富有人民性、协同性和创造性的社会基础的治理模式或样本，汲取借鉴"枫桥经验"的这一价值、理念和原则，哪怕在具体的实现方式和表现形式上各有千秋，都应属于"枫桥经验"的传承与创新。枫桥经验及其在不同历史时段的发展演进本身就是秉持这一精神内核和基本准则而不断丰富其具体机制的。甚至可以说，"枫桥经验"的演进史就是其价值主轴和目标导向寻求所契合的运作方式、运动形态的历史。

（二）检察网格化对"枫桥经验"的弘扬与创新

也正是由此，一方面，不同政法机关在弘扬"枫桥经验"的精神过程中，既有其内在的一致性，又有因地制宜、因时制宜的创造性或个性；另一方面，不同的职能机关在践行"枫桥经验"的精神之中，既有在基层社会治理系统或体系中的协作性、共同性，又有也应当有在其职能定位和职责领域中的差异性、特殊性。因为，毕竟职守所在和法定职责是不同职能机关的特质。那么，检察机关对"枫桥经验"的学习和汲取，也不是要将自己改造成为枫桥镇派出所一样的工作机制和运行模式，而是在有其共性的同时更多的要为其法定职能适宜的实现而接入"枫桥经验"的可接纳成分。

所以，第一，检察系统将"枫桥经验"的重点运用之一，是在其方法策略上，将"枫桥经验"视为一种创造性地化解矛盾的方法。比如刑事和解制度实践中，群众参与、调解、协商，在组织形式上，采取检察诉调中心（杭州市拱墅区）、检调委员会（金华市永康市）、公诉部门与基层检察室对接（温州市平阳市）等方式，对轻微刑事案件的赔偿、公诉等吸纳社会支持因素如基层社区、亲友、律师等进行说和调处。宽缓处理后，基层检察室、检察官联络室、社区检查室与基层群众自治组织等共同制定和实施帮教计划。又如乐清县人民检察院在环境民事公益诉讼中，围绕生态环境修复的目标，促进环境污染的实施者与检察机关达成调解，以及时有效地保护生态环境公共利益。再比如，诸暨市人民检察院办案实行"三分两集中"的侦办起诉网络犯罪工作机制，被誉为"互联网+"背景下的"新枫桥经验"。然而，这些办案前后延伸的处断与举措，固然在一定程度上体现和反映了在刑事诉讼中检察监督针对违法犯罪的全面社会关系恢复的功能作用，但是否都属于对其法律监督职能实现的强化，是否属于将"枫桥经验"的内在理念与作为法律监督的检察职能之间的有机融合，是值得进一步思考的。

第二，对枫桥经验的运用，需要在全局上促进检察监督全面对接基层社会治理，也需要坚持专业化。所以，枫桥经验在检察系统的应用目的，并不在于将检察机关都塑造为基层社会治理中的调解机构，而更应当是在检察职能法定范围和法定职权方式基础上的体制机制的优化，要以转型发展的检察主业主责是否得到加强作为衡量的尺度和标准，由此才是对宪法确立的国家机关职权关系的遵守与实现，才是对职权法定性与效果的充分性之间有机统一的准确追求。既要强调在以社会治理的共同目标：安全、和谐导向下的，相互之间的协调配合及其整体性，又要强调不同法律实践活动、不同法律部门履行职责行使职权的专门化、专业化。两者不可或缺，相辅相成。前者是在后者的基础上孕育和确立的，后者是前者的源头和依托。检察院的辖区既是地理空间，又是社会空间，更是需要呵护和构建的法律空间，检察机关不能缺位，法律监督要发挥作用，是应有的担当和作为。

检察网格化建立在社会治理网格化之上，体现和服务于检察的主业主责，以"枫桥经验"的理念为指引，在其运营下自觉践行创新：是新时代基层社会治理的协同性、一体化基础上孕育的专门法的监督，寻求切入发挥职能的新型机制；是检察体制改革适应性、能动性、专业性有效增强的重要载体；是枫桥经验的人民性、协同性与创造性等三大理念在检察机关的自觉运用。检察网格化是检察主业巩固拓展的有效载体：既是巩固，又是拓展，是对检察机关自身的组织结构和工作机制的重塑激活，是枫桥经验增进检察实效的实践成果。我们说检察网格化是"枫桥经验"的检察版，不是在其网格化上，而是在通过网格化实现检察监督与人民监督的融合上、在由此促使检察监督的实效与效果上、在探索检察转型改革发展的方向性和启发性上。网格化原本是一个普适性的范畴，[①] 不具有特殊的质的规定性，依托其一般性和共同性的"检察网格化"，所实现的转化和转变，是促进实现了检察监督在动力源泉、工作机制（运行机制）、组织体制方面的协同性、系统性的发展，提升监督主业针对性。检察网格化的景宁探索，是"枫桥经验"融注检察主业的典范样本。

四、检察网格化的特点、优势与启示

（一）检察网格化中人民监督与检察监督的融合

检察监督与人民监督更加紧密地结合，是贯彻以人民为中心的发展思想的必然要求和职能所需。党的十九大报告指出："人民是历史的创造者，是决定党和国家前途命运的根本力量。""必须坚持人民主体地位……依靠人民创造历史伟业。"这就意味着我们必须坚持紧紧依靠人民，充分调动最广大人民的积极性、主动性、创造性。发挥人民群众监督的覆盖宽、信息多、角度广、全时态、最直观，见之于青萍之末、察之与毫厘之间的独特优势。既要接受人民监督，又要贯通人民监督与检察监督。贯彻党的群众路线，完善接受人民监督的体制机制。人民群众的监督作为第一道防线。人民监督是基础，是人民权力的体现和运用，是最基础、最直接和最具有持久性的监督。对党和国家权力而言，人民权力具有本源性。人民监督权力具有根本性。人民群众的眼睛是雪亮的，人民监督具有天然的正当性、民主性和必要性。将人民监督法治化，是民主与法治有机融合的必然要求，是宪法规定的健全社会主义法治的应有意涵。"群众对他们的情况最清楚、最有发言权"[②]。让人民群众更多地参与、监督党和国家，有利于保证人民当家作主，保证权力正确行使，防止和纠正损害人民群众利益的行为，确保党始终做到

---

① 参见张丽、韩亚栋：《网格化治理："织网工程"和创新动因》，《求索》2018 年第 3 期；叶敏：《迈向网格化管理：流动社会背景下的科层制困境及其破解之道》，《南京社会科学》2018 年第 4 期。

② 孟建柱：《坚持党内监督和人民群众监督相结合》，《人民日报》2016 年 11 月 11 日，第 6 版。

立党为公、执政为民，确保国家的人民主权性质和人民主体地位。群众监督是人民监督的直接表现形式，舆论监督是人民监督的社会情绪与社会心理上的直观反应。

检察监督只有更为有机地与人民监督相融合，才能保持强大功能和旺盛活力。检察监督作为公众监督的延伸予以保护。检察机关要在法律监督主业上提供满足人民群众这些方面需求的丰富的检察产品。这就必须将群众监督与检察监督更加紧密地结合起来，将群众的监督作为更加广泛的法律实施的监督与保障的根本力量，将检察监督作为法律监督体系中的专门力量，使之贯通衔接、转换及时、无缝对接，促进新时代检察事业发展内生动力的增长。人民监督不只是人民的力量、社会的力量，在法治的层面上来看也是人民群众的知情权、表达权、监督权与检察机关的宪法和法律所赋予的法律监督职权、职责在同样的机制当中得以有参与、有主导、有推动、有回应，从而生成合力，使得人民群众监督与检察监督形成相互补充、相互促进，在主体互动上，将检察力量下沉，深入到畲乡村寨之中、深入到工厂企业之中，在内容贯通上，既注重信息收集的及时性、广泛性，又注重对林林总总的一线信息立足"案件化"进行分析和甄别，将孤立的信息联系起来，将同类的信息汇总起来，将涉及同一执法机关和人员的信息排列起来，将覆盖面和办成案统一起来，由此，依靠群众的支持和参与，在新的时代背景下，既是检察监督获得更为深厚的动力、更为广泛的线索，又是对检察业务和检察干警的监督制约，建立健全完备的法治监督体系，以监督合力来推动法治落地，有着重要意义。如一位主办检察官就颇有感触地说：从被动等案件，到深入群众找线索，随着检察网格在农村基层的深入推进，检察机关在一线对接人民群众，搜集监督线索，并通过在检群之间的密切合作，将监督线索查清、坐实，有效提升监督效率。

（二）检察网格化对检察监督合力与实效的增进

在监督实效与监督合力的发挥上，作为以国家名义的法律监督，检察监督与党内监督、监察监督等各种监督要衔接，也都要和群众监督有效衔接，以期构建起科学严密的监督体系。这需要坚持主体互动、内容贯通、形式对接、机制协调，切实增强监督的操作性、实效性。① 在体制机制衔接上，实现检察监督和群众监督、民主监督、舆论监督等相互贯通，就需要首先克服法律监督信息不畅、群众监督对检察监督的知晓不足、支持力度不够的现实障碍与体制局限，而"检察网格化"以网格基础和平台枢纽，实践了信息综合管理平台建设，实现执法办案信息的鲜活源泉、实时传递、分析研判和资源共享，同时，实现了检务公开的改革与深化，不仅将一般公务性质的检察事项进行常规公开，而且发展到对能公开的执法办案信息的实时公开、过程公开和引导性的公开，既把法律监督工作真正置于人民群众监督评判之下，取得信任支持；又是对实际办案、法律监督工作在健康开展、依法合规上的精细化、过程化检验。这不仅是社会以及网络舆情的收集、研判、处置机制的健全，而且更为重要的是在法治监督体系的构建中，使之能够促使监督范围得以明确、监督基础更加厚实、监督程序更为健全、监督手段方式更加清晰，在一定意义上积极探索和有效克服某些领域的专门法律监督松软甚至空白，以及破解检察机关自身监督畏难、监督乏力、监督茫然等现象，从而着眼于党和国家监督体系的重大改革以及形成严密、健全和富有实效的法治监督体系，将法治监督体系作为党和国家监督体系中的有机组成部分，真正实现监督的协同性、系统性及其法治化。使得检察监督作为专门法律监督能够耳聪目明、及时反映、线索跟进、监督切实。

检察监督实效的构成有以下三个层面：办案实效、监督实效和社会实效。监督实效是基于检察机关的职能、职权的发挥，在办案实效基础上所产生的扩展性的法律监督效果。监督实效和办案实效紧密联系，但是并不完全同步。办案实效是监督实效的前提，但监督实效取决于办案实效能否转化和扩展为法律监督的主客观作用的发挥。社会实效是指社会公众对检察机关的认知程度，对检察机关发挥监督职能评价中的认可程度，即获得感、认同感。检察监督实效的影响因素有五要素：第一，检察监督的职能和职权的法定配置。现实中，检察监督的实权范围并未收缩，而在延展；职权手段有转变和转隶，但也有拓展，比如公益诉讼的检察监督。第二，检察监督体制机制。在检察监督体制机制的法定性和统一性之下，还会有来自其自身能动

---

① 参见江琳：《让监督体系发挥最大合力》，《人民日报》2018年1月9日，第17版。

性的特色化、创新性设置，对此要以改革、发展的眼光看待。原有监督体制机制（部门化、碎片化、消极化）的不适应，需增强其适应能力。第三，检察监督的能力。第四，检察监督的信息。其中有初始信息，也有成案信息，就是从初始信息中筛查、聚焦、锁定以及应用成案信息。第五，检察监督的资源。不只是物化的设备装备，在广义上，还包括检察监督所处的社会政治生态、法治文化、民情风俗等。

就此影响检察监督实效的五个要素而言，在检察监督职能职权的法定前提下，检察网格化能够分别作用于检察监督体制机制的优化、检察监督信息的吸收和丰厚、检察监督能力的提高和资源的社会化，可见，在检察网格—监督平台—全域监督的检察网格化三级联动的法律监督工作机制中，有利于增强检察监督实效的着力点多，促使检察监督实效得到真正的提升。

（三）检察网格化对检察主业履职和发展的探路

将检察监督建立在诉权支点上，诉权是否就是法律监督权，法律监督是否就是可以归于"通过诉权的监督"或司法（化的）监督，① 法律监督的宪法定位（及其宪法解释的匮乏或者说时过境迁）和现实之中以及《组织法》修改之中的具体层面的职能、职权与职责的配置、配比之间的落差是有待于弥合的。② 进入新时代，这种检察转型的宪法依据是明确的、不变的，即人民检察院作为法律监督机关的宪法定位没有改变。甚至不能说"人民检察院在职能上发生新转变"，而是这种职能的实现的具体职权，在职权的手段方式、程序机制、对象范围以及组织形式等的一系列实践操作的技术规定性方面，即关于"怎样监督、监督什么、监督如何"这些问题上，将适应监督的体制变革（监察法立法以及检察机关转隶）、刚性强化（从严治党）、党政分工、全面覆盖的全局变化，获得新的法律上的规定和确认。③ 尽管目前集中表现在食品药品安全、生态环境保护等的若干主要"试水"领域，并因此牵引而促使人民检察院整合检察机关内部的组织机构、机关人

---

① 参见刘哲：《诉权为核心重构检察权迫在眉睫》，搜狐社会_ 搜狐网，https：//www. sohu. com/a/213030810_ 650721。

② 参见万春：《〈人民检察院组织法〉修改重点问题》，《国家检察官学院学报》2017 年第 1 期。

③ 参见朱福惠：《论检察机关对监察机关职务犯罪调查的制约》，《法学评论》2018 年第 3 期。

员等的能动资源要素，实现检察机关的内外兼修的重塑。在检察职能的宪法确认前提下，根植检察实践在实现法律监督的过程中的针对性、特殊性、协调性（与其他监督机关、与其他国家机关）和法定性，优化检察职权的科学配置在其机构设置上需要调适，[①] 以切实服务于办案并最终服务于监督的强化。

在检察网格化的运行机制不断健全的基础上，牵引和回溯到深入推进司法改革、检察机关内设机构调整上来，促使作为监督机制关键组成部分的办案机制更加科学合理，促进内设机构的设置与工作协同更加密切高效。按照这样的一体贯通思路进行疏浚和规整，景宁检察院以网格化实现全域化，以平台化实现案件化，在监督平台凸显监督，造就了信息化成案、办案促监督、效果双向化中"化"的中介、桥梁。检察网格化是检察监督主责主业突破最后一公里直抵群众实践之中的组织载体和科学机制。全国首家公益保护和诉讼活动监督举报中心的设立，[②] 异曲同工，与检察网格化一样，都是在深入培植检察监督在人民群众监督中的信息收集能力、敏锐反应能力、精准研判能力以及监督启动能力。当然与此同时，必须理清检察监督的范围和边界，理清检察监督职能与其他监督职能之间的关系，厘清检察监督的内容和程序，注意突出监督的重点还是监督公权力。

---

① 参见龙宗智：《检察机关内部机构及功能设置研究》，《法学家》2018年第1期。

② 《浙江成立全国首家公益损害与诉讼违法举报中心有何深意》，正义网，http：//news. jcrb. com/jszx/201806/t20180630_ 1880963. html。

留置措施与刑事强制措施的衔接问题研究

原美林[*]

2018 年 3 月，第十三届全国人大会议表决通过《中华人民共和国宪法修正案》和《中华人民共和国监察法》（以下简称《监察法》）。《监察法》的出台，不仅从制度的层面明确了监察委员会的地位，更是我国反腐法制化的重要体现。对于职务犯罪的调查结果，《监察法》规定了其移送审查起诉的权力。因此，国家科学完备的权力体系运行以及刑事司法活动的有效开展离不开《监察法》与《刑事诉讼法》的配合，对于职务犯罪活动的有效打击也离不开留置措施与刑事强制措施的有效衔接。《监察法》出台后，"留置措施"被广泛的使用，而"留置"一词也被赋予了新的含义。留置措施的实施基于何种权力，其本身属于何种性质成为了学界颇为关注的问题。因此本文试图对留置措施进行考察，在明确其概念的基础上，对留置措施的性质进行界定。同时对其与刑事强制措施如何有效衔接进行分析，以共同为我国司法运行服务做出努力。

一、留置措施的含义及性质解读

（一）留置措施的含义

法理学家考夫曼说："概念的使用前提必须基于定义的明确，对其主张的提出也应基于其真实性。"[①] 因此，对于我国《监察法》留置措施相关问

---

[*] 原美林，山西大学法学院副教授。
[①] ［德］考夫曼：《法律哲学》，刘幸义等译，法律出版社 2004 年版。

题的研究，必须对留置的概念进行明确。

我国《监察法》规定，对于涉嫌严重职务违法或职务犯罪的人员，在掌握部分事实及证据并仍有重要问题需要进一步调查，并有涉及案情重大、复杂的、可能逃跑、自杀的、可能串供或者伪造、隐匿、毁灭证据等情形的，监察机关依法审批之后，可以对其采取留置措施。① 由以上规定可以明确，监察法规定的留置措施中，留置措施的主体限于监察机关，而留置措施的适用人员不再局限于国家工作人员，对于不具有特殊身份但涉嫌职务犯罪的人员同样可以适用留置措施。在适用条件上，留置对象也要满足双重条件。

（二）留置措施的性质

对于留置措施的性质，目前学界普遍观点认为留置措施兼具行政性与强制性。②

留置措施的行政性表现在：首先，留置措施的目的是维护公职人员职务的廉洁性，保证监察委员会监督、调查以及处置职能的实现，其属于执行国家法律的行政性活动。其次，从留置措施适用的对象来看，法律规定，严重的职务违法行为人员也可以适用留置措施。而且留置措施的前身来源于"两规"与"两指"，因此其行政性不言而喻③。

留置措施的强制性表现在：第一，根据试点的经验留置场所为公安机关的看守所以及纪委原先实施两规的场所。而对此《监察法》出台时也间接承认这些地点的合法性。留置场所的地点与强制措施的地点具有一致性。第二，留置措施与属于强制措施的拘留和逮捕一样，具有折抵刑期的效果。④第三，留置措施的实施条件与我国刑事强制措施的实施条件具有部分一致性。第四，留置措施实施后的有关程序与拘留、逮捕等强制措施一致，在一般情况下都需要在二十四小时内通知被调查人的家属。由此可以看出，有关留置措施的相关规定与强制措施一致。

---

① 《中华人民共和国监察法》第二十二条规定。
② 卞建林：《监察机关办案程序初探》，《法律科学》2017年第6期。
③ 徐汉明、张乐：《监察委员会职务犯罪调查与刑事诉讼衔接之探讨——兼论法律监督权的性质》，《法学杂志》2018年第6期。
④ 谭世贵：《监察体制改革中的留置措施：由来，性质及完善》，《甘肃社会科学》2018年第2期。

根据以上分析可以表明，在我国若对留置措施的性质区分仅以简单的行政性与司法性进行区分的话，难以有明确的结论。不可否认，监察权本身即为区别于司法权以及行政权之外的第四种权力。在此基础上，三权分立的理论显然不能成为留置措施性质界定的前提。通过以上分析表明，留置措施是一种兼具行政性与强制性的监察措施。

二、留置措施与刑事强制措施的对比

留置措施的性质与刑事强制措施并不完全一致，若对留置措施完全与刑事强制措施进行同样规范显然不妥。在职务犯罪方面，留置措施与刑事强制措施有共同目的，两者之间存在衔接的必要性。而留置措施与刑事强制措施的有效衔接，应在明确两种措施的区别上进行。

（一）刑事强制措施及适用条件

刑事强制措施是国家赋予公检法机关对犯罪嫌疑人、被告人采取在一定期限内限制其人身自由以保证诉讼活动顺利进行的强制性方式。[1] 我国刑事强制措施根据人身强制程度的不同分为拘传、取保候审、监视居住、拘留和逮捕五种。而对比留置措施可最长达六个月的人身自由的限制，其与逮捕、监视居住以及取保候审更具对比的必要。

逮捕是指公检法等司法机关对犯罪嫌疑人实施的一种长期羁押人身自由的措施。根据法律的规定，逮捕措施的适用需要同时具备三个条件，即有证据证明有犯罪事实，可能判处徒刑以上的刑罚，同时确实具有逮捕的必要性。而满足逮捕必要性，需要有《刑事诉讼法》第七十九条规定的情形。

取保候审是指公检法等司法机关对未被逮捕或逮捕后需要变更强制措施的犯罪嫌疑人、被告人责令其交纳保证金或提供保证人的一种强制性较低于逮捕的一种强制措施。

监视居住则是公检法等司法机关对符合逮捕条件但同时满足《刑事诉讼法》第七十二条规定情形的犯罪嫌疑人、被告人采取的一种强制措施。

---

[1] 参见陈光中：《刑事诉讼法学》，中国政法大学出版社 1996 年版。

通过以上三种强制措施的分析，如果犯罪嫌疑人的羁押必要性没有达到必须采取逮捕的程度时，则可以采取相对限制人身自由程度较轻的取保候审或监视居住强制措施。

（二）逮捕与留置的比较

刑事强制措施与留置措施同为我国犯罪侦查活动服务，因此在进入到刑事诉讼阶段时，不同性质的两种措施必然有需要衔接的地方。有学者表明，监察法调查措施的内容和实施方式与刑事诉讼法对侦查措施的规定并无实质区别。从《监察法》的规定来看，监察措施实际上基本采用了刑事诉讼法的相关概念，参照了刑事诉讼法规定的内容。[①] 而就其中的留置措施的规定，监察法基本沿用了逮捕强制措施的有关规定。通过上文的分析也可以明确，留置措施具有和逮捕措施相似的强制性。但留置措施毕竟是不同于逮捕措施的一种适用于监察法的强制性措施。

对比我国刑事诉讼法中逮捕措施以及监察法中留置措施，留置措施与刑事逮捕这一强制措施具有如下相同之处。首先，在适用情形上，留置措施与逮捕措施存在重合。其中"可能毁灭、伪造证据，干扰证人作证或者串供的，以及企图逃跑或者自杀的"，即是逮捕措施的适用条件，也是留置措施的适用条件。其次，在适用对象上，两者也存在重合。留置措施的适用对象并不仅限于国家工作人员，对于涉嫌职务犯罪但不具有以上身份的人员，留置措施和刑事强制措施都可以适用。最后，在适用时间上，两者也存在重合。根据我国现有法律的规定，监察机关有权对被调查人员实施最长可达六个月的留置措施，而在留置措施期限完结之后，监察机关将案件移送检察机关，此时检察机关可以实施刑事逮捕措施，而留置措施由于不是刑事强制措施，因此先前的留置措施并不影响其后实施逮捕措施。如果留置措施和逮捕措施相继进行的话，那就意味着犯罪嫌疑人可能遭到最长达十一个月的被限制人身自由的状态。如在此情形中不对留置措施与逮捕措施的衔接进行规范的话，那么我国监察法的实施与刑事诉讼法的实施都无法达到保障人权的目的。

---

① 龙宗智：《监察与司法协调衔接的法规范分析》，《政治与法律》2018 年第 1 期。

三、留置措施与刑事强制措施衔接存在的问题

有关的学者肯定了留置措施与逮捕措施的相似之处，留置措施和逮捕措施因为是不同性质的措施①，当两者共同为刑事职务犯罪服务时，就必然存在如何衔接的问题。根据我国监察体制改革的实践以及监察法的有关规定，目前留置措施与刑事强制措施的衔接主要表现出了以下的问题。

（一）留置措施适用对象广泛导致其与逮捕措施衔接存在困难

监察法规定，留置措施适用的对象为涉嫌严重职务违法或者职务犯罪的人，并且需满足重大、复杂，或可能逃跑、自杀，或可能有妨碍证据或妨碍调查行为情形。在法律的规定中，涉嫌职务违法的人员也具有适用留置措施的可能性。但是逮捕措施的适用对象却仅限于犯罪嫌疑人。职务违法人员适用留置措施使得其与逮捕措施的衔接存在困难。其主要表现为：

第一，根据上文的对比，留置措施在实质上具有和逮捕措施等同的效果。因此留置措施的对象与适用条件应当和逮捕措施保持一致，以维护我国法制的统一性。同时，对于留置的时间，我国监察法也规定了其与逮捕措施一样具有相同的折抵刑期的效果。如果将留置措施的适用对象扩大到涉嫌职务违法的人员，则监察法的规定与逮捕措施不一样，其衔接也就存在一定的问题。同时，留置措施的严厉性也决定了其不宜适用于行政违法的调查与制裁中。

第二，根据我国刑事诉讼法的规定，"通缉"属于带有刑事强制性的一种措施，通缉措施的采取应当以刑事立案为前提。《监察法》中规定了应当被留置人员在逃时可以适用通缉。若留置措施的适用对象扩大到涉嫌职务违法的人，无疑模糊了我国行政违法与刑事犯罪的界限，也难以将留置措施与刑事逮捕措施进行合理的衔接。

（二）留置决定程序的特殊性造成其与刑事强制措施衔接的困难

留置措施的决定以及实施的程序，虽然表面看来属于国家监察制度的内

---

① 参见左为民、安琪：《监察委员会调查权：性质、行使与规制的审思》，《武汉大学学报》2018 年第 1 期。

部问题。但是留置措施的决定由谁作出以及如何作出涉及其与刑事强制措施的制度逻辑协调的问题，而且也会对监察机关如何变更这一强制措施产生影响。

《监察法》明确了我国监察机关采取留置措施自主决定、自主实施的权力。这和我国刑事强制措施的决定与执行机关相互分离具有本质的区别。留置措施由作为调查机关的监察机关直接作出并实施不仅本身存在问题，而且其对刑事强制措施也提出了挑战。在监察机关将职务犯罪的案件调查终结移送检察机关起诉之后，根据我国《监察法》第四十七条的规定，对监察机关移送的案件，人民检察院依照《刑事诉讼法》对被调查人采取强制措施。而此时，检察机关对于被留置人员如需采取逮捕措施时，就需要自行作出逮捕决定。无论是留置措施由调查机关决定，还是逮捕决定由检察机关自行作出，都是违背我国宪法原则的。这样的程序设计都背离了我国长时间羁押措施应当接受独立、中立、权威的外部审查的要求。这样的程序设计无疑不利于对我国人权的保障。

（三）监察机关移送起诉之后留置措施与逮捕措施的具体衔接问题

根据《监察法》第四十七条的规定，对监察机关移送的案件，人民检察院依照《刑事诉讼法》对被调查人采取强制措施。而我国的试点经验则表明，监察机关决定留置的案件，在移送起诉之后，检察机关自行审查被调查人员的羁押必要性并决定是否实施逮捕措施。由此产生了以下问题：

第一，对犯罪嫌疑人已经采取了具有羁押性质的留置措施，检察机关是自行审查羁押必要性并决定实施逮捕措施，还是直接决定实施逮捕措施。检察机关是拥有宪法赋予的审查逮捕权的机关，对于普通的刑事案件，检察机关无疑行使的是审查批准逮捕的权力。但是根据我国《监察法》的法律条文，却无法得出检察机关对于移送起诉的人员究竟应当行使何种权力。

第二，司法实践中留置措施与刑事强制措施自行衔接导致了转换措施无法明确的问题。我国《刑事诉讼法》规定，对于证据不足的案件，检察机关有权将案件退回侦查机关补充侦查。具体到职务犯罪案件中，检察机关仍然有权将监察机关移送的证据不足案件退回监察机关进行补充调查。若在案件初次移送时，检察机关已经将留置措施变更为了刑事强制措施，如果检察机关将案件退回监察机关补充调查时，刑事强制措施是否需要再转化为留置措施。

第三，被调人员在留置期间满足逮捕条件时，留置措施与逮捕措施如何衔接。即在我国目前的司法实践中，留置措施与逮捕措施在适用情形、适用对象以及适用时间上，都存在重合。在职务犯罪案件尚未进入司法程序之前，留置措施与逮捕措施应当如何衔接也是理论界与实务界都应当注重的问题。根据我国司法实践，监察机关对于采取留置措施后认为案件事实已经调查清楚并构成犯罪时，可以移送检察机关进行审查起诉。案件移送检察机关审查起诉后，如果检察机关决定起诉，案件进入刑事诉讼的程序后不属于刑事强制措施的留置措施自然解除，而检察机关决定适用刑事强制措施。但是如果案件并未进入刑事诉讼的程序，而犯罪嫌疑人满足逮捕的条件时，留置措施是否要转化为逮捕措施。目前我国有关法律对于此问题并没有明确。

四、留置措施与刑事强制措施衔接问题的完善

留置措施是监察机关对于职务犯罪案件调查的有力措施，监察机关对于职务犯罪案件的调查最根本的目的是为刑事司法服务，因此对于以上问题，留置措施与刑事强制措施的有效衔接应从以下方面进行完善。

（一）明确留置措施的适用对象

有效解决留置措施与刑事强制措施的问题，首先要解决的问题就是要明确留置措施的适用对象。留置措施与刑事强制措施的有效衔接关键就是将留置措施的适用对象明确为职务犯罪人员。

其理由为：第一，留置措施的适用对象仅限于职务犯罪的人员并不违反《监察法》的规定。对于职务违法人员适用留置措施，我国《监察法》规定其应当满足两个条件，即违法程度达到严重并且满足案情重大等条件性要求。而根据我国刑法的规定，职务违法达到严重并且具有这些情形时，其已经达到了职务犯罪的程度，因此对于将留置措施的适用对象限定于职务犯罪人员并不违反《监察法》的规定。

第二，留置措施限定于职务犯罪人员符合我国刑事诉讼法的精神，便于留置措施与刑事强制措施的衔接。留置措施限定于职务犯罪嫌疑人时，此时监察机关行使调查权实质上具有了职务犯罪侦查的意义。在这种情况下监察

机关采取通缉等具有刑事强制意义的措施也有了法理的基础。同时也明确区分了行政违法与刑事犯罪的界限，维护了我国对于职务不法行为打击的有序性，为留置措施与刑事强制措施的有序衔接理清了基础。

（二）科学设计留置措施的决定程序

"法律不是被嘲讽的对象。"① 留置措施的决定与执行集中与一个主体固然有我国法律规定的现实这一原因，然而这并不意味着留置措施的决定程序已经完善。程序公正的价值已经成为了我国诉讼法普遍的价值，尤其是在涉及公民权利的方面。留置措施由办案机关自行决定，虽然可以在一定程度上提高监察机关调查案件的效率，但是缺乏监督的程序容易滋生侵犯人权、伪造证据、腐败等一系列的问题。而监察法出台的背景就是"法治反腐"。因此在监察机关有效打击腐败问题的同时，对于其制度的设计应当更加科学。

将留置措施的决定权赋予检察机关。我国监察机关虽然具有不同于政府以及检察机关的性质，但监察机关在进行职务犯罪调查活动的时候，其活动性质与公安机关对于非职务犯罪的侦查活动具有一定的相似性。因此对于留置措施的完善可以借鉴我国逮捕措施的相关规定，将留置措施的执行主体与决定主体进行分离。

（三）明确留置措施与刑事强制措施衔接的细节问题

1. 明确监察机关对于被留置人员移送起诉后，检察机关应当进行羁押必要性审查。法律应当明确，在监察机关将案件移送检察机关起诉之后，检察机关应当对监察机关的留置必要性进行审查。首先，检察机关在此时行使羁押必要性审查，与我国宪法对检察机关职权的内容规定具有一致性。其次，这样的程序设计为其他强制措施的行使留出了空间。即检察机关审查后，对于不具备羁押必要性的犯罪嫌疑人，可以采取例如取保候审、监视居住等强制性较弱的措施。最后，这样的程序设计有助于保障犯罪嫌疑人的人权，符合我国刑事诉讼法的目的。保障人权在我国刑事诉讼法中具有和惩罚犯罪同等的地位，而且随着法治文明的进步，对于犯罪的追究只能在保障人权的前提下进行，因此这一设计也符合我国的法律精神。

2. 明确犯罪嫌疑人被采取刑事强制措施后即使案件退回调查也无须变

---

① 张明楷：《刑法格言的展开》，北京大学出版社 2013 年版。

更强制措施。留置措施与逮捕措施一样具有一定时间内剥夺犯罪嫌疑人人身自由的性质，并且和逮捕措施相比，犯罪嫌疑人在留置期间不能聘请辩护人为自己辩护。虽然在实际上留置措施的高度隔离效果使得犯罪嫌疑人较之被逮捕的情况更为窘迫，但是在理论上逮捕措施较之留置措施的强制性更强，因而留置措施与逮捕措施具有递进的关系。犯罪嫌疑人被采取逮捕措施后，一般不适宜再将其退回留置场所实施留置措施。对于退回补充调查的案件，检察机关可以维持逮捕的决定，同时监察机关参考刑事诉讼法有关于公安机关补充侦查的规定，监察机关对于案件的补充调查期间须到看守所会见以及采取调查措施。

3. 对于未进入司法程序的职务犯罪案件，检察机关应当拥有批准逮捕的权力。《监察法》的出台，使得检察机关对于职务犯罪案件的侦查监督职权消失，因此此时更需要强调检察机关对于职务犯罪案件的批准逮捕权，以弥补对于监察机关自身权力行使的监督缺失的问题。对这一权力的设计，可以参考公安机关提请逮捕的有关法律规定。即监察机关在调查职务犯罪案件的过程中，对于采取留置的被调查人员需要实施逮捕的，应当向检察机关提交逮捕申请书，并将案卷以及相关的证据材料一同移送至检察机关，检察机关对相关的证据材料进行审查后，根据不同的情况作出不同的处理。

4. 明确职务犯罪案件进入司法程序后留置措施应当如何和不同的刑事强制措施进行衔接。由于留置措施具有特殊的性质，因此检察机关在案件进入司法程序后无法根据《刑事诉讼法》以及相关的司法解释直接办理留置的换押手续。检察机关只有在根据《刑事诉讼法》的有关规定将其转化为强制措施以后，才能促使刑事诉讼程序顺利进行。对于留置措施究竟应当与何种刑事强制措施衔接，应当根据不同的案件情况进行分析：

第一种为一般职务犯罪案件，对于此种简单的职务犯罪案件，被告人在适用刑罚时可能被判处缓刑。此类被告人的社会危险性较小，因此其一般不具有逮捕的必要性。因此这类案件进入司法程序后，留置措施可以与取保候审、监视居住等强制措施进行衔接。第二种职务犯罪案件为重大、复杂的职务犯罪案件。这类案件的犯罪嫌疑人社会危害性较大，犯罪嫌疑人或被告人一般满足刑事逮捕的要求，因此对于这类案件，监察机关在将案件移送检察机关审查起诉后，检察机关应将留置措施与逮捕措施进行衔接。而逮捕措施涉及对人身自由的强制，与留置措施属于监察权的性质不同，逮捕措施是我国宪法明确规定的侦查权。因此对于逮捕措施的适用，必须遵守我国的宪法以及刑事诉讼法的规定。因此在职务犯罪案件进入审查起诉阶段时留置措施需要与逮捕措施衔接时，其衔接既要符合《宪法》的规定，也要符合《刑事诉讼法》的规定。其具体做法可以参考公安机关对于重大复杂案件的处理措施。

五、结语

监察机关是我国反腐败的专责机关，这一职能使得国家对于监察机关给予了厚望。监察机关承担调查我国腐败犯罪的重任，而其调查的结果最终需要刑事诉讼程序的进行方能实现。因此，监察活动必然需要和刑事诉讼程序进行有效的衔接，才能实现我国监察体制改革的目标。留置措施虽然不属于刑事强制措施，但其设计仍然不能违背我国的法律精神。留置措施与刑事强制措施进行有效的衔接是实现我国打击腐败问题最有力的举措。

论检察智库

夏　凉[*]

一、引言

智库，是处于日益多元化世界中提供政策建议的组织与政策咨询机构。其致力于考察与分析政策等相关问题，并以出版物、报告、讲座和研讨会等形式产出研究成果，在大多数情况下，其目标受众是希望能够影响决策与舆论的人。[①] 它的基本特性包括思想创新性、政策影响力和公众关注度等，它的主要功能包括提供思想产品、搭建交流平台、培养公共人才、引导社会舆论等，它的工作范畴包括信息报送、调查研究、人才培养、沟通交流等。[②]

近年来，我国对智库的发展越来越重视。2014 年 9 月 13 日在北京举行了首届"国研智库论坛 2014"年会，国务院发展研究中心主任李伟就"探索中国特色新型智库发展之路，推进国家治理体系和治理能力现代化"作了系统阐述。[③] 2015 年 1 月，中办、国办更是印发了《关于加强中国特色新型智库建设的意见》（以下简称《意见》），该《意见》明确指出"中国特色新型智库是国家治理体系和治理能力现代化的重要内容"，同时对我国智库建设的重大意义、指导思想、基本原则、总体目标、发展格局、管理体制、制度保障、组织领导等作了详细、具体、全方位的论述。

---

* 夏凉，中南财经政法大学法治发展与司法改革研究中心研究人员、宁波市奉化区人民检察院侦查监督部副主任。

① 参见［德］马丁・W. 蒂纳特：《德国智库的发展与意义》，杨莉译，《新华文摘》2014 年第 18 期。

② 参见徐晓虎、胡庆平：《从最新〈全球智库调查报告〉看中国智库的发展》，《当代世界与社会主义》2012 年第 2 期。

③ 参见赵海娟等：《探索中国特色新型智库发展之路》，《中国经济时报》2014 年 9 月 15 日。

作为各种智库中的检察智库，它是一类专为检察机关发展与改革、检察权的运行与调整提供智力支持与理论建议的咨询、研究类组织机构，其致力于研究检察理论、案例及与之相关的各种法律、法学理论等问题，并以相关研究成果影响、帮助检察机关及其决策者和一般检察工作人员（包括员额检察官、检察官助理、司法雇员）进行行政、办案及其他相关工作事宜的决策。笔者认为，从目前情况来看检察智库设立应有两类存在形式：一是检察机关内设机构形式，其多偏重于实务，我们称之为"实务型（或应用型）检察智库"；二是与高校、研究院等其他独立科研机构相联合而设置于高校或研究院内的机构形式，其多偏重于理论研究，我们称之为"理论型（或学术型）检察智库"。下文笔者将以这两类检察智库的组织、运行、管理、人员配备及发展状况等问题为研究视角，进而对检察智库在检察改革中的法治影响及其发展前景予以分析、展望。

二、检察智库的类型

如前文所述，检察智库的类型概括起来有两类：一是偏向于法律政策指导、宣传的检察实务型智库；二是偏向于检察理论及其相关领域研究的学术型智库。

（一）实务型检察智库

这类检察智库是最为常见的，一般为各级检察机关的内设机构，即：法律政策研究室（以下简称"研究室"）或办公室（在不设研究室的基层检察机关由办公室的部分岗位代为履行研究室之职）。这类检察智库从维护本级检察机关的利益为出发点与归宿，积极研究、指导、协调、参与各项检察业务，制定各项规章制度，起草各类文稿材料，其部分性质、功能有点类似于检察机关秘书部门。最高检倡导以特约检察员、专家咨询委员为主体，积极构建的检察智囊团即为此类智库；再如：2017 年 9 月 21 日，由最高检主导发起，并由相关科研单位共同参与的"智慧检务创新研究院"即定位为国家级检察科技智库。随着当前我国司法体制改革的不断推进，检察机关多个内设机构并合的"瘦身"改革已经开始，部分地区已将研究室纳入到多部门并合后新设立的综合研究部之中。

（二）学术型检察智库

这类检察智库又称为理论型检察智库，其多为社会组织或民间机构，从事与检察理论、检察实务有关的相对独立的研究机构、附属于高校的研究中心/研究院，如：苏州大学检察发展研究中心、华东政法大学司法学研究院、中南财经政法大学法治发展与司法改革研究中心。除拥有相当数量私人基金的学术型智库外，当然也有个别由政府或司法机关设立，在公共部门的指导方针下独立运作的研究院所。这类智库独立性较强，学术氛围浓厚，主要从事与检察基础理论、检察应用型理论有关的研究，同时也从事相关法学学科的理论研究。

随着社会治理的深入、社会资源的优化整合，目前有孕育形成实务·学术混合型检察智库的趋势，且随着部分高校与检察机关优势互补、合作共赢不断深入，这一态势正在加强与凸显，如：2015年11月26日成立的华东检察研究院，就是一所由最高检检察理论研究所、华东政法大学与华东地区检察机关共同创立的检察理论与实务研究并重的区域性检察智库机构；再如：2017年8月30日，由上海市人民检察院与华东政法大学联合成立的全国首家公益诉讼研究中心也是一家偏重于其中一项检察业务的兼具理论与实务研究的检察智库。

笔者认为，一个好的检察智库应具备相当的独立性；在资金来源、人员组成等方面有可靠、稳定的保障；而在研究成果转化方面则应与司法机关等实务部门紧密联系、互相促进。从这一点来看，美国智库"旋转门"式的良性循环值得我们借鉴。从实际情况来看，高等院校法学院及相应政法研究机构是我们今后需要予以积极利用、依靠的丰富资源。正如我国教育部社科司负责人所说："高水平智库是高等教育质量的显著标志，高校具有建设高水平智库的天然优势。"为此，教育部还印发了《中国特色新型高校智库建设推进计划》。①

三、检察智库概况

国外检察机关的智库不少是由自发形成的社会团体所组成，当然也有一

---

① 参见宗河：《发挥高校优势打造新型智库》，《中国教育报》2014年3月12日。

些由国家机关的衍生部门所构成，还有一些则是由被部分国家化了的社会组织所组成。但是在英国、美国、加拿大几乎没有正式的或官方的这类专门研究检察理论与实务的研究机构，而在民间倒是有许多从事刑事司法方面研究的智库组织。

在美国，通常认为公诉律师协会（APA）是一个非政府性质的智库组织，他们会定期举行一些会议以此进行内部交流，有时也会引导、实施公诉方面的研究；另外，一些州级的公诉人专业组织，当然包括国家地区律师协会（NDAA），它们会寻求改变立法以促进检察官的工作；在美联邦层面，司法部从理论上讲应该是一个为94名联邦检察官组织培训、安排课程的实体部门；另外还有一个联邦检察官咨询委员会，从理论上而言其运作可能更接近于我国最高检的法律政策研究室。在英国，有一个审查起诉部门，其有时也研究一些具体的课题，如：在应对性侵犯罪方面，警方和控方之间的协调等机制性、程序性问题，但该部门也完全不像我国最高检的检察理论研究所那般开展工作。① 在韩国，其司法机关智库被涵括在公共政策领域占比五分之二的研究院中，即：韩国法制研究院与韩国刑事政策研究院，其官方智库研究人员的收入按业绩核算，但一般水平要高于普通公务员，其年薪在5万美元上下。②

在此次检察机关内设机构改革之前，我国地市级以上检察机关一般均设置法律政策研究室这一部门作为检察智库，最高检还设有其直属事业单位——检察理论研究所；在县（市、区）一级的基层检察机关多数由办公

---

① 这是笔者与多伦多大学 Todd Foglesong 教授交流、讨论"检察智库"这一主题时 Foglesong 教授所提供的信息。但是 Foglesong 教授同时认为：1. 美国的公诉律师协会并不提供智力成果或有智力产品产出的有关案例，这意味着其并非试图通过研究出版物及相关素材的积累去影响检察实务。如果仅仅是通过煽动道德情感和政治想象来进行运作的话，那么对其称为"智库"则表示怀疑。2. 对于州公诉人专业组织和国家地区律师协会，其更像是一个游说组织，该组织追求诉讼的团体利益，而不代表有关司法的公众意见，也不关注其他机构和作为整体的司法观点。3. 司法部对组织检察工作没有什么创新的思想成果。4. 联邦检察官咨询委员会并非如中国最高检的研究室一般运行。并且，在美国没有类似于中国最高检的检察理论研究所这样的部门。根据文中对智库的定义，笔者认为，美国 NDAA 与司法部的某些部门，如：法律咨询办公室、法律政策办公室、国家司法研究所（NIJ）应当属于检察智库范畴。

② 国务院发展研究中心赴韩国智库专题调研考察团：《韩国智库考察报告》，《中国发展观察》2013 年第 12 期。

室代行检察智库部分职能，但也有少数基层检察机关设置了研究室。研究室的主要职能是：检察理论调研、政策规定起草、检察创新及其他检察政务。基层检察机关的研究室还承担了办公室，甚至是政工部门的一些日常性行政事务，如：公文写作、信息编报、检察宣传、文印保密、档案管理等。在案件管理部门成立之后，部分数据统计工作已划归案件管理部门，但仍有诸如档案管理等部分工作未完全移转。

而我国的理论型检察智库由于起步较晚、数量不多，其在全国的组织规模及影响力尚未显现出集群效应。

综上，我国检察智库存在以下几点不足：1. 形式相对单一，主要依赖研究室这一内设部门（最高检另设有检察理论研究所）。[①] 2. 从总体来看，各地各级检察机关对检察智库重视程度不够，认为其是"务虚部门"，基层检察智库作用、影响不明显，有的甚或尚不存在独立的机构形态。这是因为：客观地讲，大多数的检察决策部门还是习惯于传统的决策模式，几个领导研究一下，开明一点的多听取一些意见，还不习惯于决策咨询。[②] 因此，地方上政治因素比智库的影响力明显要大得多。3. 作为基层检察机关智库的研究室/办公室承担了过多的其他工作，却又人手不足，研究资金来源匮乏，故一般很少开展针对性强、调研周期长的刑事司法实证研究，多数情况下属"闭门造车"，由此造成高质量的、具有真知灼见的研究成果不多，每年提交的咨询报告对重大决策产生的影响也不理想。4. 作为检察智库主力的研究室/办公室自主性、独立性不强，基本上视检察长的重视程度而定，其遵照检察长的指示重点开展某几项工作，形同检察机关的秘书部门。

四、检察智库的发展规划

近年来，体现我国软实力大幅增强的显著标志之一便是我国智库数量的

---

① 内设机构改革试点后部分地市级检察机关已将研究室与其他部门整合并更名为综合研究部。
② 参见俞可平：《建设高质量的政法智库》，《法制日报》2010 年 2 月 10 日。

大幅提升。自 2010 年起至今我国智库数量便一直稳居世界第二。① 但由于我国智库整体发展水平参差不齐，高精尖的智库占比还不高，据《全球智库报告 2017》显示，我国 512 所智库中尚未有跻身全球顶级智库前 10 名之列的，共有 7 家智库包括最前排名为第 29 名的中国现代国际关系研究院位列全球顶级智库百强榜单；检察智库发展亦不成熟，其在整个智库集群中所占比重较低，故不能很好地发挥其应有的作用和影响。为打破这一发展过程中的瓶颈，充分挖掘检察智库的发展潜能，发挥其应有的功效，笔者拟制定以下检察智库发展规划。

第一，改变以往对检察智库单一的司法行政管理模式，变纯官方机构为半官方机构或官方机构与民间组织（如：学会/协会、团体、高校、科研机构）相结合的主体类型，同时也由纯行政命令式管控变为业务指导式自治，以此在检察权行使相对独立化的司法体制改革形势下，在改变检察智库存在形式的前提下凸显其作为检察"大脑"运转的独立性。此外，地方上也当相应地成立相对独立的地方检察智库，积极开展检察基础理论研究与应用型实证研究，主动向当地检察机关提出具有针对性的、可操作性强的各种意见建议及调研报告，以此增强检察智库对检察机关、检察权甚至是检察官行动决策的影响力，进而加深地方检察机关对当地检察智库的需求程度。倘若这一良性发展态势继续深化发展的话，之后就可以形成美国式的智库"旋转门"的良性循环，即：检察智库内知名专家越来越多应邀进入检察机关担任要职；② 同时，越来越多的"退居二线"甚至已退休的检察官回到检察智库继续从事相关研究，为检察事业的发展继续发挥余热。

第二，对于实务型检察智库，应着力精简其业务量。因为这类检察智库往往以检察机关内设机构，如研究室的形式存在，尤其在地方，其承担了大量的行政性事务。笔者倾向于将研究室打造成业务指导、咨询类内设机构，其包括以下四方面工作：1. 对各类重大、疑难、复杂案件及法律解释、法律实施等方面的问题进行研究、论证，形成调研报告等理论成果，同时报送

---

① 参见由美国宾夕法尼亚大学"智库研究项目"（TTCSP）历年编写公布的《全球智库报告》，最新的《全球智库报告 2017》已发布。详见袁勇：《〈全球智库报告 2017〉发布》，《经济日报》2018 年 2 月 1 日，第 12 版。

② 参见陈如为：《美国智库影响力为何那么大》，《秘书工作》2015 年第 1 期。

检察长及检委会审阅；2. 对本级检察机关司法、行政业务进行必要的指导、协调；3. 起草相关政策、制度；4. 对下级检察机关和上级检察机关的工作分别提出有关意见建议。对于学术型检察智库，笔者建议：在地方上应尽快成立专门从事检察理论研究的智库实体，在此司法体制改革的时期，充分发挥其应有的、更大的推动作用。当然，也应大力培育理论—实务的混合型检察智库，促进成果转化，助推检察改革。

第三，加大研究资金的投入。在德国，各类智库的最重要的经费来源是政府，主要是联邦、州和地区政府，此外还包括欧盟。如果按照智库预算及研究人员规模来衡量，政府资助的智库优势更大。[1]《意见》亦指出，有保障、可持续的资金来源，是我国智库应当具备的基本标准之一。要加大资金投入保障力度，各级政府要研究制定和落实支持智库发展的财政、金融政策，探索建立多元化、多渠道、多层次的投入体系，建立竞争性经费和稳定支持经费相协调的投入机制。落实公益捐赠制度，鼓励企业、社会组织、个人捐赠资助智库建设。我国各级政府可在结合本地实际、遵照《意见》精神的基础上，积极借鉴德国的这一做法，加大对本地区检察智库的经费投入，同时联络东盟等国际、区域组织以及民间的基金会，争取其对我国各类智库，尤其是司法智库、检察智库的支持与帮助。在此前提下经常定期举办各种论坛、学术讲座、专题研讨会和课题项目论证，以增进合作交流与沟通联系。此外，我国检察智库也应积极主动申请国内外社会民间资本的资助，以使自身更好地生存、发展，在优良的内外部环境下探索独立的思想见解。

第四，《意见》指出，应加强智库人才队伍的建设，使之具备"具有一定影响的专业代表性人物和专职研究人员"这一基本标准。但从我国检察智库的人员构成来看，其多数人员由检察人员组成，而且这部分检察人员一般还担任检察机关其他内设部门的职务或从事其他检察工作，简言之，他们类似于"兼职人员"；另外，我国检察智库中也有少数一部分从事相关学术理论教研（他们多来自于高等院校的法学院）或由在党政机关担任要职的人员组成，亦即：从事相关教学研究工作的院校教师或担任一定职务的官员

---

[1] 参见［德］马丁·W. 蒂纳特：《德国智库的发展与意义》，杨莉译，《新华文摘》2014 年第 18 期。

"兼职"担任了一部分检察智库中的相关职务，他们中的不少人还被聘为"特约检察员"或"专家咨询委员"。① 俞可平教授指出：官本位现象对智库建设非常不利。② 再看德国智库，其规模较大，……直到最近，学术智库的招聘几乎完全遵循了学术界模式。学术型智库的许多高级研究员都有博士学位……一些知名智库的高级职位通常要求应聘人员具备与高校中等水平甚至高级水平教授职位相当的条件。③ 对此，笔者认为应让更多的思想活跃、富有见解的研究人员来充实检察智库，坚持高校与检察机关互派挂职锻炼人员。这项工作去行政化、去形式化，即不能仅聘请一些权高位重的官员或领导来担任检察智库的研究人员；同时，为了开拓国际视野，也应让检察智库中更多的青年研究人员出国访问访学、交流考察、实地调研，这将有利于我国检察智库的健康持续快速发展。

第五，鉴于我国检察智库表现单一、影响力不大，建议采取多种形式增强检察智库在检察工作乃至司法体制改革中的表现力与影响力：1. 注重为各级各类政法性报纸专栏写作，并定期出版政策性简报，但应努力摆脱成为官方的"笔杆子"或"传声筒"的这一定位。2. 多出建设性理论成果，同时加快成果转化，以取得社会、党委、政府对检察智库的认同和信赖。3. 进行纵向连接和横向"结盟"，通过最高检的研究室、检察理论研究所——省、自治区、直辖市检察机关研究室——地级市检察机关研究室/综合研究部——县（市、区）检察机关研究室/办公室的纵向紧密连接来迅速加强核心检察智库的影响力度；通过各地区检察机关、高等院校/学术科研机构与其他政法机关（包括公安机关、法院、司法行政机关、政法委）的智库的横向"结盟"，来增强检察智库的综合实力、提升其社会地位，进而丰富其表现力。4. 目前，我国从事法律职业的人员接受国外司法智库培训的较多，我们应着力改变这一被动型交流的现状，变被动为互动、主动，积极主动开

① 最高检于1999年6月设立专家咨询委员会，至2014年已先后聘请了三批共计70名专家咨询委员。目前，专家咨询委员共有68名，他们参与重要司法解释和规范性文件的制定；研究讨论疑难复杂案件；主持、指导、参与检察理论课题；举办讲座，专题授课，协助培养检察人才。
② 参见俞可平：《建设高质量的政法智库》，《法制日报》2010年2月10日。
③ 参见［德］马丁·W. 蒂纳特：《德国智库的发展与意义》，杨莉译，《新华文摘》2014年第18期。

展与国外司法智库的合作交流。5. 针对问题意识不强、联系实际不足的现状，应着力拓宽检察智库研究成果的应用、转化渠道，如积极与检察实务部门合作，对研究成果应用转化开展区域性试点及评估等工作。

五、结语

有论者指出，要提升我国智库的影响力，必须从"全能主义智库"迷雾中走出来，鼓励"小而精"的专业型智库。① 我国检察智库可以归属于这类小而精的专业型智库，其发展前景看好。鉴此，我们当借鉴国外成熟、先进的智库发展理念及经验，依照发展规划不断完善其组织结构及运作机制，扩展其在当前检察改革乃至司法体制改革中的法治影响力的广度与深度，使之快步走上科学发展的道路，并日益壮大，在社会法治领域进一步发挥其不可估量的功效。

---

① 参见赵可金：《美国智库运作机制及其对中国智库的借鉴》，《当代世界》2014 年第 5 期。

【会议综述】

聚焦"综配" 共话司改

——第三届上海司法高峰论坛综述

党东升[*]

  2018 年 12 月 20 日，由中共上海市委政法委指导，上海市高级人民法院、上海市人民检察院、上海市法学会、华东政法大学主办，上海市人民检察院法律政策研究室、上海市法学会司法研究会、华东政法大学中国法治战略研究中心承办，观韬中茂律师事务所、中国行为法学会企业破产与重组研究中心作为支持单位的第三届"上海司法高峰论坛"在上海市人民检察院举行。上海市高级人民法院院长刘晓云、上海市人民检察院检察长张本才、上海市法学会会长崔亚东、上海市委政法委副书记章华、上海市高级人民法院副院长茆荣华、上海市人民检察院副检察长王光贤、上海市人民检察院政治部主任阮祝军、上海市法学会专职副会长施伟东、重庆市第四中级人民法院副院长张俊文、中国刑事诉讼法学研究会会长卞建林、华东政法大学校长叶青、华东政法大学中国法治战略研究中心常务副主任崔永东，以及其他来自全国各地的 100 余名司法实务专家和法学专家参加本届论坛。

  党的十九大把全面依法治国确立为新时代坚持和发展中国特色社会主义的基本方略，提出"深化司法体制综合配套改革，全面落实司法责任制"

---

[*] 党东升，华东政法大学中国法治战略研究中心助理研究员。

两大重要任务。为贯彻落实十九大精神和部署，本届论坛以"深化司法体制综合配套改革与全面落实司法责任制"为主题开展论文征集、经验推广、业务交流和理论研讨活动。本届论坛共征集论文 88 篇，其中 35 篇经十位知名法学专家和司法实务专家认真评审被评为优秀论文。论坛当天，与会人员围绕司法体制综合配套改革、司法责任制以及其他相关议题展开研讨，尤其是全面介绍了综合配套改革的"上海经验"，会场气氛隆重而热烈，实现了促进交流、深化认识、凝聚共识、推进改革的预期目标。下面主要从四个方面对本届论坛作简要总结。

一、综合配套改革的"上海经验"

崔亚东会长在论坛致辞中简要回顾了党的十八大以来，上海在司法体制改革中先行先试，为改革"破冰探路"，形成"上海经验"的光辉历程。上海在前一阶段改革试点中的突出表现，为接下来成为全国唯一的司法体制综合配套改革试点地区以及推进综合配套改革各项举措奠定了坚实基础。

党的十八大以来，中央在推进各项改革事业过程中，高度重视改革的试点工作，其中司法体制改革如此，司法体制综合配套改革同样如此。2017 年 7 月，习近平总书记批示要求司法体制"开展综合配套改革试点"。2017 年 8 月 29 日，中央全面深化改革领导小组第三十八次会议审议通过《关于上海市开展司法体制综合配套改革试点的框架意见》，要求上海在综合配套、整体推进上进行试点，形成更多可复制可推广的经验做法。根据中央意见，上海市委随后制定《贯彻实施〈关于上海市开展司法体制综合配套改革试点的框架意见〉的分工方案》，确立了综合配套改革的 117 项具体改革任务，并分解到各部门。过去一年多来，各有关部门在市委统一领导部署下，围绕试点任务攻坚克难、大胆创新、不断探索，产生很多好的经验做法。本届论坛上，与会领导从基本情况、改革内容、经验亮点、下一步安排等方面对上海综合配套改革试点工作做了全面介绍。

（一）试点任务完成情况及下一步安排

张本才检察长在本次论坛上表示，上海市检察机关目前已基本完成既定的 126 项（含市委《分工方案》确定的 94 项，自主确定的 32 项）改革任务，在构建专业化、集约化、扁平化组织结构体系，探索建立新型专业化办案组，探索设立刑事诉讼监督部，强化检察机关法律监督手段，推进智慧检察建设等方面取得了积极成效，形成了一批可复制可推广的经验做法，为做好改革"精装修"，推动新时代检察工作创新发展提供了"上海方案"。关于当前和下阶段检察改革与检察工作，张本才检察长提出四点意见：

◆上好一门"必修课"，始终坚持检察改革的正确政治方向。检察机关必须切实把学习贯彻习近平总书记重要讲话精神作为头等大事和重大政治任务，把学习贯彻习近平新时代中国特色社会主义思想作为贯穿改革全过程的"必修课"，自觉强化党对检察改革的绝对领导，加强党组对改革工作的集中领导，主动向同级党委、党委政法委汇报重大改革项目执行落实情况，把中央的决策部署落实到检察工作各个环节，体现到改革实效上。

◆扮演好"两种角色"，提升办案质效，提升司法能力。必须进一步发挥改革系统集成效应，释放改革红利，将改革成果体现在法律监督工作成效上。既要以办案为中心，强化新时代法律监督，全面履行刑事检察、民事检察、行政检察和公益诉讼检察职能，通过踏踏实实办好每一起案件，诠释"工匠"精神，彰显"工匠"担当；又要自觉对标政治效果、社会效果、法律效果，通过办案彰显社会主义核心价值观，引领社会风尚，在法治建设中肩负应有的担当和责任。

◆服务好"三项任务"，在服务保障国家战略和上海大局中更加有为。新时代检察机关在服务大局、服务人民中肩负着重大的政治责任、社会责任和法律责任，尤其是习近平总书记在沪考察时交给了上海"三项新的重大任务"，这是推动新时代改革发展的重大机遇，也是一份沉甸甸的责任。检察机关必须深刻把握上海发展战略定位，紧贴上海发展大局，在融入大局、服务大局中找准发力点，更加积极主动地把检察工作放到党和国家全局、放到上海发展大局来谋划和推进，尤其要发挥改革创新的驱动作用，在深化自贸区检察、防范和化解金融风险、推进长江三角洲区域一体化检察协作、融入长江经济带"检察一盘棋"等方面制定更实在更完善的"检察方案"，落实具体有效的"检察行动"。

◆运用好"多元平台"，最大限度凝聚改革共识、汇聚改革合力。司法改革是一个系统工程，必须聚多方之力共同推进。新形势下，需要积极发挥上海法学研究资源优势、长三角"龙头"城市外联优势，强化跨学科、跨部门、跨区域决策咨询和智库支持，不断发现、培养、凝聚优秀的专业人才，促进司法改革相关理论成果和优秀经验交流借鉴。

上海市人民检察院政治部主任阮祝军进一步介绍了上海检察机关下一步推进综合配套改革的重点内容：

◆全面推进检察机关提起公益诉讼。上海市检察机关将积极拓展公益诉讼新领域，立足上海城市特点，探索加大消费者权益、公民个人信息安全、历史风貌建筑等方面公益保护力度。着力创新公益诉讼工作机制，加强与法院在证据规则、庭审程序等方面的沟通协调，积极发挥基层首创精神，研发公益诉讼办案智能辅助系统，探索完善公益诉讼观察员、举报人奖励、派驻消保委检察室等多项创新机制。

◆有序推进认罪认罚从宽制度改革试点。市检察院已与市高级法院制定试点工作细则，出台指导意见，规范适用范围、从宽方式、量刑协商、出庭程序等具体内容。下一步还将在部分基层院试点基础上，研发、完善认罪认罚量刑智能辅助分析系统，通过对交通肇事、危险驾驶等已判案件进行大数据、智能化分析，进一步提升量刑建议精准度。

◆健全完善检察建议公开宣告制度。市检察院在金山、浦东新区等基层检察院五年探索实践基础上，已制定出台《上海市检察机关关于开展检察建议公开宣告工作的规定（试行）》，后续将按照"三方"（检察机关、被建议单位、第三方代表）+"三化"（场所化、仪式化、公开化）的要求，进一步构建完善常态化的检察建议公开宣告工作机制。

◆深化"大数据+人工智能"智慧检察创新应用。市检察院将继续聚焦司法办案与检察工作实际需求，通过对检察大数据的挖掘与利用，促进科技与检察办案、法律监督工作深度融合，切实打造数据化、科学化、智能化"智慧检务"；后续将重点聚焦司法体制综合配套关联大数据系统研发、基于大数据决策的证据标准、定罪要素体系研发，以及基于大数据范式的检察应用研究等，形成一批在国内具有领先地位的检察大数据技术与应用，为司法体制综合配套改革提供保障与支持。

上海市高级人民法院刘晓云院长主要从四个方面介绍了法院方面综合配套改革试点工作的总体情况：

◆基本完成综合配套改革试点任务。具体表现为：司法责任制得到有效落实，审判权力运行机制进一步完善；内设机构改革稳妥推进，审判体制机制和司法职权配置进一步优化；以审判为中心的诉讼制度改革深入推进，上海刑事案件智能辅助办案系统（"206系统"）研发应用取得新进展；人员分类管理改革继续深化，司法人员依法履职制度保障进一步夯实，法官正规化、专业化、职业化建设取得新成效；"数据法院""智慧法院"建设积极推进，法院工作与信息化深度融合进一步体现；案件繁简分流工作机制改革、跨行政区划法院改革、家事审判方式改革、诉讼服务改革等同步配套推进，改革整体效果初显。

◆形成完整的改革制度体系。综合配套改革过程中先后研究制定了133项改革配套规定，并进行了系统梳理和汇编，形成了覆盖全面、配套齐备的上海法院司法体制综合配套改革制度体系。

◆推动形成多项上海经验和做法。如在全国率先研发上海刑事案件智能辅助办案系统（"206系统"）与"上海法院审判执行监督预警分析系统"，探索审判辅助事务社会化，稳妥推进内设机构改革等。同时，加强对口指导，鼓励基层创新，注重培育特色，形成了30余个探索创新性强、具有典型示范意义的改革案例，努力为全国法院提供可复制、可推广的经验借鉴。

◆审判质效得到有效提升。2018年1—11月底，全市法院共受理各类案件73.93万件，审结71.73万件，法官人均办案239件，92.64%的案件经一审即息诉，主要审执质效数据继续保持全国法院前列。

对于今后改革工作，刘晓云院长做了原则性发言。他指出，改革只有进行时，没有完成时。改革的过程是不断发现问题和解决问题的过程。在取得阶段性成绩的同时，应清醒地认识到还存在一些短板需要补齐，有些制度仍需配套完善，有些改革举措仍需进一步深化落实。下一步将认真贯彻最高人民法院在上海召开的全国法院司法体制综合配套改革推进会精神，切实抓好综合配套改革各项任务的推进落实工作。

关于下阶段工作，上海市高级人民法院茆荣华副院长也做了补充和细化发言。他指出，今后将重点在三个方面发力：

◆健全完善组织体系。进一步健全完善具有上海特色的跨行政区划案件审理诉讼新格局，理顺跨区划集中管辖规则。加强新型审判团队建设，强化内部分工协作，提升办案效能。全力以赴建设好金融法院，面向全国引进精通金融知识、国际金融规则、熟练运用外语的复合型、高学历、高层次人才，对标国际金融中心的司法需求。进一步推进法院内设机构改革，为公正司法提供组织保障。

◆全面落实司法责任。推动新修订的专业法官会议制度落地见效，切实发挥专业法官会议的咨询和监督平台作用，同步配套信息化方案并引入外部监督，研发运行"上海法院审判执行监督、预警分析系统"，实现从微观的个案审批、文书签发向全院、全员、全过程的案件质量效率监管转变，努力实现审判管理与监督的流程化、标准化、信息化。优化完善诉讼程序，扎实推进以审判为中心的刑事诉讼制度改革，坚持诉讼以审判为中心、审判以庭审为中心、庭审以证据为中心，发挥庭审在查明事实、认定证据、保护诉权、公正裁判中的决定性作用。

◆持续深化司法公开。进一步升级12368平台智能化诉讼服务水平，全面推动上海法院诉讼服务中心规范化、标准化建设。在部分法院积极探索特定案件的全流程网上办案模式。进一步完善审判流程、庭审活动、裁判文书、执行信息四大公开平台，加快质效型运维体系建设，依靠科技创新为司法现代化注入新动力。提升司法公开质量，规范裁判文书说理，加强司法案例宣传，完善司法与媒体良性互动机制，以阳光司法增强司法公信力，以司法公正引领社会公正。

（二）综合配套改革的主要内容

上海市人民检察院政治部主任阮祝军详细介绍了上海检察机关的综合配套改革内容，他把这些内容分为四个方面：一是规范权力运行，加强管理监督，提升办案质效。从司法职权配置、内设机构改革、刑事诉讼制度改革、人权司法保障、司法绩效评价、执法司法活动监督、法律服务行业监管等方面推进综合配套，着力增强改革的系统性、整体性、协同性。二是推进前端治理，深化科技应用，解决人案矛盾。一方面通过完善纠纷解决机制、实行繁简分流等，盘活司法资源实现高效运作；另一方面通过加强司法信息化建设、提升司法辅助工作现代化水平等，切实提高司法效率。三是完善分类管理，夯实制度保障，加强队伍建设。从加强思想政治建设、员额管理、司法人才储备招录、遴选和培训，建立完善法官检察官单独职务序列管理、人财物市级统管、职业保障等方面健全配套制度，努力形成符合司法人员职业特点和发展规律的管理机制。四是维护司法权威，强化系统集成，优化法治环境。通过维护裁判终局性、提升司法执行力、防止舆论不当干扰司法、保护司法人员履职安全及尊严等举措，有力维护司法权威，营造良好法治环境。

据上海高级人民法院茆荣华副院长介绍，上海高院重点从八个方面推进综合配套改革。一是规范审判权力运行，完善监督制约机制，提升审判质效；二是优化司法职权配置，完善管理体制机制，提升司法公信力；三是推进以审判为中心的诉讼制度改革，强化人权保障，切实防范冤假错案；四是深化繁简分流，优化资源配置，着力解决案多人少矛盾；五是坚持司法为民宗旨，提升诉讼服务水平，让人民群众有更多改革获得感；六是完善人员分类管理，夯实制度机制保障，推进法官正规化、专业化、职业化建设；七是坚持科技强院，深化现代科技与司法体制改革深度融合，推进"数据法院""智慧法院"建设；八是优化司法环境，兑现胜诉权益，为经济社会发展大局提供有力的司法保障。

（三）综合配套改革的试点经验

上海市人民检察院政治部主任阮祝军把检察机关形成的经验亮点概括为五个方面，具体包括：

◆组织结构创新方面。一是构建专业化集约化扁平化组织结构体系。明确内设机构改革不是简单的机构数量增减，而是检察机关组织结构创新，按照专业化、集约化、扁平化要求，实现内设机构减下来、办案质效提上去的目的。二是探索建立新型专业化办案组。结合内设机构改革，全市各级院设立了金融知识产权、未成年人检察、公益诉讼等150个新型专业化办案组。在办案组内合理配置办案权限，保障检察官依法相对独立行使办案决定权。同时，加强团队协作，发挥资深检察官的经验特长，培育专业化办案人才梯队，不断深化在科学化设置、扁平化管理、专业化办案、精细化培养等方面的优势。

◆健全监督机制方面。一是拓展法律监督范围和路径。坚持法律监督机关的宪法定位，不断健全法律监督制度体系。推行"捕诉合一"办案模式，制定出台全国检察机关首个"捕诉合一"办案规程，同时整合侦查、起诉、审判等刑事诉讼环节的监督职能，实现"在办案中监督、在监督中办案"

的监督新模式，突出加强刑事程序前端监督，激活调查核实权的运用，构建全流程、立体化刑事诉讼监督机制。二是深入推进刑事诉讼制度改革。通过推进以审判为中心的刑事诉讼制度改革，不断强化检察机关审前主导地位。协同研发"刑事案件智能辅助办案系统"，把公检法统一适用的证据标准嵌入办案系统，提供规范性的证据指引，减少司法随意性。推进庭审方式改革，制定出台《证人、鉴定人等人员出庭工作指引（试行）》，提高出庭指控质量；配合法院完善庭前会议规则，明确适用范围、会议流程、证据开示和会议效力等方面内容；与市公安局会签刑事案件适时介入、捕前协商工作意见，强化引导侦查精准度。三是进一步深化特色检察制度改革。深入推进跨行政区划检察院改革试点；推动金融检察体制机制创新，完善金融案件捕诉研防一体化工作机制；成立沪东、沪西两个刑事执行检察院负责市级监管场所刑事执行监督，进一步理顺派驻监狱检察工作体制，实现"同级对等监督"；在全国率先建立未成年人检察社会服务体系、未成年被害人"一站式"取证、性侵未成年人罪犯从业禁止等特殊保护制度，出台加强老年人司法保护的意见，建立专办快办、督促和解、法律援助等办案机制等。

◆加强办案监管方面。一是构建面向全院全员全过程的司法监管机制。先后更新两版检察官权力清单，清晰界定检察官的办案权限，落实相应司法责任归属。制定关于案件种类、办案方式、案件承办、检察长直接办案等制度规定，确定126种检察办案类型和4种主要办案方式，将检察权运行全面纳入案件化监管机制中。同时，进一步推动落实入额领导干部办案规范化、常态化。将入额领导干部纳入随机分案范围，全面推行入额领导干部办案情况通报公示制度。二是完善案件流程监控、质量评查、错案评鉴工作机制。包括规范细化案件流程监控机制，将6类15种案件纳入流程监控的考核范围，并明确监控案件数量要达到全年案件受理数30%的硬性要求。上线运行案件流程监控智能预警系统，实现监控自动化、检查精细化、预警层级化、溯源可视化，探索重点案件跨院交叉评查。上线运行2.0版案件质量评查系统，实现评查案件化办理、全方位覆盖、区域化统筹、智能化辅助。健全以错案评鉴为核心的司法责任认定和追究机制。成立个案评鉴委员会，对规定范围的案件进行调查，就检察官是否需要承担司法责任提出评鉴意见、作出评鉴决定。

◆完善员额管理方面。一是全面落实三类人员绩效考核。通过健全符合司法职业特点的检察官、检察辅助人员、司法行政人员业绩考核评价机制，制定《上海检察机关检察官绩效考核指导意见（试行）》以及检察官助理、司法行政人员绩效考核指导意见，全面考核德、能、勤、绩、廉，实现三类人员绩效考核全覆盖。同时，在基层院试点基础上，市院研发应用"检察官办案全程监督考核系统"，按照简便科学的要求，优化办案绩效考核指标，为实现奖勤罚懒、优胜劣汰、动态管理提供参考的信息化平台。此外，部分基层院还探索建立"入额院领导干部工作绩效考核系统"，对入额领导干部直接办案和审核审批进行记录考核。二是构建完善检察官员额管理统一平台。坚持"全市统筹、竞争择优"，加大跨院遴选力度，组织开展上级院从下级院遴选检察官，在全国率先开展检察官助理遴选入额。同时，加强员额统筹管理和动态调整，探索员额配置再优化机制，持续引导检察官向主要业务部门流动，如有的基层检察院通过业务部门负责人与检察官、检察官与检察官助理之间双向选择的方式，主要办案岗位检察官数量增加近40%。三是实行检察官单独职务序列。检察官实行按期晋升和择优选升相结合的等级晋升，等级不与行政职级挂钩，目前全市基层检察院均已完成按期晋升工作，择优选升三级高级、二级高级检察官工作已经推进实施。

◆深化科技应用方面。一是积极适应新需求升级智慧检察。将现代科技作为检察工作发展动力引擎，聚焦科学化、智能化、人性化推进智慧检务建设。2017年上海市检察院建立检察大数据中心，大数据平台对接27个应用系统，在数据应用层面提供数据的采集、搜索、分析、交互、展示等功能，加强跨单位、跨条线、跨部门的数据资源整合，推动数据的集中统一处理和有效利用，目前已经形成11期大数据分析报告，为领导决策提供数据参谋。同时，与上海交通大学、复旦大学、科大讯飞等高等院校、科研机构联合组建检察大数据融合创新实验室，借力外脑智库，大力推进大数据管理系统和软件应用的开发。二是加强对检察办案的深度数据挖掘。实时监测司法办案中存在的突出问题，动态研判检察工作发展变化趋势，运用数据分析平台对受案量较大的19类罪名进行可视化分析，基本覆盖社会治安动态情势，形成大数据驱动型的法律监督创新模式。部分区检察院也先行先试，如金山区检察院打造移动检务平台，集成院务管理、代表委员联络、服务非公经济、控告申诉等功能模块;崇明区检察院研发"检警通""检政通"APP,打造捕诉合一、公益诉讼移动办案平台;嘉定区检察院研发"检易通""检信通""检务通",促进智慧办案、智慧服务、智慧管理等。

上海市高级人民法院副院长茆荣华用处理好"五组关系"概括法院系统综合配套改革的经验做法:

◆顶层设计与基层探索关系方面,既要加强统一部署,也要鼓励基层大胆创新。如司法责任制、人员分类管理、省以下人财物统管等各项最关键、最基础的制度性安排,必须一抓到底,确保执行中央顶层设计不走样、不变形。而对一些不同区域、不同层级法院可能存在差别、具有一定灵活性、需精细化设计的改革事项,比如庭审方式改革、新型审判团队、审判辅助事务外包等改革任务,鼓励中、基层法院探索,待相关经验成熟后上升到全市层面予以规范推广。

◆整体统筹和重点突破关系方面,既要紧紧抓住关键的"牛鼻子",也要善于统筹帷幄、整体推进。如司法责任制、员额制、内设机构改革,牵一发而动全身,如不实现先期突破,各项审判机制改革就可能陷入观望。同时,改革也需要配套保障,统筹谋划,增强各项任务的耦合性。比如,司法责任制和审判权力运行机制是"牛鼻子",但如果没有贯穿全程的权力监督、制约、保障机制,没有后续配套的审判管理、考核标准化、信息化建设,效果就会大打折扣;薪酬待遇的分配怎样真正体现不同的司法责任和岗位分工,内设机构改革怎样与跨行政区划集中管辖、专门法院和审判团队建设等配套实施,也都需要通盘考虑。

◆立足当前和着眼长远关系方面,坚持一手抓当前、一手抓长远的思路,力求兼顾解决当前问题和形成长效机制。立足当前,就是从当前制约公正司法、影响司法能力最突出的问题入手,切实采取有针对性的措施。如针对案件分配机制中存在的指定分案规则难统一、案件难识别、过程难监管等问题,建立随机分案为主、指定分案为辅,兼顾繁简分流、专业对口的分案机制,减少分案环节的人为因素,保证审判的程序公正与审判效率;针对改革后审判监督管理方式亟须深化转型等问题,上海市高级人民法院通过完善专业法官会议制度并同步配套信息化方案、完善审判委员会制度、推动形成院庭长办案常态化机制等,改变"人盯人、人盯案"的传统方式,转向全院、全员、全过程，涵盖事前、事中、事后全流程的审判监督管理。着眼长远，就是准确把握国家改革大局的方向，把解决问题与建立长效机制结合起来，切实抓好做铺垫、打基础、利长远的举措，夯实上海法院长远发展的基础。上海市高级人民法院在推进改革的过程中，始终把制度机制建设摆在首位，比如，上海法院在推进基本解决执行难中，制定和修订了《执行办案责任制的若干意见》《关于确认和终结无财产可供执行案件若干问题的规定》等20余项执行工作的制度规定，为改进执行工作建立了规范化、标准化、长效化的制度体系，促进了执行工作的规范、有序运行。

◆处理好内部改革与外部协同关系方面，既要聚焦内部瓶颈，也要回应社会诉求，服务大局工作，对接其他部门。比如上海法院稳妥推进的司法责任制改革，内设机构改革，跨行政区划法院改革，知产、金融、海事等审判体制机制改革，均是着眼于进一步理顺优化司法职权配置；上海法院设计审判绩效考核、推动适法统一、完善司法责任认定和追究机制，都是以解决社会最关心的司法质量问题为导向；推动的诉讼服务标准化、司法公开、破解执行难等一系列措施，也都是着眼于维护人民群众切身利益这个目的。一些改革任务的推进不仅集中在"两院"，还需要对接公安、司法、信访、综治、政府职能部门等，形成制度衔接合力，特别是以审判为中心的诉讼制度改革（刑事"206系统"的开发应用）、执行体制机制改革、多元化纠纷解决机制等。同时，改革举措只有真正有利于推动大局工作，才能更多得到支持。上海法院立足改革先行者、排头兵的站位，主动对标自贸区、"五个中心"建设、"一带一路"、长三角一体化等重大战略，积极研究司法保障和应对措施，从服务大局的视野去推进改革。

◆改革推进与科技助力关系方面，坚持既要靠制度供给创新，也要靠信息技术提升能级。上海法院在推进综合配套改革的过程中，将信息化建设作为司法改革的重要支撑和破解司法难题的利器。比如，研发上海刑事案件智能辅助办案系统（"206系统"），运用大数据、人工智能等新技术，对录入系统的证据进行自动校验和瑕疵提示，减少司法任意性，防范冤假错案；又如，正在研究制定的完善审判监督管理机制的实施意见也将配套制定信息化方案，力争让每一个需要监督和管理的流程节点都能够信息化、标准化、智能化、可追责。已研发运行的"上海法院审判执行监督预警分析系统"，实现对立案、审判、执行各环节风险点的实时预警、提示，推动审判监督管理向规范化、流程化、标准化转型；再如，上海法院建立的绩效考核系统，推动的繁简分流、司法公开、诉讼服务改革、电子卷宗同步生成和全流程网上办案等，都充分发挥了现代科技的驱动作用。同时，在运用科技助力的过程中，既注重信息化与审判需求和经验深度融合，做到管用；又注重与实际应用感受度深度融合，做到好用，力争避免信息化建设的盲目、孤立、低水平重复。

二、全面落实司法责任制的思路与经验

在当前司法改革的四梁八柱已经基本搭建的情况下，进一步落实司法责任制是深化司法体制改革需要解决的重点问题，也是司法体制综合配套改革的重点内容之一。上海市委政法委副书记章华在发言中指出，司法责任制的全面落实涉及一系列工作，必须要有一系列的配套制度。要坚持问题导向，针对现实中存在的不配套、不协调、不到位问题，综合运用"四种思维"推进司法责任制的全面落实。

◆系统集成思维。司法责任制改革不是一项或几项机制的改变，而是一项系统的改革，包括审判、检察权力运行、司法办案组织权限、司法办案人员职责、审判管理监督等诸多事项，涉及司法资源配置，涵盖审判权、检察权运行各个领域和主要环节，牵涉司法管理体制。必须要在前一阶段改革成效的基础上进一步完善与内设机构改革、专业化办案要求相配套的办案团队、办案组织运行机制；与法官检察官行使办案权，法院、检察院部门及院领导行使办案管理权、监督权相配套的审判监督管理、案件管理机制；与案件繁简分流、领导干部办案等相配套的案件承办确定机制；与法官检察官管理和审判检察管理相配套的司法意见评价机制；与司法人员职责和权限管理相配套的司法辅助人员配置管理机制；与法官检察官单独职务序列相配套的司法人员职业保障制度；与国家监察体制改革相配套的法官检察官惩戒制度；等等。必须以综合配套的思路解决一些改革配套举措不完善、工作衔接不到位、系统集成能力不强的突出问题，全面激发改革的联动效益和共生效力，确保各项改革举措形成合力，真正落地见效。

◆精准运力思维。司法责任制改革既要注重系统化，也要注重精细化，着重聚焦前一阶段改革举措实际运行过程中的重点、难点问题，破难题、补短板、强弱项。要在实施法官检察官员额制的基础上进一步探索以案定额和以职能定额相结合的法官检察官员额动态管理机制；要在推进法官检察官全市统一平台、统一标准遴选入额的基础上进一步探索完善法官检察官逐级遴选制度和法官检察官员额退出机制，推动构建员额有进有出、能上能下的常态化运行机制；要在法院检察院内设机构扁平化改革和先行办案组织建设的基础上进一步完善司法人员权力清单和履职指引制度，落实法官检察官办案主体地位，真正实现谁办案谁负责；要在强调法官检察官独立办案的基础上进一步完善以错案评鉴为核心的司法责任认定和追究机制，确保放权与监督相统一；要在健全审判检察管理和监督机制的基础上进一步推动信息化与执法办案的深度融合，通过信息化规范司法行为，加强办案监督管理，提高办案质量和效益，不断厚植司法公信。

◆内外联动思维。全面落实司法责任制要在各项任务分工推进的基础上注重协调联动各环节、各部门、各领域，在改革任务落地过程中的互相协同、互相促进、良性互动。要强化司法机关内部协作，统筹协调司法机关内部司法权力运行部门、司法权力监督部门和司法人员管理部门各自牵头的改革事项，确保司法责任制的各项举措无缝衔接；要强化司法部门的协力，紧密结合司法权力运行规律和司法责任的特点，加强政法部门在司法责任制全面落实过程中的沟通衔接，健全侦查权、检察权、审判权、执行权的相互配合相互制约的体制机制；要强化党政司法协同，结合司法责任制全面落实过程中的实际困难和需求，协调组织人事、财政、法改等相关部门的支持、保障和配合，强化人大、政协及社会组织的参与、理解和推动；要与各个部门、各个条线、各个领域自身的改革有效协同，共同在改革的大棋盘中组织实施各项改革任务，确保在政策取向上相互协调，在落地过程中相互促进，在实际成效上相得益彰。

◆全局长远思维。司法责任制改革是一个不断触类旁通、持续深入的过程。下一阶段要在前期和现阶段实践中证明比较成熟的改革经验和行之有效的改革举措基础上，积极参与立法调研论证，推进法官法、检察官法等法律的修改，确保改革行稳致远。要结合最高人民法院正在研究起草的关于深化人民法院司法体制综合配套改革的意见，人民法院第五个改革纲要和最高人民检察院正在研究起草的 2018 年至 2022 年检察改革工作规划，统筹研究全面落实司法责任制中碰到的新问题，积极应对司法责任制改革中的新课题。

多年来，重庆市在司法责任制改革方面也取得了丰硕成果，本届论坛上，重庆四中院副院长张俊文详细介绍了重庆法院系统推进司法责任制改革的经验做法。

张俊文在发言中首先回顾了我国司法责任制改革的历史过程，他认为在这一过程中，司法责任制的内涵和外延一直是在发生变化的，当前的司法责任制改革涵盖和涉及的内容非常广泛。张俊文在总结重庆经验做法的基础上认为，全面落实司法责任制需要重点把握"四个关系"和"八项制度"：

◆ "四个关系"：一是审判权运行机制改革与完善司法责任制的关系。二是审判权分散管理行使与统一裁判标准的关系。三是司法责任追究与审判监督管理的关系。四是司法责任追究与法官职业保障的关系。

◆ "八项制度"：一是建立审判权独立运行的保障制度体系。二是明晰审判组织的权限和审判组织的职责，这就是要明确法官承担核心事务，法官助理承担部分的辅助事务，书记员承担事务性工作。三是建立符合司法规定的审判监督管理制度。四是建立有效统一裁判标准的保障机制。五是落实严格的审判责任追究机制。六是加强廉政风险防控和社会各方的监督。七是建立科学合理的法官考评机制。八是建立完备的职业法官制度。

三、围绕两大议题的实践探索与学理思考

综合配套改革不仅注重顶层设计，也注重基层的探索创新，因此，来自于基层的活生生的经验值得重视。本届论坛中，数十位来自办案一线的司法实务专家，从不同角度分享了他们对司法体制改革、司法体制综合配套改革、司法责任制改革以及其他相关议题的认识、困惑和思考，深化了对相关问题的认识。此外，来自全国各地的法学专家也围绕论坛主题进行了深入的理论研讨。

浙江景宁县的"检察网格化"经验已经较为成熟，石东坡等在调研基础上详细介绍了这一经验，其要义在于依托"枫桥经验"思想推进检察工

作创新。所谓"检察网格化"是指"在基层社会综合治理'一张网'即全科网格基础上，根据全县行政区域和执法机构双层划分检察网格，并对接域外网格，网格小组集体开展监督信息收集；监督平台建立和运用联席会议、线索移送、案件信息通报、联动执法等综合研判、对接监督的方法、程序；业务部跟进办案、多管齐下，运用法定职权、手段、方式，并将办案过程和结果反馈至监督平台、接受网格检验评价的三级联动型法律监督工作机制。"从综合配套改革的视角观之，"检察网格化"经验一方面，对推进综合配套改革具有一定参考意义，另一方面，其真正发挥作用取得实效，无疑也需要其他配套改革举措的支持和推动。

构建矛盾纠纷多元化解体系是综合配套改革的重要内容，其中人民调解协议司法确认是一项非常重要的制度。张奇基于浙江丽水经验提出人民调解协议司法确认的"六大困惑"（认识困惑、申请困惑、审查困惑、救济困惑、真实性困惑、调解质量困惑）和一系列建议，有助于深化对相关问题的认识。法院调解方面，浙江温岭法院赵敏丹的文章认为，在员额制改革和立案标准放宽背景下，随着案件数据大幅增加，有必要在审判团队内部进行调判适度分离，即法官助理主司调解、员额法官主司判决的调判分离模式。此举一方面有助于防止员额法官疲于办案，另一方面有助于提升法官助理的司法能力。为此，需要三方面机制保障：其一为进一步倡导 ADR 理念；其二为进行针对性的程序优化；其三为建立内部案件流转记录机制以快速分流调判案件。崔永东教授在发言中指出，过去，很多人一谈司法改革就只是讲"国家司法"的改革，而忽视了"社会司法"的改革。当前构建矛盾纠纷多元化解体系，就应加强社会司法建设。如果社会司法搞好了，比如说像美国那样95%的案件都分流了，都没有进入诉讼程序，那么国家司法就会大大节约它的资源，法官也可以腾出手来集中精力把5%的案子办好，办成精品，经得起法律和历史的检验。

前期司法体制改革尤其是员额制与责任制改革对司法人员的触动较大，相关人员能否适应制度变革是各方关注的重大问题和主要关切。李洁以 W 法院36名民商事员额法官的工作情况为样本，初步分析和测量了员额制改革后法官工作的饱和度，对进一步深化相关改革具有参考意义。赖骏等人认为，法官助理实际上扮演着三种角色：法官助手、单位组织成员、候选法官，在扮演这些角色时潜伏着因角色冲突、角色失调等导致角色失败的可能性，并据此提出四种改革建议：一是建立矩阵式审判组织模式，二是赋予法官考核法官助理的权利，三是建立法官助理与书记员轮岗制度，四是建立法官助理横向流动机制。杨婷针对员额制改革背景下偏远基层法院"无人可入"现象，提出要借鉴企业知识管理经验，建立年轻法官快速养成机制，以实现法官个人与法院建设的双赢效应。邓发强、吴波认为，司法责任制改革背景下，加强对员额检察官的监督制约具有重要意义。针对当前认识不充分、制度不完善、落实不到位等问题，提出四点完善建议：一是加强检察文化建设，提高员额检察官接受监督制约的意识；二是完善外部监督制约机制，如加强检务公开、人民监督、律师监督等；三是加强内部监督制约机制，包括建立办案组织和组织之间的内部监督制约机制、落实办案环节的监督制约制度；四是完善对员额检察官的司法责任追究机制。关于检察官惩戒问题，卢莹结合国内外经验进行了深入的理论探讨，认为惩戒内容不限于追究司法责任，惩戒需内外部双管齐下，并对检察官惩戒委员会的定位与运作进行了阐述。崔永东教授认为，法官检察官惩戒委员会不宜和法官检察官遴选委员会合并，因为一个是管"入口"，一个管"出口"的，分开更合理一些，如果合起来有可能扩大权力寻租的空间。

法院内设机构改革是司法体制综合配套改革的重要内容，叶爱英等人的文章对了解基层法院内设机构改革必要性和落实情况具有参考价值。文章详细介绍了浙江 L 市法院内设机构"偏离本位"的现象，主要表现为：内设机构不断扩张、数量较多，综合部门所占比重不断增加，审判部门人员不足，领导职数比例较高；为解决这些问题，文章从理念、内设机构具体设置和相关举措三个方面提出了改革建议。在法院内部管理方面，陆文辉提出了一个微观的问题，即审判人员签名问题。他认为，在司法体制综合配套改革中，为解决法院系统存在的审判人员网上办案签名使用乱象、利用签名管理漏洞实施渎职犯罪、校核制度失灵衍生裁判文书低级错误等问题，有必要配套推进审判人员签名章制度。司法责任制改革背景下，审判委员会、检察委员会制度引起广泛关注和热烈讨论，本次论坛也涉及这一议题。杨爱民、韩东成基于工作实际提出对于检察委员会议题范围之粗与细、宽与窄、轻与重的"三问"，进而围绕议题范围合理界定之路径进行了深入探讨。程凡卿对检察机关司法行政人员管理改革进行了专门研究，他认为，员额制改革后，检察机关司法行政人员管理面临法律指引缺失、专业化人员比例小、待遇落差大、考核体系不健全等问题，需要通过制定规范、统一管理、改善薪资、加强培训交流、科学考核、公正晋升，才能保证检察机关司法行政队伍稳定。

综合配套改革不仅关注司法机构内部的改革，也注重完善司法机关与其他部门之间的关系。论坛中很多发言和文章都涉及如何处理好司法机构的外部关系问题。如，卞建林教授指出，在监察法颁布实施背景下，必须要处理好监察法与刑事诉讼法实施的衔接问题，其中很多方面都涉及相关部门的衔接、配合、协同以及相互制约。原美林的文章也讨论了留置措施与刑事强制措施的衔接问题。熊中文、范招玉基于对本轮法院体制改革总体思路的分析，认为有必要对法院向同级人大报告工作制度进行适度改革，"结合本轮法院体制改革中'省统管'措施的推进落实，法院向同级人大报告制度的改革路径不应简单地'废除'或者'保留'，而应有所区分：一是停止市、县级法院向同级人大报告工作的做法；二是改革省级以上法院向同级人大报告工作的内容和取消表决方式。"崔永东教授认为，司法体制综合配套改革既需要司法体制内部的改革，还应该跳出司法体制，站在一个更高的层面上来看问题。司法体制改革还应当和政治体制改革、经济体制改革、社会体制改革以及文化体制改革同时配套进行，这需要在国家战略层面上进行顶层设计。

由于司法体制综合配套改革和司法责任制覆盖面非常广泛，相应地，本届论坛的文章和发言所涉及的议题也非常广泛。例如，周寓先讨论了如何在司法责任制改革背景下追求裁判确定性的问题，周庆等人基于结构功能主义框架讨论了执行运行体系的变革，朱国华、云新雷基于习近平"人类命运共同体"思想阐释了中华传统司法文明现代化的重要意义，陈邦达介绍了美国非法证据排除规则的原理和体系，连洋对刑事速裁程序中"速"与"质"的辩证关系进行了深入思考和论证，侯明明对转型中国司法回应社会的方式、策略和风险以及出路进行了理论思索，乌兰对大数据时代的司法责任制改革的三个面向进行了思考，等等，其中部分论文收录在本届论坛编印的《司法体制综合配套改革与全面落实司法责任制文集》中，限于篇幅这里不一一展开。

四、对本届论坛的总结

上海司法高峰论坛是上海市法学会与华东政法大学合作创办的高端学术平台和智库平台,主要围绕司法改革、司法实践、司法发展、司法研究中的热点、难点、重点问题开展活动,致力于打造一个立足上海、面向长三角和全国的一流司法高端论坛,成为引领、繁荣、创新法学理论和法律实务研究的重要平台,成为凝聚、引领、联系法学家和法律工作者的桥梁和纽带,成为全面推进依法治国、服务司法体制改革的高端思想智库。

本届论坛聚焦"深化司法体制综合配套改革""全面落实司法责任制"两大任务,以促进交流、深化认识、凝聚共识、推进改革为目标,组织开展了论文征集和评选、高端论坛举办等活动,取得积极成效。在本届论坛中,与会领导干部、专家学者和法律工作者主要聚焦综合配套改革展开深入研讨,内容涉及综合配套改革的方方面面,尤其是集中推出了综合配套改革之"上海经验",充分发挥了司法智库作用。除此之外,与会者还对司法责任制以及其他司法议题进行了多层次、多角度的阐述和研讨。总的来说,本届论坛取得了以下四方面成果:

第一,助力"上海经验"的宣传推广。党的十八大以来,上海在司法体制改革方面一直走在全国前列,努力开展司法体制改革和司法体制综合配套改革试点工作,为改革破冰探路,提供了很多可复制可推广的经验,为我国司法体制改革作出积极贡献。作为立足上海的高端司法智库平台,有责任创造更好条件,把上海在综合配套改革试点工作中取得的良好经验宣传推广出去。本届论坛中,综合配套改革之"上海经验"的集中亮相不仅吸引了解放日报等主流媒体的关注和纷纷报道,来自全国各地的司法实务专家和法学专家也有机会更加深入地了解"上海经验",传播"上海经验",提升"上海经验"的美誉度和影响力。

第二,深化各方对相关问题的认识。主要包括三个方面:首先,有助于深化改革决策者、执行者对学界观点和基层声音的了解掌握,进一步完善改革举措;其次,有助于一线办案人员准确了解改革的重大部署、改革动态以及前沿学术成果，提高工作能力和成效；最后，有助于法学界全面深入了解实务界的最新情况和进展，从而进行更加扎实的理论研究工作。

第三，增进对一些重要问题的共识。比如，如何界定"综合配套改革""司法责任制"的内涵和范围，如何认识"深化司法体制综合配套改革"与"全面落实司法责任制"之间的关系，实务界和法学界都存在一些不一致的看法。本届论坛上，各方围绕这些问题的沟通交流，有助于消除一些不必要的分歧，增进各方在一些重要问题上的共识，为接下来的改革工作创造更好的环境。

第四，提出很多值得重视的对策建议。本届论坛中，很多一线办案人员立足自身工作，坚持问题导向，提出了很多有价值的立法建议、司法建议以及其他方面的对策建议，法学研究人员也基于理论研究和比较研究，提出很多具有建设性的对策建议，这些建议对进一步推动改革、完善工作具有重要参考价值。接下来，华东政法大学中国法治战略研究中心将组织人手，在这些对策建议的基础上积极开展智库成果转化工作，形成更加成熟和完善的意见建议供决策参考。

责任编辑:张　立
装帧设计:肖　辉　王欢欢
责任校对:陈艳华

图书在版编目(CIP)数据

司法学研究.2018/崔永东 主编. —北京:人民出版社,2018.12
ISBN 978－7－01－020218－1

Ⅰ.①司… Ⅱ.①崔… Ⅲ.①司法制度-研究-中国 Ⅳ.①D926

中国版本图书馆 CIP 数据核字(2018)第 287045 号

司法学研究·2018
SIFAXUE YANJIU 2018

崔永东　主编

人民出版社 出版发行
(100706　北京市东城区隆福寺街 99 号)

北京新华印刷有限公司印刷　新华书店经销

2018 年 12 月第 1 版　2018 年 12 月北京第 1 次印刷
开本:710 毫米×1000 毫米 1/16　印张:16.25
字数:270 千字

ISBN 978－7－01－020218－1　定价:69.00 元

邮购地址 100706　北京市东城区隆福寺街 99 号
人民东方图书销售中心　电话 (010)65250042　65289539